JN144077

倫理的反実在論

ブラックバーン倫理学論文集

サイモン・ブラックバーン

編・監訳——大庭健

双書 現代倫理学——3

Contemporary Ethics Series 3

Simon Blackburn

Ethical Anti Realism
Collected Papers of Simon Blackburn

keiso shobo

Simon Blackburn, "Rule-following and Moral Realism,"
in Steven H. Holtzman and Christopher M. Leich (eds.),
Wittgenstein: To Follow a Rule, Routledge, 1981, pp. 163-87.

Simon Blackburn, *Essays in Quasi-Realism,*
First Edition was originally published in English in 1993.
This translation of Essays 6, 7, 8, 9, and 11 is published
by arrangement with Oxford University Press.
Copyright © 1993 by Oxford University Press.

Simon Blackburn, "The Ethical Proposition: What is Not,"
in *Ruling Passions: A Theory of Practical Reasoning,*
Oxford University Press, 2001, pp. 84-121.
Reprinted by permission of Oxford University Press.

監訳者まえがき

本書は、サイモン・ブラックバーン（1944–）の倫理学の主要論文を編んで訳出したものである。彼は一九八〇年前後から今日にいたるまで、一貫して挑戦的な問題提起を重ね、現代倫理学の一方の潮流を牽引してきた。しかし、彼の仕事は日本ではあまり知られていない。ここには、この国の倫理学のある根強い傾向も関与しているので、本書を読み進めていただくためにも、ブラックバーンの仕事の大まかな概略を確認しておきたい。

‡

道徳判断は、しばしば食い違う。この食い違いを前にして考えていくと、おのずと新たな問が生じてくる。同じ事態を前にしていながら、どうして善悪・正邪の判断が食い違ってしまうのだろう。そもそも道徳判断を下すとは、何をすることなのだろう。それは、ものごとの善さ・邪悪さを〝見てとる〟ことなのだろうか。それとも、善い・悪いというのは、ものごとに接したときの心象の違いに帰着するのだろうか。それとも……。こうした問は、ものごとの善悪を問うのではなく、善悪を区別すること自体を問う、より抽象的な問である。このように一段引いたところから道徳判断そのものを問う営みは、つうじょうメタ倫理（metaethics）と呼ばれ、ブラックバーンは、現代のメタ倫理の一方の潮流の雄として幾多の論争を牽引してきた。

ところが日本では、メタ倫理というと、具体的な事柄に黒白をつけることから遊離した安楽椅子での思弁のように受け流す傾向が強かった。しかし、こうした受け止め方は偏狭にすぎる。そもそも、ものごとの善悪を判断しているときに、自分たちは何をしているのか。この吟味は、倫理学がたんなる道学ではなく、自己自身を理解しようとする道徳哲学でもあるために不可欠の課題である。

それだけではない。なるほど、メタ倫理は〝ものごとの善悪－についての判断－について〟というメタな次元で、一歩引いて考える。しかし、そうしたメタな次元での考え方しだいで、善悪の判断が食い違うときには、どこに・どう焦点を合わせればいいのか、という目のつけどころが違ってくるし、その違いによって、善悪の判断の食い違いの扱い方も違ってくる。メタ倫理は、メタな次元に閉じこもってそこで自己完結するわけではない。

‡

道徳判断が食い違うときには、「本当は善くないのに〝善い〟と思っているだけではないか」という疑念が生じる。では、ここで言われる「本当は」という副詞は、何を意味するのか。これは、まさしくメタ倫理の問である。「本当に」という語を、額面通りに素直にとれば、こうなろう。私たちの判断いかんとは独立に、ものごとが善さという道徳的性質を帯びている、ということが「本当に」善いということである云々。この考え方は道徳的（倫理学的）実在論（realism）と呼ばれる。それに対して、善悪は、ものごとそのものに備わった性質ではなく、私たちの反応・態度に由来する、と考えるのが反実在論（anti-realism）である。この実在論と反実在論の対立は、右にふれたように、個々のものごとの善悪の識別と全く無関係なのではない。

‡

この「実在論 vs 反実在論」の対立は、二千年以上も昔にソフィストとソクラテスが対決して以来、倫理学において様々に意匠を変えながら延々と争われてきた。両者の対立は、存在論のみならず認識論や意味論など多岐にわたるが、争点のひとつは、道徳言明はいかにして真または偽でありうるか、という問である。実在論によれば、道徳言明は、ものごとの道徳的性質の認知にもとづく判断を表すのだから、ものごとのありようと照らし合わせて、その真偽を問うことができよう。しかし反実在論によれば、道徳言明は、もはや認知的判断を表してはいない。そうだとしたら、どのようにして道徳言明の真偽を問えるのだろうか。実際、二〇世紀中葉のあるタイプの反実在論がいうように、道徳言明が、情動の表出にすぎないのだとしたら、道徳言明が食い違っていたとしても、それぞれに「実際にそう感じた、ピリオド」となって行き止まりになろう。
こうした中でブラックバーンの議論が注目を集めたのは、反実在論を徹底しつつ、なお道徳言明の真偽を問える、と主張したことによる。すなわち、
・善悪・正邪は、我々の反応を対象に投影したものであって、実在する道徳的性質ではない（――投影主義）、
・我々は、対象について語る形の文を用いて、対象への態度を表出している（――表出主義）、
という反実在論を展開しつつ、しかし同時に
・表出された態度の形成過程を吟味することによって、用いられた文の真偽を問える、
と主張したのである。

‡

先にふれたように、実在論の大きな魅力は、道徳言明が真あるいは偽であると主張するところにあった。しかしブラックバーンによれば、この実在論の魅力は、反実在論の立場からでも確保できる、という。すなわち反実在論の立場から考えても、道徳言明は、事態を描く命題がもっている論理的な特徴を確保できる。したがって、道徳言明の「命題的な特徴」は、もはや実在論・反実在論を分かつ「リトマス試験紙としては使えない」。彼はこう主張して、自分の立場を「準実在論（quasi-realism）」と名づけたのであった。

見られるように、準実在論という構想は、倫理学における実在論vs反実在論の論争において、かなり画期的な主張である。のみならず、この構想は、哲学での真理論に直接にかかわるだけでなく、（彼自身がパトナムやダメットに言及しているように）思考の哲学、推論の哲学、意味論・言語哲学、存在論、科学哲学等々、関連する諸領域の中枢的問題にかかわる。この構想が、当初の意気込みどおりに進捗したと見るか否かは別として、構想を理解してその進捗のさまを辿ることは、第一級の哲学的作業である。本書では、倫理学におけるそうした作業のために必須の文献を訳出した。

絶えることなく（しかし少しずつシフトしながら）繰り出されてきたブラックバーンの挑発的な議論がなかったら、ギバードらによる表出主義の彫琢もなかっただろうし、他方、自然概念を拡張するマクダウェルの実在論や、自然主義にたつ実在論もまた、少なくとも全く違う形になっていたであろう。その意味で、ブラックバーンを抜きにして現代倫理学を語ることは不可能である。このブラックバーンの主張に対して最終的にどういうスタンスを取るにせよ、彼の議論を辿りながら〝善悪の区別を語るとき、自分は何をしているのだろう〟という問に向き合うことは、各人の思考が深まるのに大きな一助となるはずである。

倫理的反実在論　ブラックバーン倫理学論文集　目次

凡例

・本書は、Simon Blackburn, *Essays in Quasi-Realism*（*Oxford University Press*, 1993）の抄訳（訳出したのは、第六、第七、第八、第九、第一一論文）に“Rule-Following and Moral Realism”と“The Ethical Proposition: What it is not”を加えたものである。

・原書の目次では、「章」という言葉は使われていないが、本書では各論文を「章」という見出しの下に並べた。

・原注は＊1、訳注は★1のように表記し、それぞれ章ごとの通し番号で示した。注はいずれも章末にまとめてある。

・（ ）と［ ］は原著者による括弧である。訳者による補足は〔 〕によって示した。

・原文のイタリック体については、強調のための表記である場合には傍点を付けて示した。

・原文のダッシュは訳文では必ずしも保存されていない。また逆に、原文になくとも、読みやすさのためにダッシュを挿入したところもある。

・引用文については、邦訳のあるものはそれを参照しつつ、適宜独自に訳出した。

・原書における明らかな誤植については、それと明記せずに修正して訳出した。

・各論文の分担責任者は、各論文末尾に明記してある。

第一章　規則順守と道徳実在論★1

理性（reason）と趣味（taste）とについて、ヒュームは次のように書いている。

一方〔すなわち理性〕は様々な対象を本来あるがままの姿で発見するのであり、何かを付け加えたり差し引いたりすることはない。他方〔すなわち趣味〕はある種の産出能力を持っており、内的な心情から借りた染料を使って、あらゆる自然的対象に金メッキを施したり汚れた染みをつけたりする。言うなれば、新たな創造物をもたらすのである（『道徳原理の研究』、補遺1）。

心が持っている産出的ないし投影的な力にかんするヒュームの理論は、どのようなものとして説明されるべきであり、そしてどのように論じられるべきなのか。私たちの問題の焦点は、これを説明し論じる仕方に絞られる。ヒュームの考えでは、本来あるがままの世界、すなわち諸事実の総体は、私たちの側に影響を及ぼしている。率直に判断を下すさい、私たちは自分に影響を及ぼしている諸事実を記述する。しかし私たちは、世界に含まれている事態について判断することに加え、そうした事態に対して反応することもある。〔実際〕私たちは、習癖（habits）を形成したり、様々な推論のパターンに与したりするようになるし、それに、心を動かされて欲求や態度、心情などを形成したりもする。こうした反応は、ヒュームが『人間本性論』の中で述べているように、それに対応する事態が世界に含まれているかのように語ったり考えたりすることによって、世界に「押し拡げられて（spread on）」いる。★2 この理論が当てはまる一部の談話にかんして重要なことは、それが何よりもまず、使う人の習癖や心情の表出（expression）★3 としての役割を果たしているということである。

談話の中でもある領域にかんする投影的描像に対しては、三つの応答がありうると思われる。〔第一に、〕次のように言う人がいるかもしれない。すなわち、この描像は、今取り上げている類の判断をより大きな実在の記述として率直に受け容れることに対する真っ当な代替案をなんら特徴づけていないので、評価のしようがない〔のだから論争も生じない〕、と。この見解によれば、ある事態（たとえば、物理的な事態）は含まれているが他の事態（たとえば、道徳的、反事実的、因果的な事態）は含まれていない、といった仕方で世界が仕切られているなどありえないことになろう。あるいは〔第二に、〕次のように言う人がいるかもしれない。すなわち、実際に論争が存在し、その論争では実在論者（ヒュームの描像に反対する人をこう呼ぶことにしよう）の方に軍配が上がるのだ、と。そして最後の応答として、次のように考える人――私もその内の一人だが――がいるかもしれない。すなわち、論争が存在し、そしてその論争ではヒューム主義者の方に軍配が上がるのだ、と。ジョン・マクダウェルによれば、実在の内容物をいわばまったく中立的に覗き見ることができるような視点があれば、ひとはその視点から、そうした内容物には様々な価値が含まれているのかいないのかを見て取れるかもしれない。マクダウェル自身はそのような視点の存在を否定するのだが、そのさい彼は、一つ目の見解を擁護しているように見える。その場合には、自らの行っている評価(evaluations)にかんする何らかの説明を私たちが受け容れることができるとすれば、それはこうした架空の視点からだけだということになってしまうだろう。つまり、そもそも哲学するとは存在しない場所へと足を踏み入れることなのだ、というわけである。しかし私自身は、事柄を逆に捉える。すなわち、その論争を行う方法さえ見て取れるなら、そうした視点に意味を与えることができるだろうし、そうすることによって私たちは、神の眼の観点について語る権利を築き上げるのだと考える。ところがマクダウェルは、実在論の方に軍配が上がるという二つ目の見解へと方向転換しているようにも見える。投影主義に反対する特定の議論が存在すると信じていることからもそのように見えるばかりか、私たちに備わっている情動的な本性は、事物のあり方に対する私たち〔自身〕の感受性を、どういう様態であるにせよ知覚と同じ仕方で拡張して行くという考え方を擁護していることからも、そのように見える。ひょっとすると彼は、自分はどちらの見解に賛同することも許されると思っているのかもしれない。というのも彼の考えでは、当該の論争の意味を明確にする責任は徹頭徹尾、投影主義者の方にあるのだから。つまり、「価値判断とはどのようなものでないと言われているのかを説明する」必要があるのは、投影主義者の方だというのである。しかし、論争の存在にかんする問いの影響は、その問いに直面するどちらの陣営にも及んでくる。投影主義者は、道徳判断とは何ではないと自分が考えているのかを説明するために、記述や真理、世界といった概念に十分クッキリとした焦点を合わせなければならないし、他方、実在論者は、道徳判断とは何であると自分が考えているのかを説明するために、そうしなければならない。私自身の見解では、実在論者がそうすることは至難の業である。本論文の第3節において私は、「準実在論（quasi-realism）」と自らが呼んできたプログラムについて述べるが、これは、実在論の独壇場だとされている様々な知的実践を投影主義者はどの程度採用することができるのかを示すものとなっている。このプログラムについての説明がなされた暁には、実在論者がこの他に何を望みうるのか、つまり、実在論者は投影主義に反対して何を言えるのか、それがほとんど理解し難くなる。

　そうは言っても、この論争を記述する便利な方法を私たちが現に手にしていることは確かである。少なくとも、その論争が評価や道徳にかんするものである場合に限って言えば、そうである。その方法とは、説明にかんするものである。投影主義者の考えでは、価値や義務、あるいは権利などと呼ぶに値するものを含まないような実在に私たちは反応しているものとみなすことによってこそ、道徳に従う存在としての私たち〔自身〕の本性はうまく説明される。実在論者の場合、ある独立した道徳的実在の知覚なり認知なり、あるいは直覚（intuit）なりができると理解することでしか、そうした私たちの本性はうまく説明されないと考える。実在論者は、事物の持つ道徳的特徴は私たちの心情を産む親だと考えるのだが、それに対してヒューム主義者の場合、そうした特徴は私たちの心情から産まれる子供だと考える。そうなるとどちらの陣営も、相手方の説明の価値を小さく見せようとした上で、自身の前に立ち塞がっている障害がどのようなものであろうとそれを取り除こうと企てるだろう。そして、それこそがまさにマクダウェルの実行していることなのだ。すなわち彼は、投影主義者にとっての様々な困難を言い立てると同時に、〔自分の理論が〕プラトン主義と結び付いているとする考えに対して反駁を加えようとしているのである。私たちがある物事を是認することへと行き着くのは、その物事の善さ（goodness）から始まる因果的な過程、あるいは少なくとも説明的な過程によってだ。こう信じる人なら誰にとっても、プラトン主義との結び付きは、当然のことながら（そして思うに、正しいことであるが）悩みの種となる。

投影主義を位置づけるこうした方法を私たちは手にしているのだから、投影主義は眼目を欠いていると仄めかしたがるマクダウェルに共感することには困難を覚える。投影主義には、私たち自身を理解しようとするどんな企てにも負けずとも劣らない眼目がある。しかしもちろん、競合する説明を評価するための方法が何かしら必要なのは確かである。それに、それらの説明の間に違いがあるというのは幻想だと考えるようになることも、理論的には可能である。だが私には、その心配はほとんど無用に思える。なるほど、投影主義を一般化した場合には、事情はまったく違ってくる。ヒュームが描き出したメカニズムを、神々や価値といったものに対してだけでなく、彼自身がそうしていたように、原因に応用することや、（一旦、私たちがその感じを掴んだなら）条件文、一般化、他人の心、あるいは世界についての時空間的な記述にさえ応用することは、疑いなく魅力的である。私たちは実際には、そうした誘惑に反して、次のような疑問を持つようになるかもしれない。すなわち、そのように応用することで私たちが手に入れるのは、純然たる実在論とは別物の理論なのだろうか、あるいは、実在論を別のことばで述べただけの理論なのではあるまいか、と。[*1] たとえば、時空間内で因果的に相互に関係し合う個物を含んでいるものとして世界を記述することなどにかんする場合、投影主義が実在論と真に競合するものではないと判明することがあるかもしれない。しかし仮にそうだとしても、その主たる理由は、この〔新たな〕創造物がいったいどのような実在の上に重ね合わされるのかが分からないかもしれないというところにある。つまりそれが分かっていないと、この希薄な実在が想像的な心に対していったいどのように働きかけてきた結果、私たちの目下の思考が生じたのか、それが説明できないのである。しかしながら、こうした困難が、評価について考える場面での悩みの種となっているわけではない。実際、真理についての全般的な理論にかんして私たちがどのような見解を採るにしても、価値を、私たちがそれに反応しているものとして見るべきか、あるいは、私たちが世界に押し拡げているものとして見るべきかという問題は残るだろう。そして人々は、マクダウェル自身の論文が示しているように、一方あるいは他方の陣営に賛成する議論を自らが手にしていると確信するのである。

次節において私は、マクダウェルが投影主義に反対するさいに行っている特定の議論に取り掛かる。その後の節においては、彼のウィトゲンシュタイン解釈から派生した、道徳判断における客観性についての積極的な理論へと向かい、そしてこの理論は酷く誤ったものだと論じる。この理論が誤っているのは、私たちが道徳的真理についての捉え方を必要とする場面でもそれを何ら与えてくれないことが多いし、多数派における一致（consensus）に対してまったく紛いものの権威を与えてしまいもするからである。その後で私は、真理と客観性の概念が人々を実在論へと誘惑するとしても、それら諸概念を使用する権利を投影主義者に益する仕方で獲得してみるよう試みる。

《1》

マクダウェルが投影主義者に反対するさいの主な議論が提起しているのは、欲求的なもの（appetitive）、もしくは投影されたものから、〔非認知主義的な基準によって〕客観的なものを切り出してくることにかんする問題である。

さてそうすると、〔次のことにかんしては〕疑念を抱くのが理に適っていると思われる。〔すなわち〕……どの価値概念についても、それに対応する世界の純正な特徴……を取り出すことができるのかということであり、しかも、当の価値概念を使いこなせる者たちがそれを実際に使うとき、彼らは世界のそうした純正の特徴に反応しているとみなすべきであ〔るの〕……か、ということである。……例の〔投影主義が主張するような〕分解操作がいつでも可能なのだとすると、それは次のことを含意する。すなわち、〔徳と〕結びついたことばがこの共同体に属する者によって使用された場合、そのことばの外延は、〔部外者によって〕★4習得することが可能だということである（〔原書〕p. 144〔邦訳 二二五―六頁〕）。

ここで言う部外者とは、その共同体における反応を共有する傾向をまったく持たず、その反応を理解しようという企てに乗り出したことさえない人のことである。称賛することだとか、その他、ここで問題になっているどんな反応であれ、そういった反応を引き出す物事のクラスは、部外者にとっては具体的な形を成していないかもしれないということが、ここでの議論のポイントである。部外者には、あれやこれやといった物事がそうしたクラスに属するのはなぜなのかを理解することはできないし、新規の事例を、信頼できるやり方でクラス分けしてのけることもできない。ところが、投影主義者は次のように主張しているものと考えられている。すなわち、部外者は原理的には、その反応についての理解は一切欠いていながらもなお、それを引き出す物事の種を理解できるようになるのだ、と。部外者は、その共同体が反応している物事を真正にひとつの種を形成しているものとして見て取れるようになるというのである。

〔原論文が収録されている〕本書の諸論文を生み出すことになったシンポジウム★5において、私は、投影主義者はこうした主張にコミットしているのかどうかにかんして疑念を表明した。そしてマクダウェルは今や、投影主義者だからといってそう主張する必要はないという可能性を認めている。（マクダウェルはこのことを、自身の論文の第5節で取り上げている。）しかしながら、私が用いた議論を詳しく検討することにはなおも価値があると思う。というのも、その議論のポイントにはそれ自体として興味深いものがあるからであり、それにまた、マクダウェルがその第5節で考察している選択肢に対しても、彼は反論を見出しているからでもある（この点には後で立ち戻る）。

しばらくの間、こう考えてみることにしよう。人間から成るあるグループがあり、彼らは、事物の持つある性質もしくは種を目の当たりに知覚したさいに何らかの反応を示す真正な性向（tendency）を、現に共有しているものとする。そうした諸対象が現に反応を引き出すという事実なら彼らはもちろん知っているが、それ以外のこと、すなわち、そうした反応を引き出す諸対象のクラスをひと括りにしているのは何であるのかについてどう記述したら良いのかを彼らが一切知らないとしても、少しも驚く必要がないことは確かである。私たちは複雑な存在者であり、自分たち自身の反応について持っている理解は乏しいものでしかない。ここで、次のような部外者を考えよう。彼は、当のグループにおける反応性向を共有することも理解することもできないばかりか、先のように〔物事のクラスを〕ひと括りにしている特徴を知覚することもまた、一切できない。そうすると彼は、関連する語句〔の適用〕を新規の事例にまで拡張しようにもどうしたら良いのか途方に暮れるだろうし、どうすべきかを彼に教える方法もまたないだろう。今述べたことが良く分かってもらえそうな実例を挙げてみるなら、私たちの文化における成員が滑稽だ（comic）と思うようなすべての物事を、〔それ以外の物事から〕正確に分け隔てることが困難もしくは不可能であるということは、誰でも知っている。どのように記述しようと、部分的で選言的な体裁を持ってしまうのだ。そのせいでその記述は、ユーモア感覚を私たちと共有していない人が、私たちがどの物事を滑稽だと思い、どれをそうは思わないかを予測しようとするさいの、役立たずのガイドにしかならないだろう。これは、単に実践上の問題というわけではないかもしれない。つまり、〔物事のクラスを〕ひと括りにしている特徴がほんとうに存在すると期待すべきアプリオリな理由など、存在しないのである。このことを次のように言い表してみよう。すなわち、物事のクラス分けは、私たちの反応性向を世界へと投影することでなされるが、それは別の〔目下の例で言えば滑稽さ以外の〕諸特徴にかんしては無定形（shapeless）なのだ、と。では、無定形性は投影主義にとって問題だとマクダウェルがみなしているのはなぜなのだろう。これが理解し難いのである。そこでマクダウェルに必要な前提は次のようなものに違いない。すなわち、ある反応性向は、それを誘発するのとは別の諸特徴にかんして無定形だということはありえないのに対して、もっと上等な認知能力であれば、別の諸特徴にかんしては無定形である諸特徴を拾い上げることができる、という前提である。しかし、なぜそう前提するのか。私たちがそれを見て笑うような物事のクラスが複雑で無定形だということを指摘することによって、ほんとうに、滑稽さにかんする実在論的理論を支持していることになるのだろうか。まったく逆である。世界に対する私たちの反応が、私たちばかりか他の誰であれ記述することのできるパターンにすっきり収まると期待すべき理由など、どこにもない。それゆえ先に見た部外者の苦境は、ヒューム主義的な理論に反対する議論を与えるものではまったくないのである。

さて、私たちのユーモア感覚がたとえ私の言う意味で無定形なのだとしても、そのことは、ユーモアが見られるどんな特定の場面についても、私たちがそれへと反応しているような客観的な特徴は存在しない、ということを含意しない。どのような場面であれ、滑稽だという反応は、知覚されたある諸特徴の集合に対する反応である。このことを、私たちは真とみなした方がよいだろう。ただそのさいに、諸特徴から成るこれらの集合はすべて一つのクラスを形作っているのだが、このクラスは、それらを可笑しい（funny）と思う私たちの性向から独立には形を成さない、というだけのことである。場合によっては、一体どれが可笑しい特徴なのかを（眉毛のピクピクとした動き、コメントを言うタイミング、などのように）言い当てることは困難かもしれない。だから、当のコメディアンやその観客ならどれが可笑しい特徴なのかを識別できる、と想定することはもちろんできない。しかし場合によっては、どれが可笑しい特徴なのかを私たちが識別できることもあるかもしれない。たとえば私が、ある状況にかんするある特定の特徴をただ単に列挙することによってジョークを言ったとしよう。ほんとうに滑稽であるものの持つ特徴が現れていますよ、などと言い添えたりはしない。だがこの場合、私が引用した〔マクダウェル論文の〕一節の中で成り立っていると言われていた含意は、成り立っていないことになる。というのも、特定の場面においてある人がどの特徴に対して反応しているのかを識別できたとしても、そこで私たちが手にしているのはある選言的で部分的なクラスにすぎず、部外者がそうしたクラスをもとにしたところで、新規に現れる様々な場面が可笑しさをもたらすのかどうかを予測することなどできないだろうからである。

　もちろん、ユーモアの見られる場面について、何がそんなに可笑しいのかを正確に述べることは困難である。しかしマクダウェルは、ある形の付随性[★6]を認めている（原書 p. 144〔邦訳 二二六頁〕）。そして、付随性が必要となるのは、物事が可笑しい（とか称賛に値するとか、あるいはその他のどのようなことであれ）のは、当の物事が持っている他の性質のおかげであるからに過ぎない。しかし、ひとたびこのことが確認されるなら、そのおかげで何事かが可笑しかったり善かったりするようなものとは正確に言って何であるのか、それを理解するようになることの困難さは、ユーモアや価値に関心のあるどんな人にも当てはまる普遍的な困難さにすぎないことになる。可笑しいとか善いなどと私たちが記述するとき、私たちの反応の中にどんな形を見出すことができるのかを投影主義者が探し求めることは困難であるが、そのように私たちが記述するとき、世界の中にどんな形を見出すことができるのかを実在論者が探し求めることも、それとまったく同じくらい困難なのである。

　それゆえ私はこう結論する。すなわち、投影主義に特有の困難を私たちはここで抱えてしまっているという考えは、誤りであったのだ、と。

投影主義に対する攻撃を私はすでにかわしえた、と思うのだが、その攻撃に含まれていたどの論点であれ、マクダウェルの論文におけるウィトゲンシュタインの扱い方とどう関連があるのか、私にはよく分らない。マクダウェルの主張によれば、その関連とは次のようなものだという。すなわち、〔これまでの〕投影主義者たちは私〔ブラックバーン〕の解決法——私たちの態度が無定形な本性を持っているからといって気にしないという解決法——を採ることを拒むが、それは彼らが、「規則に従うこと」についての前－ウィトゲンシュタイン主義的な混乱から抜け出せないまま、投影された性質の外延に対応する「真正の」性質——滑稽な、あるいは善い物事のすべて、かつ、それだけが属しているようなある実在的な「種」——が（客観的なレベルで）存在するはずであると考えてしまっているからだ、と（原書 p. 145〔邦訳二二七—八頁〕）。ここには二つの異なった考え方が見て取れると私は思うのだが、その内のどちらにしても、前－ウィトゲンシュタイン主義的な混乱なり、ありもしない保証への願望なりからのみ生じるものなのかどうか、私には定かではない。投影主義者が持っているとされる一つ目の考え方とは、こうである。私たちは結局のところ自然的世界の中の動物に過ぎず、その反応がいかに複雑であったとしても、それは出くわす物事によって引き出されるのだから、私たちが現にそうした反応をするのはなぜなのかを教えてくれる説明が何かしらきっと可能であるに違いない。〔そして〕この説明は、私たちの反応を引き出す物事の中に共通の要素を見つけ出そうとすることでなされるのでなくてはならない。私には、こうした考え方が誤りであることをウィトゲンシュタインが示したなどということは理解しかねる。こうした考え方が、ありもしない保証への願望などまったくもって表現していないことは確かである。それが表現しているのは、私たち自身についてより一層理解したいという願望であり、それを叶えることが原理的にできるのかどうかはともかくとして、概して、この考え方には賛成すべきだと私は思う。

人が何らかの仕方でそれに反応する物事のすべて、かつ、それらだけが共有しているような、ある「真正の」性質があるのでなくてはならない、と考えるように投影主義者を仕向けているとされるもう一つの考え方とは、彼の次のような懸念である。すなわち、「私がそれに対して同じように反応する物事が〔一まとまりの〕『種』に属しているのでなかったとしたら、何か新規の物事について是認するさいに、私は自分自身を『同じようにやっている』とみなすことができない。それに、誰かがその物事について是認し損ねた場合、その人の反応が以前の実践と一貫していないということに基づいてその人を非難するということもできない。ところが、道徳的実践における一貫性というこの概念は、私たちには必要である。したがって、私たちがそれに対して反応する物事は、種に属しているのでなくてはならない」。

私には、この議論がそれほど見事なものだとは思えない（第3節、第5項を参照）。だがいずれにせよ、（原書 p. 145〔邦訳 二二七―八頁〕）でマクダウェルは、こうした議論から非認知主義者を救い出すことに取り掛かっているように見える。この議論が非認知主義者を悩ませることになるのは、同じように続けていく事例のどれもがいかにして、共有された人間的反応に基づくだけで済んでいるのか、そのことを忘れてしまっている場合だけである。彼がひとたびそのことにはっきり気づいたなら、物事に対して同じように、あるいは別様に反応する性向が一貫性を持っているということに納得するのに、〔反応の対象を〕さらに種へと分類せねばならないとはまったく思わないだろう。こうした性向だけが、とにもかくにも人々が持ちうるであろうものなのだ。だからたとえ、物事が自然的、前評価的なレベルにおいて種に分かれており、その結果私たちが、定形的にしか反応しないものとして自らを理解することができたとしても、それによって一貫性についてのより優れた説明が与えられることにはまったくならない——一貫性を私たちの裸の本性に染まらせずにおくため、一貫性の下支えを与えてくれるものが何もないのである。

しかし、これがマクダウェルにとっての要点だなどということはありえない！〝ウィトゲンシュタインは、一貫性についての確たる概念に対して無定形性が提起する脅威から私たちを解放してくれた〟などと、マクダウェルが信じているはずもない。というのも、彼は〔自身の論文の〕第5節において、これとまったく同じ攻撃を仕掛けて来ているのだから。彼はこう力説している。無定形性を許容するような投影説は、評価的な主張を真正な判断を下すものとみなすことはできない。なぜなら、新規の〔場面での〕評価が「同じようにやっている」こととして理解されうるのだとしたら、それは「グロテスクな」誤りによってのみであろうからだ〔原書p. 158〔邦訳二四九—五〇頁〕〕、と。それゆえ、彼は〔〔原書〕p. 145〔邦訳二二七—八頁〕〕では、態度は定形的でなくてはならないと考えるように不注意な投影主義者を仕向けているのは前‐ウィトゲンシュタイン主義的な錯覚であるかのように書いてはいるものの、第5節を通して、〔態度は定形的でなくてはならないという〕この考えを裏書きしているのは彼自身なのである。マクダウェルは、投影主義者にとっての問題を何か他に提起するつもりだったに違いない。私はそう踏んでいるのだが、しかしそれがどのようなものであったのかまでは分らない。そうした問題提起をするには、〔マクダウェルは〕

次のように主張する必要があっただろう。すなわち、私たち自身の本性を成している一貫性の源泉にかんするウィトゲンシュタイン流の考えを、投影主義者は受け容れることができないのに対して、実在論者は受け容れることができるのだ、と。だが、そうした主張を信じるべき理由などどこにもない。

　私自身はこう思っている。私たちは倫理学において、「同じようにやっている」という概念を現に必要としている。だがそれは、私たちがそれに対してある態度を持っている物事すべてが一つの種を形成している、ということが私たちにとって必要だという意味においてではない。そうではなく、私たちが異なった仕方で反応するさいに〔そこに〕区別を立てることができなかったとすると私たちは困ってしまう、という意味においてである。この考え方がなぜヒューム主義者にふさわしいものであるのかについての私自身の説明は、後ほど与える。しかしいずれにせよ、「有機体のうごめき（whirl of organism）」という説明がそもそも適切であるのかどうかは疑わしいと私は考える。というのも、次節で論じるように、ケースAとケースBに対して私たち全員が自然に、しかも確固として同じように反応するのだとしても、私たちがそうすることはなおも誤りであるかもしれない、そうした懸念があってもおかしくはないからである。このことから私たちは、マクダウェルがウィトゲンシュタインの仕事の上に打ち立てた積極的な理論へと向かうことになる。

《2》

このシンポジウム[★7]において応答するよう求められたさい、私は、〔マクダウェルによる〕規則順守についての考察には〔版図を拡大しようとする〕植民地主義的な野心があることに気づいてはいたのだが、倫理学の領域までもがそれに併合される心配はないと考えていた。そう考えていたのには二つの重要な理由がある。一つ目の理由は、ウィトゲンシュタインの著作★8における関連する諸節が表立って問題にしているのは、「すべてが当然のことである」事例、つまり「論争が勃発しない」（第240節）事例に対してだけだから、というものである。そうした事例には、霊感や「傾聴」、あるいは特別な感受性といったものの出る幕はない。それに対して、倫理的な評価もしくは記述、そしてとりわけ「手ごわい事例」といったものは、そもそも当然のことではない場合が多い。だからよく論争を引き起こすし、特別な感受性の問題が関わってくることもある。それどころか、ここで言う手ごわい事例とは、そうした感受性の問題が特に取り沙汰される事例のことだと定義することもできよう。ウィトゲンシュタインの強調点はことごとく、規則順守が本来的に持つ、自動的かつ強制的な性質に対して置かれている。私たちが算数の標準的な訓練を受けた後でするようになるやり方で計算するのを拒む人がいたとしたら、そのような人の心的生活はことばでは表現できないかもしれず、それゆえまったく文字通りの意味で、想像すらできないかもしれない。ところが、ある倫理上の手ごわい事例において袂を分かつ人の心的生活は、通常、すっかり想像することができる。あるいは想像し損ねることがあったとしても、それはせいぜい、私たちが本来持つはずの性質の一部が損なわれてしまっている場合に限られる。

マクダウェルは、自分の行ったウィトゲンシュタインの事例の応用が、それの拡張——すなわち、逸脱した実践を仮定したところでそれを私たちがまったく理解できないような事例から、そうした仮定を私たちが理解できるような事例を含むまでの拡張――を示すものだと考えている〔〔マクダウェル論文の原〕注14〔邦訳では注15〕〕。だがこの応用は、極めて重要な分離を示してもいる。その理由はこうである。（ある証明を受け入れているときのように、）それについて別様に考えるとはどういうことなのかについてまったく何も理解できないときには、自分は真なことを考えているとみなす何かしらの権利が私たちにはある、ということはありうる。しかしそこからは、別様に考える可能性に全員が気づいているときにも私たちは同じ権利を持っている、ということはまったく帰結しない。私は、徳にかんするジョン・マクダウェルの見解には次のことを示唆するものがあると思っている。すなわち、徳が増して行くにつれて数学の事例との近似も増して行った結果、いやしくも理性的である人々の間でどうして意見が分かれることがあるのがある程度理解できなくなった時点で、その人は有徳であると最終的には識別される、という示唆である。白状しなければならないが、ここに表れている価値観について熱心に語ることなど、私には到底できそうに思えない（みんながみんなエドワード・ヒース★9に好意的だというわけではない）。しかしいずれにせよ、その有徳な御仁にかんする事情がどうであれ、そこまで高尚にはなれない私たちにかんして言えば、〔今いる観点とは〕別の観点についての生き生きとした気づきとともに、倫理の客観性の持つ生き生きとした意味が存在する。そしてこのことは、ウィトゲンシュタインが挙げる例においては成り立っていない。

〔マクダウェルによる規則順守についての考察が持つ野心によって倫理学が併合される心配はないと私が考えていた〕二つ目の理由は、以下の通りである。道徳的にものを考える人にとって本質的に可能なことの一つに、自己批判がある。これはつまり、私たちは自らの文化や生活様式によって堕落した判断へと導かれてしまうと考えることができる、ということである。自分たちにとっては決まりきっていて当然のことであるような評価も、原理的には改善される余地があるかもしれない、私たちはそのように考えることができる。だから、客観性が生活形式の一致に何らかの仕方で「基づいている」のだとしたら、この考えはどう解釈されるべきなのか、それを理解するのは容易なことではない。ウィトゲンシュタインの仕事は、ある種の相対主義〔それがあなたのゲームなら、それはあなたにとっては正しい〕へと導くものだとして非難されることもよくあるため、〔現に従っているのとは〕異なる思考体系があるということを私たちが知っている場合にまでウィトゲンシュタインの仕事を拡張する場合には特に、この〔相対主義へと導くという〕罠を避けることが重要となってくるだろう。私は、〔マクダウェルの議論において〕そうした回避が為されているとは思わない。すなわち、大衆に異を唱える人がそれでもなお正しいかもしれないという可能性を認めるような道徳的真理の概念が入り込む余地は、マクダウェルが展開した議論には残されていないように私には思える。

私たちがこの困難を理解するようになるには、「手ごわい事例」についての私たちの考えをマクダウェルがどう扱っているのかを追跡してみるのがよい。その「手ごわい事例」において私たちは、何らかの微妙な、あるいは論争されている評価にかんして、自分たちが正しく、彼らは間違っているという確信を持っている。マクダウェルの見解を次のように表現することは公平だと思われる。そうした事例について考えるさいに、私たちが囚われがちなジレンマがある。そのジレンマとは、一方が正しく、他方は正しくないと誰もが考えざるをえないような確固たる証明が存在するに違いないか、あるいは、「自由で創造的な決定」しかありえないか、そのいずれかだ、というものである。しかしながら〔マクダウェルが続けるところによれば」、私たちがこうしたジレンマに囚われてしまうようなことは、規則順守についてのウィトゲンシュタインの考察から教訓を得そびれたときに起きるにすぎない。ウィトゲンシュタインの考察は、規則順守がどのような仕方で一致に由来しているのかを示してくれている。すなわち彼の考察は、〝心の中にはプラトン的なレールがあって、そのレールが、新規の事例をどう記述すべきかを規定している〟という発想から私たちを引き離し、語句を新規に適用する仕方にかんする端的な一致がいかにして、判断のどのプロセスにとってもその基礎となる唯一の、あるいは根本的な現実を形作るのかを示してくれている。ひとたびこのことが正しく理解されさえすれば、係争中のある事例において、一方だけが正しくて他方は間違っているという確信を持ち続けるにはどうするべきかを見て取れるようになる。倫理的な客観性という見方に対して根拠を与えるのに、ウィトゲンシュタインをこのように使うことができる、というのである。

これは非常に不可解である。次の「手ごわい事例」を想像してみよう。何らかの評価的な要素を持ったある表現を、二つのグループ（彼らと私たち）が使っており、その用法はかなり一致しているように見える。しかし、私たちはその語が当てはまると断固主張するのに対し、彼らはその語は当てはまらないと同じように断固主張する、という事例が生じる。私たちに同意しなければならないことを彼らに分らせるための、あるいはその逆の、確固たる証明を見出そうする努力が払われるが、そのことごとくが失敗に終わる。ここでの問題は、この事例を自由で創造的な決定の事例だとする結論を避けることである。同じ問題を別の言い方で述べるなら、問題は、この事例にはほんとうの真理が存在する――彼らは間違っており、私たちが正しい――という、どちらのグループも持ちそうな考えに対して、正当な資格を認めることにある。この問題は倫理の形而上学にとって根本的なものだということに、私はまったく同意する。この問題に対する私自身の解決は以下で与えるが、ウィトゲンシュタインの考察は、私たちを解決へと導く助けとなってくれるどころか、まったく別の方向を指し示してさえいる。当面の問題に関連する限り、彼の考察は、一方が正しく他方は誤っているといった語り方を完全に却下する理由を与えることになる。つまり、彼の考察は私たちを、マクダウェルのジレンマを前に身動きが取れないようにしてしまうのである。

そうなってしまうのは、ウィトゲンシュタインは次のようなことを教えてくれているものと解されているからである。すなわち、私たちは各々、一貫していないとか盲目的であるなどといった判断を他方のグループに対して下したいと思うのだが、そうした判断は実際、最終的には一致にもとづいている。〔したがって、〕調子が狂うこと、すなわち、ずっと使っていた語句を新規なものに適用するさいに間違えてしまうということは、人がどの方向に進むべきかを規定すべく予め存在しているプラトン的なレールから飛び出してしまうということではない。そんなレールなどありえないからだ。〔むしろ〕それは、歩調を乱すこと、つまり、ある有機体が他とは違ったようにうごめくことだ、というのである。こうした教えが正しいと想定してみよう。もしこれが、一貫していないとか盲目的であるなどといった判断を理解する唯一の方法なのだとしたら、手ごわい事例におけるように、その基礎的な背景として役立つような一致がまったく存在しないときには、そういった判断が下されることはありえない、ということになってしまう。アナロジーで考えてみよう。指揮者抜きで行進している一団が「歩調を合わせて」いるというのは、一致の問題である。すなわち、誰かが歩調を乱していると判断されるのは、それとは違った仕方で一致している歩調との関係においてのみである。正にこうした理由で、ある一団が二つに割れている場合には、どちらの歩調がほんとうに合っているのかについてこれら二つのグループ間で論争したところで何の意味もありはすまい、ということになる。同様に、一貫しているという判断が人間中心的な一致によって基礎づけられるのは、一致が存在する場合に限られる。そして手ごわい事例においては、仮定により一致は存在しない。すなわち、一方向にうごめく有機体たちと、他の方向にうごめく有機体たちとが単に存在するだけである。

このポイントを別の仕方で述べるなら、こうなる。「だってほら、分かるでしょう？（But don't you see?）」という訴えかけが功を奏してなされた判断も、真正な意味での判断だと認めるとしよう。判断の正しさという概念の基礎として、これ以上尊大なものはない。マクダウェルは、そこまで尊大でなくても、同じようにうまくやってくれると考えたがっている――というのも、仮定により、手ごわい事例においてはこうした訴えかけは成功しないのだから。しかし残念なことに、〈決まりきった一致があるということは、ある語句の新規の適用における正しさという考え方を正当化するのに十分だ〉という命題から、〈一致が存在しなくても正しさは存在するかもしれない〉という驚くべき結論を引き出すことは、間違いである。〔むしろ〕そうではなく、その考え方を私的言語批判に使っていることからも分るように、ウィトゲンシュタイン自身は一致を、正しさの概念にとって必要な基礎であるばかりか、恐らく十分な基礎であるとも考えていた。だから、〈有機体たちのグループがそれぞれ違ったうごめきをしているときでも、ほんとうに正しい答えや間違った答えが存在する〉というのは幻想だというのが、彼の教えを唯一適切に使った場合の結論であろう。確固たる証明を見出すということはまさに、別の仕方でうごめくことが誰にもできないようにするものを見出すことであり、そしてそのような何かを見出すことができてこそ初めて、客観的な正しさということが意味を成すというのだから、ウィトゲンシュタインは私たちを、ジレンマの一方の角へと追いやることになる。しかしながら、ウィトゲンシュタインが私たちをそちらの角の方へと導くのだとしたら、他のみんなが歩調を合わせてガチョウ足行進[★10]をしているのに、それでも道徳的な誤りを犯していることになるという可能性を、彼は許容し損ねていることになる。

　これに対する応答として私に考えられるのは二つだけである。一つ目の応答としては、どうにもならないまでに手ごわい事例の可能性を否定する、というのがありうるだろう。マクダウェルが私たちについて語る際には、「待ち望まれる人間的反応の共同体」に訴える。なるほど、道徳的議論はその本性上、いつも決まった答えなどないのだから、この望みがすっかり失われることは決してないことになる。しかし、それはまったく非現実的なものになりうる。ある論点にかんして意見を強制的に収束させるような道徳上の羽交い絞め技を繰り出すことならいつでもできるかもしれないが、しかし経験が教えてくれるように、道徳的ないし美学的な問いを、私たちが現に理解するようには決して理解しない人たちも存在する。それでもなお私たちは、当然のことながら、自分たちが正しくて彼らは間違っているという確信を持ち続けるかもしれない。これと関連しているのは、〔二つ目の応答として、〕係争中の語句にかんして下された以前の諸判断における一致こそが、正しさの観念が生まれるのに必要なすべてだ、という発想であろう。新規の事例において一致が見られないからといって、一方だけが客観的に正しいという概念が台無しになるわけではない。そうした概念は、先行事例もしくは中心的な事例における私たちの間での意見の一致から、そうした新規の事例へと何らかの仕方で拡張されるからである。マクダウェル論文の〔原〕注14〔邦訳では原注15〕の終わりを読んでから私は、彼はこの立場へと巧みに移行しようとしているのではないかと漠然と感じるようになった。いずれにせよ、この立場はうまく行かないだろう。正しさがある所には実際に証明がある、と言っていることになるのだから。目下の事例における意見の分裂を、先行事例の中で示された実践と調和させる仕方は存在しない。もし、どの道そうした証明が存在しないのだとしたら、先行する実践を見ることで一方の側が正しいということが決まると考えることは、ゴルフの実践を、テニスの規則を決定しているものとして見るようなものだろう。手ごわい事例において私たちが直面するのは、自分たちの生活形式や自分たちの実践、あるいは有機体のうごめきといったものは、二つの方向のどちらにも拡張して行けるだけの融通が利く、という事実である。それらの先行する形に言及するだけでは、それらを拡張して行くべきたった一つの方向を私たち人間は十分に見て取れない。〝それでもやはり、一方の判断が正しくて、他方の判断は誤っている〟という考えに何らかの意味を与えることが困難で、なおかつ本質的であるのは、まさにこうした〔手ごわい〕事例においてこそである。ところが、ウィトゲンシュタインの議論がマクダウェルのようなやり方で受け取られてしまうと、私たちはそれこそ、その考えに意味を与えることができなくなってしまう。

《3》

それでは、道徳性にかんする投影主義による描像を査定するという論点に対してはどのようにアプローチすべきだと、私は考えているのか。それについて述べて行くことにしたいと思う。次のように進めるべきであろう。この描像が正しいものと想定しよう。しかし、道徳にかんする私たちの考えの内のいくつかの要素は、一見するとある実在論的な形而上学に基づいてこそ初めて説明できるように思える。それでは、そうした諸要素を投影主義者による描像はどこまでうまく捉えることができるだろうか。他の多くの種類の議論領域にかんする反実在論に対しても、これと同じ問いを立てることができるし、一つの領域（たとえば道徳性）において到達された結果は、他の領域（たとえば、反事実的条件文の使用や、偶然や原因についての判断）に適用されることもよくある、ということに注意を払うべきである。そこで私は、投影主義の描像に対してよく申し立てられるような数多ある問題をリストアップした上で、それらの問題に「準実在論者」がどう対処するのかを示すことにする。前節においてかなり不気味に立ちはだかっていた問題から始めることにしよう。

1　道徳判断は、一致に対して下されることはありえず、だから当の一致そのものに欠陥を見出すこともない、といった仕方で一致に依存しているわけではない。この点で道徳判断は[★11]、ときにそれと比較されることのある第二性質についての判断とは異なっている。フェニルチオ尿素に対して私たちの内のほとんどが苦味を感じるようになったなら、それはつまり、当の物質が苦くなったということである。[*2]〔しかし、〕理不尽な暴力に対して私たちの内のほとんどが称賛に値すると思うようになったとしても、それは、理不尽な暴力が称賛に値するものになったということではない。〔むしろ〕それは、私たちの内のほとんどが、お馴染みのぞっとする仕方で〔道徳性を〕悪化させたということである。誤りの可能性にかんするこうした見方を、投影主義的描像ではどのように説明すればよいのだろうか。

　この描像においては、ある道徳的な傾向性ないし感受性とは、物事が有していると人が思っているのとは別の何らかの諸特徴に応じて、当の物事を求めたり、望んだり、称賛したり、あるいはそれを見習ったり、欲したりするような性向のことである。このような傾向性は多様である。人が称賛する類の傾向性もあれば、称賛しない類の傾向性もある。露見した際には自分でも称賛しないであろう要素を、その人自身が抱えていても構わない。私たちには独善的でいる必要はないのだ。劣った性癖だと自分たちが認めているもの、すなわち鈍感さや恐れ、盲目的な伝統、誤った知識や想像力ないし共感といったもののゆえに物事を称賛するようになってしまうことがあまりにもありがちなことを、私たちは学ぶこともできるだろう。このような仕方で私たちは、自らの判断を自分自身の欲求構造に対して下すことができて、しかもそこに欠陥を見出すこともあるかもしれない。こうした可能性を投影することとは、端的に言えば、誤りの可能性を表現することである。すなわち、私は、Xは善いと思っているが、私が間違っているかもしれない、というように。したがって投影主義者は、私たちの持っている道徳的な感受性について、それは変化するかもしれないと言えるどころか、それは改善されるかもしれないとまで言えることになる。そしてそれは、単に知識が改善されるからというだけではなく、私たちの手にしている情報がどのようなものであろうと、それらに対する反応が改善されるからでもある。

　マクダウェルのジレンマに対する解決は、そこから直ちに出てくる。手ごわい事例での決着は、自由で創造的な決定として現れてくるには及ばない。というのも、〔そうしたとき〕人はこう感じるかもしれないし、こう感じることはよくあるはずだからである。すなわち、何かの拍子にある決断をしてしまいそうなとき、自分は劣った態度決定の犠牲になっている――そのあるがままを見ることができていたなら自分では否認しただろうような性向に、手綱を握られてしまっている――のかもしれない、と。同じように、たとえ意見の一致が得られている場合でさえ、私たちの誰もが、同列に扱うべきではないような事例までをも似たように扱っていることがあるかもしれない。気づいて然るべき相違点に、大衆は気づき損ねているかもしれないのである。

これが驚くべきことのように思えるとしたら、それは単に次のような感じが持たれているからに過ぎない。すなわち、投影主義者は、態度を世界に「押し拡げる」にあたって正しい方法と誤った方法とが存在することを否定している――つまり、正しさの基準をもたらすような〔「実在的な」〕真理や虚偽などは存在しないと考えているはずだ、と。だが、それが誤りであることははっきりしている。なるほど投影説は、正しさの基準が〔投影に〕先立つ実在との適合から引き出されるということは否定する。〔しかし〕だからと言って、そうした基準の源泉が他には存在しないということにはならない。そして、それは現に存在する。すなわち、そもそも道徳的に考えるということには、入力としての情報を使って出力としての反応を決定する何らかの方法へのコミットメントが伴うのである。だから私たちは、欠点があるとか優秀であるなどと自分たちがみなしているような傾向性に見られる諸特徴に対しては、極めて敏感に反応する〔しかも驚くべきことに、万人が一致して反応する。すなわち、賢い人の持つ一般的な性格は、通常、同じ仕方で評される〕。

ところが私たちには、自分たち自身の感受性がどれほど脆弱さを露呈しているのかに気づいていないことがよくあるし、それを確認したりそれに改善を加えたりすることができていたなら〔その確認・改善後の傾向性の下では〕是認することなどありえなかっただろう傾向性が、どれほど自分たちの時代や文化によって助長されているのかに気づいていないこともよくある。

もちろん、傾向性に対するこうした評価は、それ自体が「主観的」である。すなわち、そうした評価は私たちによるものである。しかし、私たちが自分自身の評価を査定したり洗練させたり、あるいは改善を加えたりするのに自分自身の評価を用いるということには、何の循環もない。ノイラートの船★12を海上で修理し直すということに何の循環もないのと同じである。逆にまた、公理のような身分を与えられているものも何一つない（とはいえ、私が述べてきたように、何が良い感受性を生み出すのかにかんする私たちの信念は、多くの場合、非常に確固としたものではあるのだが）。私たちは別の板材に頼ることで、それぞれの板材を次々に吟味していくことができる。批判者は次のように言うかもしれない。「でもこの理論では、違った仕方で形成されたために異なる評価を下すような感受性を持っていることで満足している人のことを、誤っているとほんとうに言えるのか」。大いにそう言える、というのがもちろんその答えである。もし〔入力から反応を生み出す〕彼のシステムが劣っているのだとしたら、私はそれを誤りと呼ぶ。もちろんそれは、認知された実在と適合し損ねているという意味ではない。だがより良くするためには、そのシステムは変えられるべきなのである。

〔道徳的性質以外の〕他の投影が客観化される仕方について、この理論がどれほど単純に説明できるのかということにも注目されたい。私たちはこのように言うことがある。「私（あるいは私たち）が可笑しいと思うものの中に、実はそれほど可笑しくないものがあったらいやだな」。〔しかし、〕これが錯誤（error）の印である必要はまったくない。[★13] つまり、喜劇的なるもの（comedy）が一つの実在的な領域を構成する世界、といった時代遅れの形而上学に関与していることの印であるには及ばない。[*3]〔むしろ、〕この言い方が表しているのは次のような懸念、すなわち、私たちの反応が物事に応じた関数であるなら、そうした関数は、それについてよく分かっていたとしても是認できただろうと言えるものなのかどうか、という懸念である。そして、私たちがそのように不安がるのは往々にして正当なことである。

2　次の差し迫った問題は、不確定性（indeterminacy）である。正しい意見に向けての改善や洗練、そしてまた進歩といった考えに、投影主義者は意味を与えることができる、ということを私たちはたった今見てきた。投影主義者は道徳にかんするある意見を、まさしく誤りとして排除することができる。しかし彼には、〔道徳にかんする意見の〕改善が単一の極限へと収斂するよう仕向けるためには、称賛に値する人間なら誰しも共有しているに違いないような態度の核さえあれば十分だ、と考えるべきこれといった理由が何もない。そうだとすると、私たちは実は、道徳的真理が存在するということを結局のところ否定してしまってはいないだろうか。

道徳的真理という概念のさまざまな運用のうちで、それなしではやって行けないような運用に説明を与えること、これが問題であった。だが、進歩の最後には、有徳な人なら持ちうるような一まとまりの態度や傾向性がただ一つ存在するようになるはずだという発想は、それなしでもうまくやって行ける。ヒュームのことばを借りれば「どちらの側にも非がない」ような、そうした意見の相違が存在する事例が生じた場合に、私たちは不確定性に直面する。これまでに見てきたように、私は自分と袂を分かつ人を、劣った感受性の犠牲者として直ちに類別せざるをえないというわけではない。というのも、私は自分自身に疑いの目を向けるかもしれないし、それにまた、彼が私と同じくらい善いという〔ことを示す〕他の証拠に心を動かされるかもしれないのだから。自分が改善して行くにつれて、私の下す判断は彼が最初からずっとそうしていた判断に近づいて行く傾向にあることに気づくようになり、だからこそ彼の方が善いということを、経験が教えてくれるかもしれない。私たちはこうした場面によって学習の機会を与えられるのだが、それに対して、粗暴もしくはゾッとさせる道徳的傾向性の存在（幾度となく試験問題に出てくるナチ）には、まったく哲学的な興味を引かれない。こうした不確定性は、ウィリアムズが、競合する感受性に対する私たちの反応について考えるさいに重要となってくると捉えている問題、すなわち、彼らの見解を実際に共有するようになることは私たちにとって生きた選択肢であるのかどうかという問題とも独立である。[*4] たとえば、私が美学的な真理を学ぶのは、私にとってばかにできないだけの耳を持ち、他の場面でも私と同程度には良い識別能力を見せ、私と同程度かもしくはそれ以上に幅広い音楽の知識を持つ人が、事実ワーグナーが好きであることを学ぶときであり、そしてそれは、彼の情念を共有することは私にとって生きた選択肢ではないとたとえ経験が教えてくれるとしても、そうである。

そうするとこれは、木のイメージである。その幹が、論じるまでもないと私たちがみなしている態度の核を表しており、それが失われると道徳的な常軌を逸することになる。その枝々は、どちらの側にも非がないような意見の相違を表している。ところが、実際に道徳的な論争が行われるさいには、その人がある分岐点にいるのかどうかを教えてくれるような決定手続きなど一切存在しない。実践においては、私たちはあたかも正しい答えが存在するかのように進めていかなくてはならないのであって（これが、「相対主義」があまりにもグロテスクであることの理由である）、しかもそうした答えが存在することも往々にしてあるだろう。一方の枝が結局は劣ったものだったと判明する〔こともある〕からである。

3　私たちが今や考える必要があるのは、投影と結び付けられた意味の理論が、自分の意見を表明するのに私たちが実際に文を用いるその仕方に照らして、果たして適切であるのかどうか、である。特に間接文脈で用いられる場合、そうした文は、私たちを何らかの態度にコミットさせるようには機能しない。「もし犬を蹴飛ばすのが悪いならば、猫を蹴飛ばすのも悪い」と言うとき、私は、犬を蹴飛ばすことに対する態度を表現〔表出〕しているのではない。そうだとすると、「犬を蹴飛ばすのは悪い」という文は、この文脈においては何をしていることになるのだろうか。

実は、このよく知られた問題★14には簡単な答えがある。投影説が主張しているような仕方で用いられる文を、コミットメントを表現している文と呼ぶことにしよう。それと対になるのは、真理についての単純な実在論的理論に似つかわしい文であり、それは判断を表現していると言うことにする。さて、条件文形式を使用するさい、私たちはある一定の仮定が何を含意するかを算定する。つまり、自分が持っている他の判断やコミットメントのストックに〔最低限必要な変更と共に〕ある仮定が付け加わったことを想像し、それが含意している他の変更について自ら表現するのである。そうすると問題は、仮定を立てるということにかんして適切な見方をした場合、仮定は、判断とコミットメントの両方を包含するのに十分なほど広いものなのかどうか、である。仮定を立てることはそこまで広くはないという考え方は、私たちはある事態――前件を真にする事態――を実体視していると考えることから生じてくる。そして投影主義者は、そのようなものの存在を否定する〔、それゆえ、仮定を立てることにはコミットメントしか含まれないと考える〕と想定されているのだから、彼は〔この問題に〕うまく対処できない、ということになる。しかし、こうした捉え方をする必要などまったくない。これまでに示して来たように、私たちは、道徳的推論にも適否があるという見方にコミットしているのだが、そのさいには、判断にかんする含意を算定するのとちょうど同じ程度に、コミットメントの含意を算定する必要がある。言い換えれば、ある一定のコミットをしたならそれ以外にどのようなことが伴ってくるのか、私たちはそれを自ら表現したい――つまり私たちは、次のようなことを言いたいのである。「別のこちらの〔後件部分で表現されている〕態度にコミットするか、あるいは同じく別のこちらの〔後件部分で表現されている〕判断を下すか、そのいずれかでなければ、そのこと〔その〔前件部分で表現されている〕態度を持つこと〕にはコミットできない」。この仮言形式は私たちに、そのいずれかをするよう教えている。常にというわけではないが、そうした形式の文自体がまた別の道徳的コミットメントを教えている場合も多い。というのも、一つの態度やコミットメントが別の態度やコミットメントを伴うということが受け容れられるのは、ある道徳的視点からのみだからである。もし犬を蹴飛ばすのが悪いなら、猫を蹴飛ばすのも悪い、ということに私は同意する。猫には犬と同等の価値があるというのが、私の態度だからである。これは、一つの条件文が別の条件文にどのように埋め込まれるのかをスムースに説明できるということを意味している。というのも、私たちは〔右に述べたのと〕まったく同じ仕方で、そのコミットメントの含意を探求したいと思うこともあるからである。「もしそれが正しいのなら」、そう言ってあなたは論争を挑んで来るかもしれない、「蟻を踏みつけるのも悪いのでなくてはならない」。[5]

準実在論は間接文脈を完全にうまく扱うことができる。私はそう思っているので、投影主義者による形而上学を「非認知主義」と呼ぶことにまったく賛成というわけにはいかない。〔投影主義の立場から〕説明可能な文脈の中には、次のようなものがある。すなわち、「私は、犬を蹴飛ばすのは悪いと単に信じているだけではない、そうだと知っているのだ」とか、「私は、……と信じてはいるが、そうだと知っているとまで主張するのはおこがましいだろう」、「彼らのような道徳主義者が厄介なのは、彼らが、自分の意見をどれも知識として扱っていることだ」、などといった文脈である。私たちは知識という概念を、世界から読み取られたものとしての判断だけに結び付ける必要はない。コミットメントの中でも、〔さらなる〕改訂をもたらすような改善された視点はありえないと考えられるコミットメントを、それ以外のコミットメントから引き離すことが、私たちにはかなり首尾良くできる。前者は、その木の幹にあたるとみなされるもので、犬を蹴飛ばすのは悪いというのはここにあたる。だが、政府は哲学にもっと予算を費やすべきだというのは、その木のさらに枝葉にある。それに対して、多くの道徳主義者が厄介なのは、自分の意見はどれもいかなる改善の可能性からも免れていると、彼らが本気で考えていることである。

4　間接文脈を扱うさいの慎重さは、投影的描像におけるコミットメントの「心‐依存性」という論点を扱うことにとっても本質的である。たとえば、投影説によれば私たちは、次のように信じることに関与せざるをえないものとしよう。すなわち、「もし私たちが異なる態度を持っていたとしたら、犬を蹴飛ばすのは悪くなかったことだろう」とか、「もし私たちが、今のような習慣や期待を持っていなかったとしたら、木が原因で陰ができることはなかったことだろう」などと信じることに、である。そのようなときには、こんなことを信じるなどばかげているのだから、この理論が拒否されることは明らかである。ところが幸いなことに、間接文脈についての投影主義的な説明は、こうした事態を避ける方法をかなり明確に示してくれている。「もし私たちが異なる態度を持っていたとしたら、犬を蹴飛ばすのは悪くなかったことだろう」という反事実的条件文が表現しているのは、犬を蹴飛ばすことを悪たらしめている特徴とは私たちの反応だ、という道徳的見解である。だがこれはばかげた道徳的見解であって、投影主義者はいささかたりともこのような見解に傾いてはいない。他のあらゆる人たちと同様に、投影主義者もこう考える。すなわち、犬を蹴飛ばすことを悪たらしめているものは、それが犬に苦痛を引き起こすということである、と。別の言い方をすれば次のようになる。投影主義者は、〔苦痛を与えるという〕この信念が入力として与えられた場合には否認するという反応を出力として産出する、そのような道徳的傾向性を是認しているのであって、同じ出力を産出するために私たちの態度についての信念を入力として必要とするような傾向性を是認しているのではない。そして、〔もし私たちが異なる態度を持っていたとしたら……という〕先の反事実的条件文によって表現されていたのは、まさに後者の是認なのである。

投影主義者がこれらのひねくれた反事実的条件文に混乱させられてしまうのは、投影されたコミットメントを真にする事態が結局のところ存在するのであって、しかもそうした事態とは、私たちにかんするもののみである、と誤って考えてしまうときに限られる。投影主義者が、自らの形而上学に付与されるべき意味の理論について適切な理解を持っていたなら、彼はそのように考えてはならないし、彼がそのように考えるべき理由はどこにもない。評価的な所見を述べるということは、自分自身を記述することではなく、自分自身をコミットさせることである。そして、間接文脈を用いてコミットメント〔犬を蹴飛ばすことにかんするもののような〕を記述することは往々にして、さらなる信念やコミットメントを表面化させることになる。

意味論にとっては、コミットメントを査定するさいに真や偽といった概念を用いることが重要になってくる。もし、真や偽といった概念を使えないのなら、道徳的な部分と記述的な部分とから成る連言のような文が、通常の真理関数的な連言〔の働き〕を使っていると理解されることはないだろう。だとすると、このことは厄介事を引き起こすかもしれない。しかしながら、再帰的〔に構成される〕意味の理論においては、文の解釈はその文が真であるような状況を記述することによって規定されるべきだという考え方に固執するとしても、準実在論はまったくその妨げにならない。「aは善い」という文が日本語[★15]において実際に真であるのは、aは善いとき、かつ、そのときに限る。すなわち私たちは、aの善さにコミットしているとき、かつ、そのときに限って、その日本語の文を真だと認める。それが、この文の使用規則である。ところがこのように言ったところで、それが実際にどのような種類のコミットメントであるのかが私たちに分かるようになるわけではまったくない。これは形而上学とは一切無関係である。[*6] 投影主義者にとっての重要な仕事は、私たちが携わっている真理の概念の運用に対して、その正当な権能を明らかにすることであり、そして私は、それこそが正に投影主義者のやっていることなのだと示そうとしてきた。投影主義者はまた、当該の文によって何がなされているのかについての自らの捉え方に従うなら、そうした文が埋め込まれたものであった場合に、その文の中でなされていることについてはどのように説明するのかも示さなくてはならない。そして、私は正にそのことに取り組んできた。評価的な文を条件文や反事実的条件文などの中で用いることによって生まれる新たな文は、それ自体が同じ種類の（あるいは、お馴染みの種類の――そうした文は、論理的に真であったり事実的に真であったりするかもしれない――）新たなコミットメントを表現することになるのであり、それゆえ多重の埋め込みによってもたらされる問題など何もない。このことを私たちが見て取ったとき、主要な問題は解消する。[*7]

5　評価的なことばの使用を「ある種の感嘆」や「声高な号令」とみなすことは、私たちとは縁もゆかりもない。このことを示すためだけだとしても、最後に、一貫性と無定形性について所見を述べておくことは役に立つかもしれない。少なくとも私たちが示しうる範囲で、よく似た事例に対して自分たちが非常に異なった反応をしている場合、投影説に従うと私たちは狼狽させられる。そう思われているのはなぜなのか。私たちの反応が単に豊かで複雑なものであるばかりでなく、少なくとも自分たちに語りえる範囲では移ろい易いものでもあったとしても、まったく問題ないはずではないか。この問いに答えようとすると、私たちは本節の最初の部分に立ち返ることになる。私はそこで、自らの道徳的な感受性から一歩退く能力について指摘したが、それは、そうした感受性を是認すべきか否かを確認したり、信念から反応へというかたちで私たちを記述するタイプの関数について気に掛けたりする能力であった。移ろい易い関数——時間を通じて、あるいは似たような事例を通して、明らかにランダムな要素を持っているもの——が、私たちにはすぐに是認できたり自己同一化できたりする関数ではないということは、今となってはまったくもって驚くべきことではない。これは、部分的には道徳的推論の目的に関わる案件でもあり、そしてその目的とは、少なくとも部分的には社会的なもののはずである。移ろい易い感受性は教えるのが難しいだろうが、同時にまた、自らの道徳的なものの見方を他の人たちにも共有してもらえて、是認もしてもらえるようになるということが私にとって重要なことなのだから、私は自らの道徳的なものの見方が一貫したものとなるよう努めることだろう。だが部分的には、右のこと〔つまり、移ろい易い関数は是認し難いこと〕は、正義の価値からも端的に生じる。よく似た事例に対して異なった反応をするとき、私は、卑しめられているものに対して不正義を働くというリスクを冒すことになるが、そうした非難から自分たち自身を擁護できねばならないというのが、私たちに共通の価値の一つなのである。これには、意見の分裂に気づく能力が必要となる。他方で、私たちが単に「声高に号令している」だけだともみなされてしまうのが適切な場合については、私はこのように捉えている。すなわち、私たちは社会的な合意に至ることにはさほど配慮しておらず、そのため不正義を働くことにもさほど配慮していないかもしれない（「私は、自分が恐ろしく不当なことをしているのは知っているが……」）、と。私たちは〔そのような配慮を〕することもできるが、そうする必要はないのであって、そして真剣な評価実践においては、私たちはそうしてはいない。

私たちの反応は「単にそう感じられたもの」に過ぎず、ある意味では合理的に説明することはできない、というのはもちろんその通りである。だが私たちはここで、理由〔理性〕（reason）についてあまり心配し過ぎるべきではない。概して理由〔理性〕とは、真理の導くところに従うものである。一旦、ある道徳判断を首尾よく真として類別したならば、そうした判断を受け容れがちであるという傾向性を理に適っている（reasonable）と分類するとき、私たちは「理由〔理性〕」という語の一般的な用法に従っていることになる。準実在論者は理由〔理性〕という概念に怯える必要はない。彼はヒュームと同様、この語句を、真正な、つまり非投影的な判断への傾向性のために取っておくこともできるのであって、しかもそうすることにも眼目はあるだろう。というのも、ゾッとする欲求、あるいは奇妙な欲求を持った人々に対しては、私たちは〔「理に適っていない」とまで言わずとも〕非難のことばをまったくもって十分なほど持ち合わせているのだから。真理に到達する方法について私たちが確信している領域では、そこでの逸脱を理に適っていないとして非難したいと思うようになるが、私たちが自らによる評価をそこまで強く確信することは、そうたびたびはない。投影主義者と記述主義者との間の論争を、合理性や理由〔理性〕などといった概念に訴えることで規定するよい方法が何かしらあるとは私には思えない。投影主義者にとって習熟するのが困難なのは真理の概念であるが、一旦その概念が習熟されたなら、理由〔理性〕は自分で自分の世話をす

る。★16

《4》

準実在論がうまく行くとしても、私たちにはまだ深刻な問題が残されたままである。すなわち、ある領域において実在論と投影説との間の論争が存在するのかどうか、あるいはまた、そうした論争など存在しないのであって、好きなときにそこから教訓を得ることができるような見取り図や比喩があるにすぎないのかどうか、そのことに決着をつけるという問題である。一番気の滅入る結論は、その論争をまったくの空虚だとみなすというものだろう（というのも、これほど大きな、そして永きにわたる論争にはそもそも討論の手順そのものが存在しないということに気づいたとしたら、つまり、たとえばヒュームやカント、パースといった人たちの哲学はそもそも本物の哲学ではないということに気づいたとしたら、確かに気が滅入るであろう）。実在論的な心情を持つ人は、世界を豊かなものにして、解釈する心を怠惰にするが、それとは逆の素質を持つ人は、世界を貧相なものにして、解釈する心を多忙にする。決着をつける確かな方法が唯一あるとすれば、それは、ある事実ないし事態についての私たちの捉え方が判断に対して制約を課している、ということを発見することだろう。道徳的な事実であれ、条件文的な事実であれ、あるいは因果的な事実であれ、何であれそういった事実が存在することなどありえない、と私たちが確信できたとしたら、その場合には投影主義に軍配が上がることになる。たとえば、私は別のところで、道徳的な事態というものについて満足の行く捉え方を与えることは困難だと論じた。満足のいく捉え方によれば、道徳的な事態を、それが論理的に付随している自然的事実に正しい仕方で関係づけることができるのだが、そうした捉え方が困難なのである。[*8] この種の議論がもし可能なのだとすれば、一方の側に軍配が上がることになるかもしれない。ところが、正にこうした議論に立ち塞がるのが後期ウィトゲンシュタインなのである。そこで最後に、彼が提起していると思われる問題を私がどう考えるのかについて述べることにしよう。

実在論者とその反対者との間の論争〔が成り立つため〕には、私たちの談話におけるある部分の言明にかんして、それを真にする事実や事態が存在しうるかどうかを問うことが有意味となるような、事実ないし事態についての捉え方が備わっていなければならない。しかし、後期ウィトゲンシュタインが私たちにこう忠告していることは間違いない。すなわち、事実とはかくかくのものであるはずだという、何らかの先行的な捉え方をもって哲学の問題に接近し、その上で、その特定の種類の何かが存在するのかどうかを論争するのであってはならない、と。むしろ、まず初めに談話を見て、そしてその後で、それに合うように真理の概念を仕立てるのである。『論考』[★17]の誤りは、空間における諸対象の配列だけが唯一事態〔と呼べるもの〕である——つまり、行為者性や自己、あるいは道徳性などといったものにかんする事実には何の余地も残されていない——とアプリオリに主張していることにある。こうした精神の下に見るなら、後期ウィトゲンシュタインは私たちを、いかなる論争も存在しないという結論へと導くに違いない（そして彼の思考においては、他のテーマにかんしても、こうした結論に至るかもしれない）。[*9]

ところが、「規則順守をめぐる考察」についてのマクダウェルによる説得力のある論評[★18]を読んで、私は仰天した。上での説明からすれば、ウィトゲンシュタインなら私たちを近づけなかったと思われる類の議論を、その考察が正にしていたのだから。実際その考察は、そういった類の議論の典型、すなわち、因果の概念についてのヒュームによる取り扱い方とかなり詳しいところまで合致する。[*10] 因果的な力とは、物理的な世界が持つ連続的な秩序について熟考するさいに私たちが感じる眩暈を和らげてくれるものだと考えられている。それは、ある時点に存在するものではあるが、その拘束力を他の時点にまで及ぼして、連続性と秩序とを保証する。ヒュームによれば、そうした効力を持った事態など私たちには考えられない。〔因果的な〕力を信じることの「根拠と本性」は、自然の連続的な秩序をとにかく信じることの内にしかない。なるほど彼はそう付け加えることもできるが、この問題の第一の要点は認識論的なものではない。そうではなく、主たる難問は、存在するはずだと私たちが考えることのできる類の事実にかんする形而上学的なものであり、投影説は、それに対する形而上学的な解決なのである。ウィトゲンシュタインにおいては、ある人の分類法による連続的な秩序について熟考するさいに私たちが眩暈を感じたとき、その眩暈を和らげてくれるような事実は存在しえない。すなわち、人があることばを理解しているという事実や、あるいはある規則に従うといった事実があって、そうした事実が眩暈を和らげてくれる、ということはありえない。その人が過去に行った理解や〔持った〕意図についてのどのような記述であれ、それを真にするような事実は存在しえないし、また、その人が将来に言うことにかんしても、その正しさの論理的な基準を与えるような事実も存在しえない。存在することが明らかになる唯一の事実は、振る舞いにおける一致だけであり、これは私たちが期待していたものではまったくない。私たちが求めていたのは、〔続く時点での〕実在を先取りできるような「意味するという作用」（第188節）であり、それはちょうど、ヒューム以前に私たちが、〔因果という連続性の内に〕実在を先取りする力を求めていたかもしれないのと同様である。しかし、「この並外れた事実についての範例を、君は一つも持っていない」（第192節）。その上さらに、ここからの帰結はヒュームと非常によく似ている。すなわち、「誰かがある規則にたった一度だけ従うような場面があって然るべきだ、などということはありえない」（第199節）。私たちは、ある種の「並外れた事実」といったものが存在すると考えたい誘惑に駆られていた〔だけな〕のであって、〔実際には〕そんなものは存在しない。

さて、私はウィトゲンシュタインがこの点にかんして正しいのかどうかを主に論じたいわけではない。そうではなく、二つのことを指摘したいのである。その一つ目はこうである。すなわち、もしこの点について彼が正しいとすると、彼は、言語それ自体が不可能になるというパラドクスに直面してしまう。言い換えれば、言語使用について、生気なき（*wooden*）描像と私が呼ぶものに捕らえられてしまう、ということである。その描像によれば、言語使用にかんする唯一の事実は、人々はある特定の状況において、恐らくは「これがピッタリだ」等々といった様々な感じを伴いつつことばを使用している、ということだけである。この描像には、ある語を使用したりそうするのを差し控えたりするさいに、人々は前もって存在している規則に従っているという、それ以上の事実が入り込む余地は一切ない。しかし、だからこそ、人がことばを使用するさいには判断を表現しているという発想もまた、入り込む余地などないように思われる。ウィトゲンシュタインは、公共性、すなわち、他の人たちもまったく同じようにやっているという事実こそが、生気なき描像を生気の満ちたものへと転換するための魔法の素なのだと感じていたに違いない。公共性にかんする事実がこうした役割を果たすというのは、私にはきわめて分かりにくい。騒音を発する傾向のある生気なき人たちがいくら集まったところで、彼らの内の誰かひとりのようなあり方をした人が数の上でただ増えただけのことにすぎない。（原因にかんしてであれば、同様の点について、ヒュームにとってはまったくもって問題なかったであろうことに注意されたい。）

こうしたことは一応ともかくとして、〔指摘したいことの二つ目として〕より直截的に重要なのは、ウィトゲンシュタインがここで、一般に知られている彼についての描像によれば彼が避けているはずのことを、あまりにも露骨に行っているという点である。彼は、事実についてのある特定の捉え方を攻撃している。それはすなわち、私たちによることばの使用の背後にあって、それを方向づけてくれている事実という捉え方であり、ある人がある語を理解しているという命題を真にするような事実だとか、現在を超え出る傾向を示すことで、将来におけるその語の適用を制約しているような事実、などといった捉え方である。そう捉えられた事実は、本質的なものであって、ある語〔の適用〕が成功することによって仄めかされるしかなく、そしてまた、ある語を理解するということを私たちが誰かに教えるさいに「推測してもらう」（第210節）しかない、とされる。だから、〔こうした事実の捉え方を攻撃する〕ウィトゲンシュタインは、ある種の反実在論にとっての敵ではありえない。あるいはいずれせよ、彼が、当の論争を行う一定の方法に対して敵意を持っていることなどありえない。というのも、彼自身が用いているのが正にその方法なのだから。反実在論者もまた、その反対者のことを、法外な力を色々と持った「並外れた事実」をでっち上げていると非難する。彼はこう断言する。道徳的事実や因果的事実、あるいは何であれそういった事実についての実在論的な捉え方は誤っている、と。というのも、世界にそんなものが包含されていることなどありそうにないからだ。これはちょうどウィトゲンシュタインが、伝統的な捉え方によれば世界には一片の理解といったものが包含されていることになるが、そういったことなどありそうにない、と論じているのと同様である。

それでもやはり、と言い返されるかもしれない、ウィトゲンシュタインは一定の事実の存在をそこまで攻撃しているわけではなく——というのも、攻撃していたのだとすると、判断は不可能であるという生気なき描像が帰結してしまうことに彼は困惑する羽目になったであろうから——、彼は私たちに、そうした事実を正しく見るよう教えているのだ、と。もちろん人々は、規則に従うし、〝分った〟という閃きを得たりもする。それに、ある語句を誤って適用してしまうことも、もちろんある。ただそれは、こうした事柄を真にするような類の事実とは、私たちが考えていたようなものではなく、その人が社会的な実践と一致しているということに関係した何ごとかだ、というだけのことにすぎない。そうだとすると、ウィトゲンシュタインは一種の形而上学——特定の判断を真や偽にするような類の事態について解釈し直す形而上学——を認めているに違いない。だがそのことからは、彼は実在論者／反実在論者の論争に好意的であったと言えるわけではない。

これまでのところに限って言えば、それはその通りである。しかしそうだとすると、ウィトゲンシュタインは頼りにならない盟友だということになる。というのも、判断を真にする事実を再解釈するために彼が仕掛けている批判は、やすやすとその力を発揮して、その結果私たちは、そうした再解釈など成功するはずもないと考えるようになることもあるからである。そのさいには、〔判断を真にするという〕役割を果たしうるような事実や事態といった名前に値するものなど存在しない、と考えるようになるだろう（もし私が正しくて、生気なき人たちが集まったところで、彼らの内の誰かひとりのようなあり方をした人が数の上でただ増えただけのことにすぎないのだとしたら、規則順守はうってつけの事例である）。その場合には、反実在論が唯一の救済手段となる。実際のところウィトゲンシュタインはこのことを否定したであろうと断定することは、私にはできない。例えば一人称について論じるさい、彼は次のような見解を力説している。事態を記述するのに用いられるに違いないと思われるような文でも、そのようなものとはみなされるべきでなく、実はその働きは表出にある。例えば「私は痛い」は、私自身を記述しているというよりもむしろ、痛みを表出している発話として理解されるべきである（私は実際にこれをもっともらしいと思っているわけではない）。さらに、彼は次のように述べている。「彼に対する私の態度は、魂に対する態度である。私は、彼に魂があるという意見を持っているのではない」（p. 178〔『探究』第二部iv〕）。このような場合、ある所見の真理条件にかんする「範例」を私たちが持っていないという事実は、それについての表出説ないし投影説への十分な動機づけとなる。そうだとすると、私たちが求めている論争に対してウィトゲンシュタインは一貫して敵対的だと理解することは困難である。

　準実在論がうまく行っているとすると、投影主義者は、道徳判断は真であったり偽であったり、あるいは理に適っていたり・いなかったりすると考える権利を手に入れたことになる。投影主義者は、私たちが通常の判断に用いるのと同じ評価を、道徳判断にも用いることができる。道徳判断のあるものは事実に対応しているだとか、物事のあり様を表象している、世界と一致している、などということさえ言える——というのも、これらはどれも、そうした判断を裏書きする方法なのだから。投影主義者の成果は、私たちが道徳判断についてこういった仕方で考える権利を引き出したことである。それを引き出すために彼は、自らの心情を「客観化する（objectifying）」と言うことでなぜ、私たちは間違いにコミットしているわけでなく、自らの心情を理解するのに必要な態度をただ採用しているに過ぎないと言えるのか、そのことを示してきたのであった。通常の信念を表現するのと同じ仕方で心情を表出することで私たちは、自らの判断を振り返り、そして自らの論争を行うことができるのであって、このようなことをするさいには何かしらの錯覚に陥っているのではないかと疑う余地などまったくない。この結論もまた、ウィトゲンシュタインの後期における思考と大まかには共鳴するところがあると私は思っている。少なくとも、彼が取り組んでいたことの内のあるものは、私たちが真理や確実性、そしてまた証明といったものについて考える権利を救い出すことを目指していたように思われる。その一方で彼は、私たちの〔これまでの〕考え方の源には人間中心的なものがあるという〔事実〕に直面していた。厄介なのは、こうした考え方の持つ相対主義的かつ懐疑論的でもある含みを彼がほんとうに一掃したのだとは、到底思えないことである。だが、より同情的に解釈した上でなら、彼を準実在論の主唱者だと認定して差し支えないだろう。

投影された質について語るのに「認知主義的な」用語を勝手に借用することが勘違いでも何でもないのだとしたら、古くからあるこの論争についてはどのように考えたら良いのだろうか。直覚主義者や実在論者であれば、評価は真正の判断・真理の領域に属していると言うことが、他方、情動主義者や投影主義者であれば、そうではないと言うことがそれぞれできるためには、証明や理解にまで達しうるような、真正の判断、真正の真理についての共通した捉え方が必要である。しかし、そうした判断や真理という一連の概念を、心情の投影にも当てはまるほど広いものとして理解することが誤りでないのだとしたら、私たちは誰に対して勝ち名乗りを上げるべきなのだろうか。結局のところ、次のようにも言えてしまうように思われる。すなわち、評価とは判断であり、それは真であったり偽であったり、そしてまた合理的であったりするのであって、それゆえ直覚主義者に軍配が上がるのだ、と——これに反対するのに投影主義者の成功そのものを持ち出すことは、まだなお非常に困難に思える。

しかし、これはあまりにも性急に過ぎる。私たちは投影主義者に対して、判断における通常の評価が持つ豊かさを与えはしたものの、だからといって、伝統的な真理や事態が持つ特質のすべてが、道徳的事実に与えられるわけではない。なかでも道徳的な「事態」は、私たちの様々な態度やその収斂、私たちにとってのその重要性といったものを引き起こしたり説明したりするのに、何の役割も果たしはしない。それは私たちの手続きから構成されたものであって、その創設者ではない。すなわち、それは私たちの手続きの子どもであって、その親ではない。道徳的な実在に言及し、それについての私たちの理解に媚びてさえいれば、評価や判断において私たちがやっていることについて何らかの説明が得られると考えることは、客観主義的な錯覚だったのである（そして私は、今なおそう錯覚されているのではないかと恐れる）。実在論者は、私たちの下す評価について何ら説明していないし、道徳的真理の構造について何ら説明していない——したがって付随性のような一連の事柄など、未解明の神秘へとなり果てるまでである。実在論者の錯覚は、自分は理論を手に入れているのだと考えていることに、すなわち、道徳的実在を引き合いに出しさえすれば、客観性に関わる概念を手順を踏んで獲得する必要性を一掃できると考えていることにあったのである。

道徳的には、物事が持つ不変の適切さを見つけ出せる神秘的な能力を育成することよりも、感情を訓練することの方が、生き方を知るための礎となる。思うに、そうはっきりと理解することによって私たちは、心情主義的な伝統から利益を得るのである。客観性にかんするどれだけ多くの道具立てを、乏しい元手から獲得することができるのかを見て取ることによって、すなわち、手順を踏んで獲得するのでないならただで分け与えられるにすぎないものを、手順を踏んで獲得することによって、形而上学的にも私たちは、利益を得る。このことには次のような美点がある。すなわち、人はそうした道具立てをよりよく理解するようになる。その道具立てと、意見の一致といったような他の事柄との関係について、人はさほど容易には欺かれないようになる。そうなることで人は、その道具立てを所持していることへの罪悪感、それが懐疑論を生じさせてしまうことへの罪悪感を、さほど感じなくなるのである。

（訳　小島明彦）

第一章　注

原注

＊1　私は他の二つの論文でも、このテーマに取り組んでみたことがある。'Opinions and chances', in D. H. Mellor (ed.), *Prospects for Pragmatism, Essays in Honour of F. P. Ramsey*, Cambridge University Press, 1980, および、'Truth, realism and the regulation of theory', in *Midwest Studies in*

Philosophy, vol. V (*Epistemology*), Minnesota University Press, Morris, 1980。

＊2　この例はジョナサン・ベネットによるものである。'Substance, reality and primary qualities', in C. B. Martin and D. M. Armstrong (eds), *Locke and Berkeley*, Macmillan, London, 1966.

＊3　私はこの点で、ジョン・マッキーと意見を異にする。彼はこの種の事実を、日常的な思考における誤った形而上学を指し示すものと捉えている。彼の *Ethics: Inventing Right and Wrong*, penguin, Harmondsworth, 1977, pp. 30–5(『倫理学——道徳を創造する』加藤尚武監訳、高知健太郎・三嶋輝夫・古賀祥二郎・森村進・桑田礼彰訳、哲書房、一九九〇年)を参照。

＊4　Bernard Williams, 'The truth in relativism', *Proceedings of the Aristotelian Society* (1974–5), p. 221ff。

＊5　私がこの答えを初めて与えたのは、'Moral realism' in John Casey (ed.), *Morality and Moral Reasoning*, Methuen, London, 1971(本書第二章「道徳実在論」)においてであった。

＊6　タルスキの信奉者の中にはこれと正反対の見解を持っている人もいる、という印象を私は持っているのだが、彼らがなぜそうした見解を持っているのかまでは分らない。

＊7　本節の背景には、アーネスト・アダムスとスタルネイカーが提出した条件文一般にかんする理論がある。デイヴィッド・ルイスによる制約('Probabilities of conditionals and conditional probabilities', *Philosophical Review* (1976))を満たすには、不必要な埋め込みを禁止してしまえば良いと私は考えている。バス・ファン・フラーセン、'Probabilities of conditionals', *Foundations of Probability Theory etc.*, 1 (1976)を参照。スタルネイカーの理論は 'Probability and conditionals', *Philosophy of Science* (1970)' の中で、アダムスの理論は *The Logic of Conditionals*, Reidel, Dordrecht, 1975の中で、それぞれ述べられている。

＊8　前掲 'Moral realism'(本書第二章「道徳実在論」)の第2節。

＊9　前期と後期の哲学の間の違いにかんするこの側面を明らかにしているのは、デレク・ボルトンの *An Approach to Wittgenstein's Philosophy*, MacMillan, London, 1979である。

＊10　私がこのことに気づいてそれをシンポジウムで語った後になって、オンタリオ(1976)とケンブリッジ(1978)で行われた講演においてソール・クリプキがこれとまったく同じ類比を立てていたことが私の目に留まった。ロバート・フォグリンも *Wittgenstein*, Arguments of the Philosophers, Routledge & Kegan Paul, London, 1976において、この類比に気づいている。

訳注

★1　本論文は、マクダウェル論文 "Non-Cognitivism and Rule-Following"（「非認知主義と規則順守」荒畑靖宏訳、『徳と理性』大庭健・奥田太郎監訳、勁草書房、二〇一六年所収）に対するリプライとして書かれたものである。

　どちらの論文も、一九七九年のトリニティ学期（最終学期）にオックスフォード大学において開催された、ウィトゲンシュタイン哲学をテーマとするシンポジウムでの発表論文が元になっており、その後、参加者たちによる発表論文とそれらに対するリプライ論文とが、それぞれ加筆修正の上、Steven Holzman and Christopher Leich (eds.), *Wittgenstein: to Follow a Rule*, Routledge and Kegan Paul, London, Boston and Henley, 1981 という本にまとめられた。マクダウェル論文とブラックバーン論文（本翻訳の原論文）も、この本の第三部に "Following a Rule and Ethics" という表題の下に収録されている。

　なおマクダウェルは、ブラックバーンからのリプライ（本論文）に対して再リプライを行っている。"Wittgenstein on Following a Rule" in *SYNTHESE* Vol. 58, No. 3, March 1984（「規則に従うこと――ウィトゲンシュタインの見解」永井均訳『現代思想　十二月臨時増刊号　総特集ウィトゲンシュタイン』Vol. 13-14, 青土社、一九八五年所収）がそれであるが、奇妙なことに本文中にはブラックバーンへの言及は一切なく（いくつかの注での言及に留まる）、そこでの議論はもっぱら、クリスピン・ライトによるウィトゲンシュタイン解釈批判に費やされている。

★2　*A Treatise of Human Nature*（『人間本性論』）, 1. 3. 14 より。

★3　以下、'expression' や 'express' は、文脈に応じて「表出（する）」と「表現（する）」とを訳し分けている。

★4　この「（部外者によっても）」は、原文の該当箇所を引用者（ブラックバーン）がそのように捉え直した上で、自身で挿入したものである。その該当箇所において、マクダウェルは次のように書いている――「その共同体においてはその徳の概念に包摂されると見なされる行為を賞賛したり模倣したりする際に現れてくる特殊な関心とは独立に」。

★5　詳細については、前掲の訳注1を参照。

★6　付随性には様々なバリエーションがあるが、次のような定式化が最も基本的かつ一般的だと思われる。

　性質からなる互いに素である集合PとQについて、Pに属するある性質pが、Qに属する諸性質q_1、q_2、q_3、…に付随するのは、次が成り立つとき、かつ、そのときに限る。「任意のxとyについて、xとyとがQに属するいくつかの性質をすべて共有しているならば、必然的に、xとyの両方ともに性質pを持つ」（対偶：「任意のxとyについて、

xとyのどちらか一方だけが性質pを持たないならば、必然的に、xとyとはQに属する性質に関して少なくとも一つ以上の点で互いに異なっている」）。

ここで、Pを価値性質から成る集合、Qを物的・自然的性質から成る集合とするとき、たとえば〈善い〉という道徳的性質が、物事の持つ何らかの物的・自然的（諸）性質に付随していると言えるのは、次が成り立つとき、かつ、そのときに限る。

「ある二つの物事が物的・自然的性質をすべて共有しているならば、必ず、どちらの物事も性質〈善い〉を持っている」（対偶：「ある二つの物事のどちらか一方だけが性質〈善い〉を持たないならば、必ず、それら二つの物事は物的・自然的性質に関して少なくとも一つ以上の点で互いに異なっている」）。

そのとき、「ある二つの物事が物的・自然的性質に関して少なくとも一つ以上の点で互いに異なっているならば、必ず、それら二つの物事のどちらか一方だけが性質〈善い〉を持っていない」と言える必要はない（互いに異なる物的・自然的性質を持つもの同士が同じ価値性質を持つことはありえる）し、同様に、「ある二つの物事がどちらも性質〈善い〉を持っているならば、必ず、それら二つの物事が物的・自然的性質をすべて共有している」と言える必要もない（同じ価値性質を持つもの同士が互いに異なる自然的性質を持つことはありえる）ことになる。

★7　詳細については、前掲の訳注1を参照。

★8　原論文には、おそらくそれが書かれた文脈（前掲の訳注1を参照）の関係からか、これ以降に参照されている後期ウィトゲンシュタインの著作のタイトルへの言及が一切ないが、ブラックバーンがここで参照しているのは『哲学探究』。以下、各節への言及と共に引用されているのはすべて、この著作からである。

★9　エドワード・ヒース（1916-2005）はイギリスの政治家。大工の息子として生まれた彼は、名門オックスフォード大学を卒業した後、（少なくとも当時は）いわゆる中産階級以上の出身者が大半を占める保守党議員となったばかりか、その党首として6年ぶりに労働党から政権を奪回し、首相にまで昇りつめた（一九七〇年から一九七四年まで）。なお、本論文執筆当時のブラックバーンには知る由もなかったが、ヒースは一九九二年、最高勲章であるガーター勲章と「ナイト」の称号を授かっている。

★10　各国の衛兵や軍隊などに見られる独特の行進方法のことで、膝を曲げずに足を高く上げながら歩く様がガチョウの歩き方に似ていることからこう呼ばれる。もともと揶揄的な意味合いがあるものの、二〇世紀半ば以降は特にナチス・ドイツのイメージを喚起することから、全体主義・軍国主義・ファシズムなどの象徴ともみなされ、「ナチス式行進」と呼ばれることもある。

★11　原文では'phenol-thio-urea'（フェノルチオ尿素?）となっているが、これは明らかに'Phenyl-thio-urea'（フェニルチオ尿素）の誤りであると思われるため、訳文では修正した。ただしこの誤りは、ブラックバーンがここで参照しているベネットの論文（原注2を参照）にもともと見られたもの。その論文では、およそ次のように論じられている。この尿素は実際には約七五％の人には「苦い」と感じられ、それ以外の人にとっては無味である。したがって今のままでは、この尿素がその特定の味（'the' taste）と言えるものを持つとまでは言えない。しかし、これがたとえば一〇〇％近くの人に「苦い」と感じられるようになれば、この尿素は苦くなったと言われて良いだろう（たとえば、レモンは恐らく一〇〇％近くの人にとって「酸っぱい」と感じられることだろう）。

★12　二〇世紀初頭の論理実証主義運動を先導したウィーン学団の主要メンバーの一人、オットー・ノイラートが用いた比喩で、知識の総体のあり方を航海中の船になぞらえて説明したもの。一度海に出た船が部分的に故障・損傷したさいには、戻ってドックに引き上げ、作業員がそこを足場にして補修なり分解修理なりを施す場合もあれば、航海を続けながらの海上で、船内の他の箇所を足場にしながら乗組員がその都度修繕作業をする場合もある。私たちと、私たちの知識の総体との関係は、作業員とドック内の船との関係ではなく、乗組員と海上の船との関係に似ている。そこに立つことで知識と世界のあり方とを見比べることのできる「足場」（ドック）となるようなものなどなく、私たちはいわば知識の総体（船）の内部に居ながら、そこに部分的な誤りが見つかったときには、全体の調整を図りつつ、他の部分に依存することで修正していくほかないだろう。

この比喩は、後にW・v・O・クワインが自らの全体論的な立場について説明するさいに好んで引き合いに出していたのをきっかけに、広く知られるようになった。

★13　ジョン・マッキーによる錯誤説（error theory）を念頭に置いている。マッキーによれば、人々は日常的に、あたかも様々な価値的なものが客観的に実在するかのように考えたり語ったりしているものの、客観的価値なるものは実在しえない。したがって彼は、価値についての人々の日常的な思考や語り方は錯誤に基づいているのだと考える。原注3も参照のこと。

★14　一般に「フレーゲ＝ギーチ問題」と呼ばれるもので、一九六〇年代にピーター・ギーチが、一九世紀のゴットロープ・フレーゲによる著作（『概念記法』）の中にその問題提起を見出したことからこの名が付いた。この問題は元々、様々な言語実践に関する説明に当てはまるものであったが、いつしか、メタ倫理学において非認知主義を採るなら解決しなければならない主要な問題の一つとみなされるようになった。現在この問題が持ち出されるのは、非認知主義に対する「挑戦」としてである場合がほとんどである。

その「挑戦」は次のような形をとる。非認知主義的な意味の理論においては、明らかに妥当であるはずの推論の妥当性を説明できないように思える。たとえば、

前提1：犬を蹴飛ばすのは悪い。
前提2：もし犬を蹴飛ばすのが（は）悪いならば、猫を蹴飛ばすのも（は）悪い。
結論　：猫を蹴飛ばすのは悪い。

という推論は明らかに妥当である（モドゥス・ポネンスの形式を持つため）。そのとき、非認知主義のある立場によれば、前提1の「犬を蹴飛ばすのは悪い」は態度ないしコミットメントの表出である（非記述的で真偽を問えない）と考えられることになるが、しかし、前提2の条件文に埋め込まれたものとしての同じ文はさすがに表出されたものとは考えられず、やはりある事態を記述的に（真偽を問える仕方で）表現しているものと考えられる。したがってそうだとすると、二つの前提に出てくる同じ文が異なる意味（ないし働き）を持つことになるのだから、もし非認知主義的に考えるならこの推論は成り立たないことになってしまうはずだ。非認知主義がまともな理論であると言うのなら、この問題を解決してみせよ。

★15　原文ではもちろん、「英語（English）」。

★16　前期ウィトゲンシュタインによる著作『論理哲学論考』の5・4・7・3における、「論理は自分で自分の世話をするのでなければならない」という言い回しを参考にしたものと思われる。

★17　前期ウィトゲンシュタインによる著作、『論理哲学論考』のこと。

★18　第1節の冒頭でブラックバーンがその一節を引用しているマクダウェル論文のこと。前掲の訳注1も参照。

第二章　道徳実在論

《1》

道徳的発話に対して「それは真である」あるいは「それは真ではない」と述べることによって応じるのは正しい、と認めるとしても、そう応じることによってどのような種類の評価が示されているのかという問題は未解決のままである。これを強調することは、〔真理に関して〕ダメットが書いた論文と関連することになるのだが、そのダメットは、〔語られ方に注意を向けて〕次のように述べている。もしある言明を断言した人が、その言明が表している事態は可能だと見なしており、しかも実際にその事態が成り立っていたとしても、その人が、誤解を招く仕方で話していると考えられるならば、その言明は偽である、と。[*1] しかし、誤解を招く話し方はいくつも存在し、偽って話すというのはその一つに過ぎない。〔また逆に〕真だと聞き手は解釈するだろうと知りながら、偽であることをあなたが述べる場合のように、偽って話すことが、つねに誤解を招くのでもない。さらに、もっぱら私の信念や私の根拠に関して誰かに誤解を与えるという可能性以外でも、ある事態が存在し、その事態を一つの可能性と〔そして実際には一つの可能性以上のものと〕見なし、そしてその真理だけを私が述べる場合でさえ、議論の主題となっているものごとの真理について私は誰かに誤解を与えうる。たとえば、ある興味津々の子どもに、一部のゾウは一部のノミよりも少なくとも二倍大きいと話すとするならば、私はこうした誤解を与えているのであろう。そして、これよりもっと厄介なのは、もしある人があるものごとを善であると真摯に判断しているが、私たちが承知しているものの同意してはいない基準に照らすならば、自分が間違っているかもしれないという可能性を認識しているようなときである。このようなときに、その人はどのような仕方で誤解を与える話し方をしているのだろうか。その人の判断は偽である、と私たちは考える。しかし、その人が誤解を与える仕方で語ったとみなすのは、次のような場合だけである。すなわち、そのものごとが善いか否かにかんする真理にかんして、その言い分を信じた聞き手に誤解を与える、という場合である。そうでない場合にも、私たちは誤解を与える語り方をしたとみなすとは私には思えない。しかしそうだとすると、誤解を招くかどうかの適切な評価は、それ自体真理という用語において理解されることになる。

〔このように、語り方が誤解を招くかどうかにもとづく真偽の説明は、語られたことの成立・不成立に引き戻されるが、〕にもかかわらず、誤解を招くということから構成される対応関係の他にも、なんらかの対応関係の候補はおそらく存在する。この論文の目的は、つぎのことを論証することにある。すなわち、道徳的判断は真であるという主張には独特の特徴があり、その特徴ゆえに、真だという主張を、その道徳的判断がなんらかの仕方である事態と対応しているという主張として受け取ることはできない、ということである。したがって、道徳判断への真理の帰属は、〔事態との対応とは〕異なる種類の評価を含んでいなければならない。この論文の第二の目的は、この評価とはどのようなものでありうるのか、そしてそうした形態の評価を備えている発話の形態を私たちが有していることは驚くべきと考えられなければならないのかを問うことにある。道徳的発話の真理は、その発話がある事実や事態と対応していることに存している、という見解を「道徳実在論」と私は呼びたい。私が間違っていると論証しようと思っているのは、まさにこの見解である。実在論を特徴づけるもう一つの仕方は、ダメットによって採用されているが、[*2]どのような道徳的命題にかんしても、その命題か、さもなくばその否定のどちらかが〔かならず〕真となることを基礎づけるものごとが存在しなければならない、という信念として〔実在論を〕特徴づけることであろう。この特徴づけが同じ方向を向いているのは確かである。実在論者によれば、真あるいは偽を決定するのは、ある事態の存立あるいは非存立である。〔実在論を批判するさいに〕このことを強調する利点は、事態の存立に課される論理的な条件と、道徳的真理に課される論理的な条件とは違うということこそが、まさしく以下で論じられることだ、というところにある。

〔ところで、〕道徳実在論の誤りに関するよく知られている二つの論証が存在する。二つの論証とも、ある道徳的命題への同意が有するひとつの特徴を取り上げ、この特徴はある事態が成立しているという信念の特徴ではないと主張する。したがってそこから、道徳的命題への同意は――〔この同意は〕その命題が真であるという信念として表明されるかもしれないが――ある事態が成立しているという信念ではなく、それゆえ道徳的命題の真理はどのような事態の存立にも存していない、ということになる。こうした論証によって捉えられる〔道徳的命題への同意が有する〕諸特徴は、それぞれ私たちの態度と私たちの行為とに関係する。

こうした第一の論証は、ある道徳的命題への実際の同意と、その命題の主題に対する一定の態度の保持との結びつきを強調する。この論証の最も有力なバージョンにあっては、次のようにこの論証は述べられうる。あるものごとが善であるという信念は、そのものごとに対する一定の態度の保持を含意する、と。〔それに対して、〕あるものごとがある事態に登場するという信念は、そのものごとに対するどのような態度の保持も含意しない。それゆえ、あるものごとは善であるという信念は、そのものごとがある事態に登場しているという信念ではなく、道徳的命題は実在論的な真理条件を有する諸命題とは区別されなければならない、というのである。

この論証の問題は、二番目の前提にある。というのも、あるものごとがある事態に登場しているという信念――すなわち、実在論的な真理条件を有している信念――は、その主題に対するある態度の保持を必然的に伴いえない[*3]ということは何ら明らかではない。たとえば、ある人Xはあるものごとについての真理を保持しているという信念を考えてみよう。これは明らかに事実に関する信念である。しかし、もし私がXについてこの信念を抱くようになるならば、Xに対する私の態度が変化するといったことが起こらないだろうか。私はそのものごとについてのXの意見に従おうとする、あるいは私が情報を与えたい他の人びとにXの見解を推奨しようとする心構えになっている。そして、こうしたことがそれぞれ、Xに対するある態度の保持として解釈されることには全く無理がない。さらに、ある言明に対するある人の態度は、その人がその言明を真であると信じるかどうかによって変わらざるをえないが、そうした様々な変わり方を考えてみよ。最後に、たとえば、あるものは生きているといった信念のように、ある態度の保持を伴うかもしれない信念が存在する。たとえ、この態度について言えることといえば、それは人が生きているものに対して抱く態度であり、他のものに対して抱くものではない、ということだけであるとしても。さて、こうした事例はある種のもどかしさを引き起こすかもしれない。これらの事例によって判明するのは、態度という概念が、あるものは生きているという信念をも包含し、あるいは真であるという信念といったものを包含するような仕方で用いられうる、ということでしかないと考えられるかもしれない。このように考えてみると、「彼に対する私の態度は、魂に対する態度である。彼は魂を有しているという意見を私がもっているというのではない」[*4]というウィトゲンシュタインの所見は、人びとは魂を有しているという判断について語っているよりも、態度について私たちに語っている。そうは言ってもしかしながら、これは真実の一面でしかない。というのも、こうしたことはウィトゲンシュタインの所見が、たとえば「部屋に対する私の態度は、その中に瓶を備えた部屋に対する態度であり、その部屋の中には瓶があるという意見を私がもっているというのではない」〔という所見〕よりも大いに明瞭である理由を説明できていないからである。しかし、たとえ私の提示した諸事例がこのことを示しているだけだとしても、これだけで、私たちが考察している反実在論の論証をぐらつかせるには十分である。というのも、このことはあるものは生きている、あるいは真である、または真なる命題であるという命題への実際の同意は、命題に登場するものへの態度を含意すると述べるのが正しいならば、たとえあるものごとは善であるという命題への実際の同意が、そのものごとに対する私の態度は良いものごとに対するある態度――すなわち一種の是認――であるということを含意するとしても、なお善性は生命や真理が性質であるのと同様に、あるものの性質でありうるからである。

〔事態についての信念も態度を含意する、という〕こうした主張に対して、〔反実在論者〕は次のように応じるであろう。すなわち道徳的是認には、私が提示した「態度」に関するその他の事例によっては共有されていない特徴があり、この特徴のおかげで、その発話が道徳的信念の言明であることとは独立に、そこで道徳的是認がなされていることが特定される、というのである。こうした諸特徴は、ある道徳的立場に立つことの選択や行為にとっての必然的な意義と関わる。こうして私たちが考察しなければならない〔実在論の誤りに関する〕第二の論証は、道徳的信念と意志との結びつきにおいて、道徳実在論が間違いである証拠を見出せると考える。その際、第二の論証は、道徳的是認のある実践的な特徴を見出すことによって、道徳的是認をそれ以外の態度についてのその他の事例から区別し、そうすることで第一の論証を復権させることを望むであろう。私は第二の論証の考え方が陥る二つの困難を手短に記述するが、それはこの考え方が正しくはありえないことを示すためではなく、その考え方を適切に述べることを妨げる障害は非常に重大なので、その結果、道徳的実在論に対するさらに新たな線での攻撃は無駄なものではない、ということを示すためである。

さて、この〔第二の論証の〕立場によれば、反実在論者は道徳的信念と意志との結びつきを記述しなければならず、しかも道徳的信念が、いかなる実在論的な信念も持つ必要のないような、意志との結びつきを必然的に有している、ということが明らかとなるように記述しなければならない。そうするときの第一の罠は、単にこの結びつきを誤って記述してしまい、その結果、たとえば人が不正と信じているものごとを行うことが論理的に不可能になったり、あるいは人が悪いと信じているものごとを意志することが論理的に不可能になってしまうことである。こうしたことが〔実際には〕可能であるということが理解されたときには、そうしたことが発生する情況について、多種多様なものごとが語られるであろう。これが第二の罠である。すなわち、〔第二の〕論証の要求を実行できるような〔信念と意志の〕結びつきを特定することの失敗である。たとえば、道徳的信念に反する行為を行うならば必然的に〔他の条件が等しいならば〕自責の念や罪の意識が生じる、という主張がなされるとしよう。このとき、自責の念や罪の意識とは、自分が行ったと思っている行為にたいして、かつ自分でも悪であると思っている行為に対して抱く態度である、というだけではなく、さらに特定されえない限り、目下の目的にとって何も達成したことにはならない。〔というのも、こうした信念と意志の結びつきは以下のような議論と変わりがないからである。〕偽なことをかつて述べたとき、そのことに対して人はφという態度をいだくとすると、真だと思っていた命題の否定を述べたときには、そう述べたという過去の行為を思い起こすにつけ、人はφという態度をいだかざるをえない。その命題が真であるという信念は、まさしくこうしたかたちで、意志と結びついているのだから、その信念は実在論的な信念ではありえない。反実在論の論証が陥る第二の罠は、まさにこうした議論に似ていよう。

もっとましなアプローチは、道徳的信念が実践的推論において占めている場を考察することによって、この意志との結びつきの特定を試みることかもしれない。〔道徳的信念についての実在論を反駁するという〕目下の論証の目的のために、このことを最もよく述べるとすると、こんな風になるであろうと私は思う。ある人XがAを行うか、それともBを行うかを逡巡している情況を考えてみよう。べつのある人YはXに、Aが正しいなすべき行為であると告げると想定し、〔さらに〕XはYを信じていると想定してみよう。すると、この信念がXの意思決定にとって重要であるということは論理的に必然となる。しかしながら、必然的に意思決定にとって重要となるような実在論的な信念は存在しえない。というのも、ヒュームが考えていたように、ある事態が成立しているという信念の、意思決定に対する重要性は、常にその事態がその実現に対して影響を与えるところの欲求の存在に左右されるからである。さてこの論証は、その古めかしさが示唆しているように、評価することが簡単ではなく、私もまたこの論証について述べられるべきすべてのことを述べることはしない。しかしその〔論証の〕核となる困難さは明らかである。ある信念が意思決定にとって重要だと述べることは、分析的には、もしその意思決定が正しくなされるべきであるならば、その信念は考慮に入れられるべきであると述べることである。つまり、この論証の第一の前提が述べているのは、Xの意思決定が正しくなされるべきであるならば、その信念（Aは正しい行為である）は考慮に入れられるべきだ、ということは論理的な必然である、ということである。さて、この第一の前提は論理的に必然であるかもしれない。しかしながらそれは、Aは最も安易な行為だという信念は、その意思決定が最も安易なものとなるべきであるならば、考慮に入れられるべきこととなることは論理的に必然だ、というのと同じく必然であるということでしかない。要するに、この論証の提示は上述の分析性の説明の前置きとしてのみ役立つに過ぎない。というのも、もしそうでないのなら、その論証は単に〔この分析性によって想定されている〕道徳的概念間の結びつきを強調しているに過ぎないからである。したがって、そのような〔分析性についての〕説明が提示されるまでは、このアプローチは道徳性と意志との間の必須の結びつきを提示しているとは言えない。

《2》

それゆえ、道徳的命題への同意〔と事実命題への同意との違い〕を考察することによって道徳実在論が誤りであることを証明することには、障害が存在する。私がこれから行いたいことは、道徳的命題の真理という概念から直接開始される、道徳実在論に反対する論証を示すことである。この論証の形式はこうである。私はまずはじめに、道徳的真理が備えている二つの特性を記述し、そして次にそれらの特性はどのように合同して、実在論的な理論に対する克服できない困難さを提供するのかを示すことを試みたい。この論証は私のオリジナルではない。[*5] しかし、管見の限りこの論証について明解な、あるいは詳細な発表が活字で示されたことは一度もない。

第一の特性は、付随性（supervenience）という特性である。道徳的特性は自然な〔つまり自然主義の立場でも描きうる〕特性に付随（supervene）している、あるいはその結果として生じるものである、と広く信じられている。付随性の一般的概念はさまざまに少しずつ異なる仕方で表現されうる。私たちは第一に次の定義を採用することができる。

（S_1）　ある特性Mが特性$N_1 \dots N_n$に付随しているのは、Mが$N_1 \dots N_n$のいずれとも同一でなく、またそれらのいずれの真理関数とも同一ではなく、かつMであるところのものごとが、$N_1 \ldots N_n$の一部に関して変化することなくMであることを止めうることが論理的に不可能である場合である。

これは、あるものごとがMであることを止めるとは、そのものごとが$N_1 \ldots N_n$の一部に関して変化していることを厳密に含意する、と述べるに等しい。したがって、その対偶をとった説明は次のように示される。あるものごとが$N_1 \ldots N_n$のすべてに関して同じままであるということは、そのものごとはMであることを止めていないことを厳密に含意する、と。しかしながら、倫理学において私たちが欲している付随性の概念はこれよりも若干強めのものでなくてはならない。というのも、道徳的諸特性には程度の余地があり、もし道徳的特性の付随性の存立を信じるならば、その自然な特性の一部に変化がないのに、あるものごとは道徳的特性を保持するようになったり、これまでよりもより大いに、あるいは少なく道徳的特性を保持するようになることはありえないということも、私たちは支持しなければならない。そこで、より優れた説明はこうなる。

（S）　ある特性Mが特性$N_1 \ldots N_n$に付随しているのは、Mが$N_1 \ldots N_n$のいずれとも同一でなく、またそれらのいずれの真理関数とも同一ではなく、かつ、あるものごとが、$N_1 \ldots N_n$の一部に関して変化することなく、Mとなったり、Mでなくなったり、あるいは以前よりも大いに、または少なくMとなることが論理的に不可能な場合である。

この場合も、その対偶をとった説明は次のことを示している。あるものごとがN_1…N_nすべてに関して同じままであることは、そのものごとがM性の保持、M性の欠如、あるいはM性の程度の点において、同じままであることを厳密に含意する、と。

（S）はある期間にわたって一つのものごとに対して適用されるある特性の付随性の概念を定義している。しかし、二つのものごとがその自然な特性において同一であるならば、それらのものごとはその道徳的な特性においても同一であり、すなわち同一の道徳的価値を備えているということになることも私たちは信じている。この付随性の〔第二の〕概念は次のように定義されうる。

（S_2）　ある特性Mが特性N_1…N_nに第二の意味において付随しているのは、MがN_1…N_nのいずれとも、そしてまたそれらのいずれの真理関数とも同一ではなく、そしてまた二つのものごとが、ともに同程度にMを保持しなくなることもないのに、あるいは同程度にMを保持することもないのに、それら二つが、N_1…N_nの集合のうちの同じ特性を同程度に保持する、ということが論理的に不可能な場合である。

私たちの目的にあっては、第一の付随性と第二の付随性を区別する必要はない。あるものごとの特性が、

(S)の意味で一定の性質群に付随しているが、(S_2)の意味ではそれらに付随していない、というような特性を考えることは困難である。そしてまた、道徳的特性は、自然な特性に第一の意味においては付随しているが、第二の意味においてはしていないということを示すために用いられうる論証を考えることは私にはできない。したがってこの点から考えると、私が付随性について語る際には、付随性を二つの概念を包含するものと解釈すべきであり、道徳的特性は自然な特性に付随しているという主張は、道徳的特性は(S)の意味と(S_2)の意味双方において付随しているという主張を包含している。注目すべきは、(S)と(S_2)が、論理的不可能性の観点から付随性を定義しており、この付随性は諸特性の集合の相互関係についてなされている論理的な主張である、という点である。たとえば、二つの物質がその結晶特性において同一であるが、一方は頑丈であり、他方はそうでないというのは物理的な不可能性であろうし、同一の卵子に由来する双子が、一方はシマウマで、他方はそうではないというのは生物学的な不可能性であろう。しかし、これらの不可能性はどちらも論理的な主張ではないので、私が定義した意味での付随性を示してはいない。同様に、二つのものごとが自然な特質においては同一であるが、道徳的価値においては異なるであろうというのが単なる道徳的な不可能性であるならば、道徳的価値は私の意味においては自然な特性に付随してはいないであろう。したがって、論証のこの側面を擁護する際に立証されなければならないことの一つは、次のことである。すなわち、もし誰かが、たとえば、ある行為はもっと悪いということ以外は、もう一つの行為と完全にすべての点において同一であると主張したり、あるいは、勇気のような性格特性が、その本質、関係性、重要性といった点で全く変化していないけれども以前ほど価値をもたなくなった、と主張したりするならば、それは論理的な間違いをおかしているのであり、単なる道徳的な間違いをおかしているのではない、ということである。

道徳実在論に反対する論証を支持するために必要な道徳的真理のもう一つの特徴は、付随性という特徴よりもさらに一般的に信じられている。それは、道徳的価値の保持は自然な諸特性のいかなる集合の、いかなる程度の保持によっても含意されない、というものである。この含意の欠如はしばしば主張されており、そしてしばしば議論されているが、道徳的特性は自然な特性と同一ではない、あるいは、道徳的特性はウィトゲンシュタイン的な意味において規準を有していないといった他の主張としばしば混同されている。したがって、なされている正確な主張はこうである。

（E）道徳命題の主語に何らかの自然な特性を帰属させた命題から、元の道徳命題が真であることが含意されるような、そうした道徳命題は存在しない。

これは、道徳的特性はいかなる自然な特性とも同一ではない、という主張ではない。というのも、そうした〔道徳的特性と自然特性との〕同一性は、自然な命題から道徳的な命題への含意、そしてこの反対の含意の双方を保証するとはいえ、その逆、つまりこの含意の存在が〔道徳的特性と自然特性との〕同一性を保証するであろうと主張するのは、単に希望的観測にふけることになるからである。FaがGaを含意するのは、FはGと同一であるか、もしくはGが連言肢のひとつになっている連言と同一である場合だけである、というテーゼには反例が存在しており、この反例はいまだ十全な説明をもって除去されてはいない。そして目下のケースがそれらの内の一つではないであろうとはじめに確信を持って想定することはできない。もちろん『倫理学原理』におけるムーアの関心事は〔道徳的特性と自然な特性との間に〕同一性が存在するというテーゼを反証することであり、〔それら二つの特性間に〕含意が存在するというテーゼを反証することではなかった。

第二に(E)は、必然的にある道徳的特性の帰属の理由となる自然な特性は存在しない、という主張〔かりに、これを(R)と呼ぶことにする〕ではない。Pは必然的にQの理由となると述べることは[*6]、必然的に、Pだと知るようになることは、Qに対するその人の信頼を強めるはずであるということである。では、〔(R)が偽であって、〕次のような自然な特性が存在すると想定しよう。すなわち、ものごとがその自然特性を保持していると知るようになることは、そのものごとは善であるというある人の確信を必然的に強めるはずである、といえるような自然特性があるとしよう。〔この場合でさえ、〕(E)もまた偽であるということには必ずしもならないであろう。というのも、あるものごとがそうした自然特性の一つを保持しているという言明が、次のような意味で、そのものごとが善であるための決定的な理由になる言明として示されるとは限らないからである。すなわち、その言明を知るに到りさえすれば、問題となっているものごとについて他にどのようなことを知るとしても、その人はそのものごとが善であると確信することは正しい、という意味決定的な理由である。他方それに対して、もし〔(E)が偽であって、自然性質と道徳性質のあいだに〕含意関係が存在するならば、このこと、すなわち決定的理由となること〔つまり(R)が偽となる〕も可能となる。なぜなら、PがQを含意するならば、Pと何であれ任意の命題との連言は、Qを含意するからである。

このような考慮は哲学の他の領域にあってはよく知られているはずである。たとえば、ある観察者にとって実際に成り立っていると思われることについての言明は、必然的に、外的世界についてあることが真であると想定するための理由となる、と想定するのはきわめてもっともらしい。すなわち、ある適切な条件下において、明らかに正常な人にあるものが黄色に見えるということが、そのものを黄色であると想定する理由となるということは、必然的であり、条件依存的（contingent）ではないと恐らく想定される（それは一体どういう条件に依存するというのだろうか）。しかし、そうした実際に成り立っていると思われることについての言明は、それが事実であることを含意しうる、と信じる用意がある人は、まず存在しない。もっと良い事例は、帰納法についての考察から得られる。一定の過去に関する規則性の存在についての知識は、必然的に、一定の適切に関連している予測へのある人の確信を強めるはずである、と想定することは極めてもっともらしい。しかしながら、証拠と予測の間に含意関係は存在しない。さて、知覚と帰納法についてのこうした立場は、含意関係は示されえないとしてもあるものごとは他のものごとについて必然的に理由となるということを肯定している点において正しい、と主張することは私のこの論文の目的ではない。しかし、そのように理由となるという関係を想定することの明かな信憑性に照らすなら、含意関係の欠如についての主張が、必然的な推論関係の欠如についての主張と明確に分離されなければならない、ということは十分に示されており、後者の主張に反対する論証は前者にも転移するであろうと支障なく想定することはできない。ましてや、道徳的判断のための理由は、必然的に、特定の領域〔たとえば、人間の利害に関する諸事実〕に由来しているにちがいないという主張と、そうした領域におけるものごとを記述するある命題から道徳的命題への含意関係が存在するという主張とは、完全に区別しなければならない。

第三に（E）は、ウィトゲンシュタイン的な意味において、道徳的特性の帰属のための規準が存在することを否定するものではない。Pは、Qのための、ウィトゲンシュタイン的な意味において規準である、と述べることによって何が意味されているのかはまったく明らかでない。もちろん、これは、たんにPはQのための必然的に理由となるということを意味しているのではない。なぜなら、一つの命題が他の命題のための必然的に理由となると想定することはもっともらしいが、この命題を他方の命題の規準と呼ぶことは、いかなる意味においても極めて異常であるような事例が存在するからである。また、必然的な推論関係の存在を信じている人であっても、この関係をこうした〔規準という〕仕方で表現したいとは思わないであろう。実際、〔先に帰納にかんして、〕過去についての一定の諸事実は必然的に一定の予測のための理由を提供するということを指摘した際に、このことが真である一例を既に示している。というのも、過去についてのある事実は一定の予測が真であるためのウィトゲンシュタイン的な意味での規準であると述べることによって、このことを表現したいとはきっと誰も思わないであろう。さらに、少なくともPとQのほとんどの〔通常の命題論理にしたがう〕値にとって、Pは、必然的に連言PかつQ〔の真偽〕のための理由となる。しかしながら、そのゆえにPが、PかつQの真理にとって、いかなる意味においても規準であるはずがない。あるいは、よく知られている事例を挙げるならば、ある人が一定の振る舞いを示していることは必然的に、彼は痛みを有していると想定する理由となるとある哲学者が主張するのと同様に、観察下にないある人がある特定の時に痛みを有していたという知識は、彼はその時あるいはその頃に一定の振る舞いを示していたと想定するための必然的に理由におそらくなるだろうが、それは明らかに私たちにとって、そうした振る舞いを彼が示していることのウィトゲンシュタイン的な規準となるのではない[*7]。

「規準」の容認可能な意味を与えるためには、おそらくPがQのための必然的に理由となるという条件にさらなる条件を加え、PとQがそれぞれに関係する事実の種類を制限することができよう。そのように条件を加えた結果は、つぎのような連言的な定義となるであろう。「PがQの規準であるのは、Pが必然的にQのための理由となり、かつPが記述している類の事実を知ることがQのような命題を知るための唯一の手段である場合であり、またその場合に限られる」。これはもっともらしい試みと思われるし、次のような帰結をもたらすであろう。Pは自然な事実を記述し、Qが道徳的な命題であり、Pは必然的にQのための理由となるのであれば、PはQの規準となるであろう。しかし、道徳的命題のための自然な規準が存在するか否かという問いは、実際には、必然的推論の関係が存在するのかという問いであり、そして私たちが見てきたように、この問いは(E)が真であるか否かに関する問いと混同されてはならない。

こうした予備的な所見は、自然主義者が異議を唱えたいであろう他の主張と(E)とを区別するのに役立つにすぎない。重要なのは、(E)が否定しているのが含意関係の存在であり、弱い種類の「論理的結びつき」の存在や、道徳的に適切な諸考慮が引証されうるに対する論理的な制約の存在を否定してはいないという点である。この点については充分に述べたので、(E)と(S)についての更なる議論は、(E)と(S)が道徳実在論にもたらす難問を私が記述し終えるまで先延ばしにしたい。というのも、(E)よりも幾つかの点で弱い原理が、実在論に反対する論証のための基礎として機能しうるということが判明するかもしれず、その結果、(E)は道徳哲学者には馴染み深い主張であり、もっとも明白な出発点を提供しているのかもしれないが、反実在論者はより異論の少ない何かに自らの立場の基礎を置くほうがよい、と判明するかもしれないからである。

では、(E)において記述されている含意関係の欠如、および(S)と(S_2)において記述されている付随性から、共同で予期される実在論に対する困難とは何なのだろうか。私たちが道徳実在論者に対して、あなたの立場を記述し、それが含意関係の欠如および付随性と両立可能であることを示してくれ、と求めていると想定しよう。彼は次のように言わざるをえない。道徳的命題の真理は、この命題が報告している〔道徳的〕事態の存立に存しているのだが、この事態の存立は〔(E)が示すように、〕他の、自然な事実の存在によっては含意されない。しかしながら、自然な事実の継続は〔(S)がいうように〕道徳的な事態が同一のまま継続していることを含意する、と。さて、この陳述は、一見したところ十分無害のように思われるとしても、またおそらく実際に矛盾していないとしても、極めて謎めいている。この見解の奇妙さを明白にするために、それを次のように表現することができる。あるものごとAを想像してみよう。Aは一群の自然な特性と関係を有しており、また一定の道徳的価値を有してもいる、たとえばAは非常に善い、としよう。実在論者によると、このことはある事態の存立、すなわちAの善性についての報告である。さて、この〔Aが善であるという〕事態の存立は、自然性質のすべてにおいてAが現にあるようにあることによっては含意されない。これが意味するのは、関連するすべての命題はまったく偶然的であるので、〔善いという〕この事態の存立は、Aが自然性質のすべてにおいて現にあるようにあることによっては厳密には含意されない、ということである。すなわち、Aが自然性質のすべてにおいて現にあるようにあるのに、Aの善性という更なる事態は存在しない、ということが論理的に可能である。しかし、こうしたことが論理的に可能であるなら、なぜAは自然性質のすべてにおいて同一のままでいながらも、しかし、〔Aの善性という〕更なる事態が存在しなくなるということが論理的に可能ではないのか。Aが自然性質のすべてにおいて現にあるようにあるが、善ではない、ということが論理的に可能ならば、Aはそれがかつて善であったときと自然性質のすべてにおいて同一のままであるが、善ではなくなる、ということがなぜ論理的に可能でないのか。自然な諸事実の存在は、論理的には、道徳的な事態を保証しない。ならば、なぜ自然な事実の継続が、道徳的な事態の存続に対して論理的な保証を与えるのだろうか。更に、こうした問題は(S₂)の観点からも、実在論者に対する難問として、表現することができる。もしAがなんらかの自然な諸特性を備えていて、善でもあるのだが、その善性がその自然な諸特徴に由来しない別個の追加的な事実であるならば、そしてBがAとまったく同じ自然な特徴を備えているならば、〔(S₂)にしたがうと〕当然Bも善ということになる。しかしながら、こうしたことは実在論者にとって難問である。なぜなら、実在論者の理論にあっては、こうしたことが生じるべきである理由がまったく存在しないからである。善性とは、いわば、Aへの好意にもとづく給付（*ex gratia* payment）であり、善性は、自然なすべての点において現にあるようにあることによって、論理の問題としてAにその資格が付与されるものではないとすれば、Aには善性が付与されるけれどもBには付与されず、Bは単に善性を含意しない自然な諸特徴をAと共有しているだけだ、と想定することは整合的となるはずである。

一見したところでは、なぜこうした問題がとりわけ実在論者にとって深刻であるのかが明らかではないかもしれない。〔(E)でいわれる〕含意関係の欠如と、〔(S)と(S$_2$)〕の付随性との結合が、どのような理論にとっても解決の難しいものであれば、それらを説明することが実在論者にとってはとりわけ困難であることに気づいたとしても、それは実在論への反論にはならない。しかし情況はそうなってはいない。というのも、道徳実在論は真理の対応説の一例であり、真理の対応説は、しばしばまったく空虚であると考えられてはいるけれども、実際には命題の真理について明瞭な像を提供している。すなわち、それぞれの命題は、ある特定の事態が存立していることを主張しているものとして解釈されうる（すなわち、命題の真偽はある事態の存立あるいは非存立に存しているが、そうした事態の存立を主張している）、という像である。そして、ある目的にとってはカッコで述べた部分で導入されている循環がいかに重大であるとしても、この描像からの明確な結論は、諸命題の真理は、事態の存立を統べている論理的な諸制約のみに左右されるべきだ、となる。しかし、まさしくこれ〔すなわち、命題の真理への制約条件〕が、道徳的真理にかんしては成り立たないのである。というのも、そこでは私たちは、つぎのように制約されて存立する事態という観念を理解可能なものにするように要求されているからである。すなわち、その事態の存立は自然な事実が現にそうあることに由来しないが、その存続は自然的な事実が同一であり続けていることに由来するように、制約されている事態である。さて、この〔特殊に制約された事態という〕信念を抱くことに矛盾は見いだせないとはいえ、この信念は哲学的にはまったく魅力的ではない。実在論者にとって、付随性はいかなる説明も提供することができない、不可解で孤立した論理的事実となっている。

（E）よりも弱い主張も、この論証を同様に十分に支持するであろう。その理由を今や私たちは理解することができる。あるものごとに一定の価値を帰属させる命題はどれであれ、いかなる自然な命題によっても、それがいかに複雑であるとしても、含意されない、と（E）は断言している。しかしこの論証に関して私たちが必要としているのはただ、ものごとに価値を帰属させる命題の中には、いかなる自然な命題によっても、それがいかに複雑であるとしても、含意されないものもあるということだけである。というのも、そのような道徳的諸命題が存在するならば、そうした命題は〔自然な命題から含意されないにもかかわらず、価値を帰属させるのだから〕自然な諸事実に付随する諸特性を帰属させており、そうした諸特性の付随性はやはり、実在論者にとって反対すべき奇妙なものとなる。もちろん、このように前提を弱めるならば、実在論者が次のようにのべることは論理的には開かれている。すなわち、自然な諸事実によって含意される道徳的真理も存在し、私のいう実在論はこうした道徳的真理に関する理論であるが、自然な諸事実によって含意されない道徳的真理もあって、私の実在論はこのような道徳的真理には適用されない、と。しかし、その場合、その立場は道徳的真理について、大きな、しかし目下のところ怪しまれていない二分法を単に要請しているに過ぎないという欠点をもっており、この二分法の半分〔興味深い方の半分〕を完全に説明されないままに残すことになる。これはあまり魅力的ではないので、（E）の代わりに次の一つの前提を用いるとしても、目下の論証は同じくらい堅固である。

（E′）　真なる道徳的命題のうちには、その命題の主語についてのいかなる自然な事実によっても、それが真であることが含意されない命題が存在する。

これは極めて重要な、論証の強化である。というのもこの前提を用いるなら、ある場合には「である（存在）」は「べし（当為）」を含意するという〔、（E）の反証となる〕見解に対して、私たちは自己弁護する必要がないからである。（E′）を採用することで私たちが手にするのは、ある場合にはそうではないとはいえ、「べし（当為）」命題はそれでもやはり道徳的真理でありうるということにすぎない。J・R・サールのよく知られた議論[*8]によれば、ある場合には責務を負うことについての純粋に自然な規準が存在し、責務が引き受けられたという事実から、他の条件が等しいならば、その責務は果たされるべきであるということが時には導かれうる。かりにこの議論によって、〔「である（存在）」と「べし（当為）」の間には〕ある含意関係が存在し、結論における「べし（当為）」は道徳的「べし（当為）」であると私たちが納得したとしても（したがって、Aするという約束を彼はしたという事実が、Aをするかそれともしないかという意思決定と無関係であると考える人は、非道徳的というよりは非論理的となる）、このサールの議論は、目下の争点とは関係がない。なぜかというと、こうした諸考慮をすべての道徳的真理を覆うまで拡張することはまったく見込みがないからである。サールの議論は、彼自身が指摘しているように、一定の制度的諸事実によって真となる道徳的諸命題のみを覆うことができる。ある行為がある制度化された活動に適切な用語によって正確に記述される場合（「彼は適切にアウトにされた」）、この活動のルールが指示する諸帰結（「彼は打つことを止めるべきである」）がもたらされるべきだということになりそうに思われる。しかしもちろん、すべての道徳的真理はこのような仕方で制度的である、と想定するような道徳は存在しないであろう。まず第一に、制度の存在についての道徳的問いを提起することが不可能になるであろうし、ともかく、望ましさの欠如が明らかに諸制度のルールの問題とならない、人間的生の諸特徴が存在する。

フィリッパ・フットの著作と関連づけられて、しばしば「新自然主義」と呼ばれる立場は、(E′)を否定する理由を提示しているだろうか。私にはそうは思えない。この〔「新自然主義」と呼ばれる〕見解の中心的な主張にしたがえば、一定の資質――勇気や正義、節制――は、それらにしたがって人が行為すれば、必然的によく行為することになる資質であり、そうした資質は、欲求やニーズの偶然的な充足とは違って、いかなる活動においても必要とされるのだから、どのような道徳的な本性を有しているとしても、誰でもそうした資質を尊ぶべきだ、ということになる。(E′)を弁護する際に、この種の主張を否定する必要はないと私には思われる。というのも、たとえこの見解が、人間の危害や損傷は必然的に悪であり、人間の利益は必然的に善であるという見解と結び付いたとしても、すべての道徳的真理を証明するためにどのようにこの〔新自然主義の拡大された〕見解を用いることができるというのだろうか。たとえば、〔拡大された新自然主義に反対して、〕ある満足した状態が善いものごとであるのは、満足の対象がともかくも適切な場合だけであり、したがって、たとえばある人が全体としては不適切なものを観賞したり、あるいは創造することによって満足や充足感を得るならば、そうした満足はある事態の価値に何も付け加えはしない、とする見解を考察してみよう。これは重要な道徳的見解であり、多くの人びとの功利主義に対する不満の基底を成している。たしかに、この見解は偏狭で欺瞞的であると、多くの人びとは応答するかもしれない。〔なるほど〕人びとが不適切なものを観賞し、創造していることは残念ではあるけれども、彼らが現にそうしていることを鑑みるならば、自分たちがしていることに満足しないよりはそれらに満足することのほうがそれでも望ましい、と。さて、一定のものごとは必然的に善であるというフットの主張を認めるとしても、これら二つの見解の内どれが真でどれが偽であるのかを含意する自然な事実を、私たちは発見できるだろうか。私は発見できるとは思えない。なるほど、次のように主張することは可能かもしれない。人間の利益は、必然的に善であり、満足は、必然的に利益である。したがって、ある人はある満足感を得たという事実から、その対象は何であれ、善いものごとが生じているということになる、と。しかしこれは、反功利主義者は非道徳的であるというより非論理的である、ということを示そうと試みる極めて弱い方法である。[*9] というのも反功利主義者は、満足のすべての事例が、道徳的に重要などのような意味において、その所有者の利益であるというのは真である、ということ否定しており、いわんや必然的だなどとは認めていないからである。この反功利主義の議論によれば、仮に、不適切な対象で満足することに代わる選択肢が、その対象に対する欲求不満だけだとしても、不適切な対象で満足することは誰にとっても望まれるべきではないものごとでとなる。

〔(E′)を否定する〕もう一つの筋道は、含意関係が存在していないこうした事例において、真あるいは偽という概念が適用可能であることを否定することであろう。そのようにして、自然な諸事実によって含意される真理を超えた、更なる道徳的真理の存在を否定することによって、(E′)を否定することは可能であろう。満足はその対象が適切である限り善であるという命題も、この命題の否定も、真でも偽でもなく、功利主義者と敵対者との間の論争は道徳的真理に関する論争として解釈されるべきではない、と。しかし、この立場は単に場当たり的であるのみならず、それ自体実在論からの深刻な逸脱である。なぜかというと、実在論から帰結することの一つとして、排中律が妥当するからである。すなわち〔実在論が正しいならば〕、不適切な満足の善性の本質をなす事態は、存立するか、あるいは存立しないかのどちらかとなる。前者の場合は、そうした満足は善であるという命題が真となり、後者の場合は偽となる。要点はこうである。対応説は、どのような第三の選択肢も認めないように見え、そして実在論者が提示する道徳的真理の像は、極めて明らかに、そうした選択肢の記述を非常に気の重い課題とするであろう。

さてそうすると、(E′)は、理にかなって確かであるように思われる。少なくとも最近の議論に関する限り、一見したところそれらの議論は(E′)と対立するように見えるのかもしれないが、(E′)は確かだと思われる。今や問題として残っているのは、道徳的価値は自然な諸特性に付随しているという、もうひとつの前提が疑う余地のないものか否かである。この付随性に異議を唱えることに完全に満足する人がいるのかどうかは極めて疑わしい。したがって、実在論者はそれを受け入れる必要があるという十分な論証がたとえ存在しないとしても、付随性をメタ倫理の公理として受け入れることは極めて適切かもしれない。しかしながら、〔公理としてしまう前になお〕できることは、次のことを示すことである。すなわち、付随性の特徴を説明する自然な方法のどれもが、実在論者に開かれていないのは、いったいどうしてなのか、したがって付随性は実在論者にとって好ましくない要素であるが、他の論者にとってはそうではないのはどうしてなのか、を示すことである。私たちはさらにまた次のことも示すことができる。付随性の問題に直面して、実在論者が付随性の必然性を否定しようと試みるならば、これは道徳的真理を取るに足らないものにするという代償を払ってのみ可能となる、と。道徳実在論がこの危険を冒すということは、これまでにもしばしば気付かれてきた。私が望むことは、付随性の論証からのこの逃げ道が、いかにしてこの危険に直ちにつながるのかを示すことである。

反実在論者にとって、道徳的諸特性の付随性を説明する自然な方法は、こうである。しばしば私たちは諸対象を、その自然的な諸特性のゆえに選択し、賛美し、称賛し、あるいは欲するが、このことにまったく問題はない。ところで、それが保持している一定の諸特性ゆえにある対象に対して〔是認するとか称賛するといった〕ある態度を抱き、かつ同時に、同一の諸特性を有していると考えられている別の対象に対してその態度を抱かない、ということは不可能である。後者の事例におけるその態度の不在は、私が前者の事例においてその態度を抱いたのが、〔前者と後者の対象に〕共有されている特性のためではないことを示している。さて、あるものごとに対する道徳的な態度もまた、その自然的諸特性のゆえに抱かれているはずである。それゆえ、一方のものごとにある道徳的態度を抱き、他方のものごとはまったく〔前者と〕同一であると信じているが、しかしながら同時に他方のものごとに〔前者と〕同一の態度を抱かないことは不可能である。こうしたことを〔可能であるとして〕行っているように見える人は、気まぐれを道徳的見解と誤認しているという宣告を受けることになる。

〔付随性についての〕こうした考え方は実在論者にとっては十分ではない。本論文のはじめに触れたように、実在論者は、道徳的態度について論じることを控える必要はない。ただ実在論者は、道徳的態度について論じることは道徳的信念について論じることの不明確な代替案であると考えているだけである。しかし、前段落で述べたことを道徳的信念という用語で言い換えたならば、付随性についての不十分な説明にしかならないことは明らかである。というのも〔そのように言い換えたときに〕私たちが得るのは次のことである。すなわち、あるものごとに対して、その自然的諸特性ゆえに道徳的信念を私たちは抱く。一方のものごとがある条件を充たしているので、それに対してはある信念を抱き、そして同時に、同一の条件を充たしていると考えられている他方のものごとにその信念を抱かないことは、不可能である。それゆえ、あるものごとにある道徳的信念を抱き、他方のものごとは自然なすべての点において〔前者と〕まったく同一であると信じているが、同時に他方のものごとにその信念を抱かないことは不可能となる。しかし、これは付随性をまったく説明していない。これは単に、真であると信じうることについて実在論者は条件を課しているということを示しているにすぎず、真理であることについて条件を課していると示してはいない。私たちの信念は、自然な類似点にかんして整合的であるべきだ、と実在論者は語ってはいる。しかしこのことは、なぜ真理が〔実在のあり方そのものが〕実在論者の理論からすると、そうであるべきであるのかについて、何の説明にもなっていない。さらに、実在論による描像が付随性を説明するには不適当であることを一度把握したならば、あたかも付随性が真であるかのように信念は制約されるべきだということを意味する、信念に対する諸条件を、果たして実在論者は自由に持ち出す権利があるのかと疑うことができよう。

すなわち、自然的には同一と考えられている〔二つの〕ものごとが、異なる価値を帯びているとは考えられないということを、なぜ実在論的な理論は、受け入れるべきなのだろうか。確かに、信念に対する条件は、信念が真でなければならないということであり、不整合性が問題なのは信念が偽となるところにある。しかし見てきたように、なぜ道徳的信念におけるこの種の〔自然な性質は同じだが価値が違うという〕不整合性が偽をもたらすことになるのかについて、実在論者は説明を与えていないのである。

最後に、実在論者が自らの立場の明白な帰結を真剣に受け止め、付随性を否定すると想定しよう。その場合には、人間らしい生の一特徴、たとえば勇気の価値は、その内在的な性質、諸帰結、そして私たちの欲求にとっての重要性などが同一のままであっても、その価値が変化することはも可能である、と実在論者は考える。そう考えて得られる唯一の帰結は、こうである。すなわち、勇気の価値は、勇気への私たちの関心や態度とも無関係でありうるし、私たちの子どもたちに勇気を奨励したり、勇気を保持することに関して誰かを批判したり、称賛したりする構えとはも無関係でありうる、ということである。なぜなら、道徳的な真理が〔なんら自然の性質に付随しないほどに〕それほど純粋であるのなら、それに関心をもつ理由は存在しえない。もし勇気の価値が変化しても、すべての知覚可能なものごとに対する勇気の関係が同一であり続けるのなら、勇気の価値が変化したところで何一つ影響をうけはしない。そうだとしたら、この〔勇気の価値の変化という〕事実に対して関心を持つことに対して理由を与えることはまったくできないであろう。

したがって、道徳実在論は間違っている。次節の目的は、このことの帰結を道徳的言説の論理に導入することにある。というのも、実在論が間違っているのなら、道徳的言説を命題の関係として説明するのは、どのようなものであれ間違っている、と想定することは自然だからである。この理由から、〔道徳実在論は間違っているという〕第2節の帰結は、道徳的発話は命題を表しているというテーゼ、あるいは善性とは属性であるというテーゼの反証として表明された方がよいと、多くの人びとは想定するかもしれない。しかしこれは早計である。もし諸命題が真となりうる、偽となりうる、信じられうる、仮定されうる、あるいは論証の前提となりうるものであるならば、もしくは諸命題が含意関係の一部となりうるものであるならば、「勇気は内在的に善いものごとである」という言明はどのような命題も表していない、と想定することとはまったく興味をそそるものではない。たとえこの命題の真理についての唯一自然な理論は確実に誤ったものであるとしても。

《3》

第1節の議論は、〔道徳的発話を考えるときに〕道徳的信念よりもむしろ道徳的態度の観点から論じることから私たちが得る成果は、過大に評価されやすい、ということを示していた。しかしながら、第2節では、反実在論的理論は、付随性ならびに含意関係の欠如と唯一整合的であるという点において、明白な利点を有していることを私は主張し、態度に基づく理論が〔付随性という〕前者の現象をどのように説明しうるかを素描した。しかしながら、これはあくまでも素描であり、いまや私たちは、反実在論者が道徳的態度と道徳的述語との結びつきをどう樹立しなければならないかを記述することによって、態度に基づく理論が成功するかどうかを確かめられなければならない。問題はこうなる。道徳的な述語が用いられている文が、主張として発話されれば言説の主題への話者の態度を表出する文であると言えるときには、その道徳的な述語の意味も与えられている、と考えるのは簡単である。いずれにしても、もしこのことが真であり、かつ、もしこの態度についての適切な説明が与えられるならば[*10]、道徳的言説の分析に対して与えることが必要とされているすべてのことは出揃っている、と考えることは簡単である。しかしながらJ・R・サール[*11]や他の論者によって指摘されているが、ことはそう運ばない。なぜかというと、道徳文の使用についてのそのような記述は、問題となっている文が主張として使用されてはおらず、直接的ではない文脈において使用されるときには、何が起こっているのかに関して、私たちにまったく何も知らせてくれないからである。たとえば、「勇気は内在的に善いものである」という文は、標準的には、この文を主張することにおいて話者は勇気に対する自らの態度すなわち是認を表出するという目的で使われる、と告げられたと想定してみよう。しかし、この説明では次のような文を私たちは解釈できない、という論難が可能である。すなわち、「もし勇気が内在的に善いものであるならば、組織的ゲーム（organized games）は学校の教科課程の一部とすべきだ」とか、「勇気の自然な諸特性についてのどのような言明も、勇気は内在的に善いものであるということを含意しない」といった文である。というのも、どちらの文においても、勇気に対してどのような価値も帰属されておらず、勇気に対するどのような態度も表出されていないからである。したがって反実在論者にとっての問題は、こうである。道徳的命題が主張される時に何がなされているかに関する反実在論者の当初の洞察は、道徳的命題を表す文がこのような〔条件文や埋め込み文といった〕文脈において現れるときに、いったい何が〔どのような言語行為が〕なされているのかということを、どう説明できるのか。これを示すことである。

この難問に対処する試みとして反実在論者には二つの自然な方法があると思われるが、どちらもその目的を果たしえないことが示されうる。第一の方法は、〔接続詞ではじまる〕間接的な文脈にあっては、[*12]態度についての何からの命題が〔主張されているのでなく、〕仮定されているか、含意されると述べられているか、あるいはその他の仕方で〔論理的に〕伴う(involve)と、想定することである。しかし、これは明らかに不自然である。なぜなら、直接的な文脈において、直接的に主張するときに、道徳文は〔態度を表出するのに用いられているのであって、〕態度についての命題を表している、と反実在論者は主張していないからである。もし〔直接的な文脈に出てくる文が〕表す命題は、単純に一定の態度が存在していることを主張している命題である、と想定されるならば、上述の立場は〔反実在論よりもむしろ〕実在論的な理論を支持することになるだろうし、〔そう想定しないとしたら〕この立場は道徳的言説の理論を与えることにまったく失敗していることになるだろう。たとえば、勇気は内在的に善いものであるという主張にあっては、勇気に対する是認の態度は適切であると主張されている、というのが上述の見解であるならば、これは真ではあるが、役に立たない。というのも、是認が適切であるという判断は道徳的判断であり、この判断を、元々の判断と同義の判断として持ち出したところで、元々の判断が引き起こしている分析の問題、あるいは認識論の問題が取り除かれはしない。したがって、もし反実在論者が、仮定されているのは「勇気への是認の態度が適切であるならば……」〔という条件法〕であると述べることによってサールの論点に答えようと試みたところで、なんら足場を確保したことにはならない。なぜなら、道徳的判断が間接的な文脈においてどのように起こりうるのかについて、まだ何も説明されていないからである。同じ論点はより複雑な説明に対しても当てはまる。アームソンは、特定の種にかんして、あるいは何らかの観点からなされたかぎりで、あるものは善いという判断を検討し、次のような提案をしている。「善」とは、「ある記述をみたしており、しかも、その記述をみたす対象への（それが属する種としての、あるいは何らかの観点からの）好ましい評価を否認したら、必ずや間違いとなるような仕方で、その記述をみたしていること」を意味する、と。[*13] しかし、この見解が道徳的判断についての理論を与えようと試みるために拡張されるならば、まさしく同一の異議が適用されるであろう。すなわち、善いものごとへの好ましい評価を否認したら必ずや間違いとなると述べることは、真ではあるが、まったくもって役に立たない。

反実在論者が試みうるもう一つの方法は、〔道徳文が節のなかに出てくる〕間接的な文脈にあっては、自然性質にかんする命題が仮定されているか、含意されると述べられているか、あるいはその他の仕方で伴うと、想定することである。どの自然性質にかんする命題であるのかは、私の見るところ、この条件法での、あるいはそれ例外の複合的な命題を表す文を発話した人の道徳的見解によって決定されるであろう。そこで、次の文を取り上げたい。

（H） 勇気が内在的に善いものならば、組織的ゲーム（organized games）は学校の教科課程の一部とすべきだ。

この文は、次のようにして解釈される文であろう。すなわち、発話された個々の状況に応じて、〔聞き手である〕私たちが、その文の発話者がいだいている道徳的基準を知ることによって、かつ、発話者によれば事物の内在的な善さの理由であるところの自然特性が、勇気にも備わっている、と〔条件文の前件で〕仮定されている、と想定することによって、解釈される文である。この場合もやはり、間接的な文脈についての見解と、勇気は善いものだと〔直接に〕語られる時には自然的な命題が主張されているのではない、という見解とを調和させることは難しい。なぜなら、もし、あなたと私が、お互いに異なる基準に基づいて(H)を主張してならば、私たちは異なるものごとを仮定している。しかしそうなると、勇気は内在的に善いものだと主張しているとき、私たちは異なることを主張しているというのでもない限り、少なくとも私たちの一人は自分自身が主張している以外の何かを仮定していることになり、その結果、どのようにして前件肯定式〔三段論法〕が道徳的命題において用いられるときでも妥当であるのかを理解することが困難となる。同様に、ある条件法が、ある道徳的な前件と自然性質についての後件を持つ場合、すなわち自然性質にかんする後件が事実を述べていて、その話者にとってはその事実が、道徳的な前件が真である基準として用いられている場合には、そうした条件文は同語反復となるであろう。実際、「もし勇気が内在的に善であるならば、勇気は、人びとが幸福を獲得するために行為するさいに依拠すべき性質である」という条件法での文は、私が発話したときには同語反復となるであろう。しかし、その文は同語反復であるとは思えない。というのも、同語反復の文への不同意であるなら、そうした不同意は通常、言葉の使い方の不一致を含意するけれども、この〔道徳的述語を用いた条件法の〕文への不同意は、むしろ、実質的な道徳的主張への不同意、すなわちある性質が内在的な価値をもつための必要条件についての主張への不同意と、見なされる。要するに、反実在論者が間接的な文脈についてのこの見解を採用するならば、彼は自然主義に対する古典的な、ムーア的な反論〔自然主義という誤謬〕に身を晒すことになり、この立場は見掛けのうえでは精巧になるとしても、そのことによって堅固になりはしない。

サールの論証を回避するこれら二つの試みの困難は、それらが共に、〔接続詞ではじまる文脈において〕何が仮定されており、何が含意されていると述べられているかなどの問いに答えることを試みており、そして私たちがこの種の問題に取り掛かる方法についてある固定的な見解を有しているという点にある。私たちは〔間接的文脈での文が表す〕道徳的命題の分析を与えることを試みたが、その分析は正しくないかあるいは役に立たないということが明らかになった。〔したがって間接的な文脈で仮定されていること、含意されると語られていることを明らかにすることによって分析を与えるのではなく、〕その代わりに、条件法や含意関係を表す文全体（total sentence）を考察し、そして条件法や含意関係を表す文が述べていることについて、およびそのことを述べるために私たちが条件法や含意関係を表す文を有している理由について理論を与えることを、私は提案する。そこで、次の文を考えてほしい

（I）勇気に関する自然な諸特性についてのどのような言明も、勇気が内在的に善いものであることを含意しない。

ここ〔つまり文の後半の節〕では、勇気は内在的に善いものであるという命題が表現されているが、主張されてはいない。しかし反実在論の理論は、道徳的命題が主張されたときには態度が表出される、ということに依拠している。そうだとしたら、反実在論は、〔命題が主張されていない〕この文について、何が言えるだろうか。その答えは、そのような文脈についてのフレーゲの理論を、態度を表出している文にまで拡張することによって得られる。文は、通常なら文は命題を表すけれども、〔主張がなされていない〕文脈に登場するときは、その命題を〔表すのではなくたんに〕指示する、とフレーゲは考える。（I）において私たちは、態度を指示している、すなわち（I）によって表されている命題の主題は、〔勇気そのものではなく、むしろ勇気にたいする〕態度である、と私は提案する。〔そう考えれば、〕この態度について何が述べられているかは極めて理解しやすい。というのも反実在論者から見れば、（I）は、道徳的事態と自然な事態という二つの事態の存立が、論理的には独立している、と主張しているのではない。（I）は、勇気に対する是認という道徳的態度に関する事実を表しており、つぎのように語っている。すなわち、勇気について知るべきことすべてを知っているけれど勇気を是認しない人がいるとしても、その人のことを、論理的な誤りを犯していると非難できない、と述べているのである。これは道徳的態度の本性についての主張であり、私は、言明（I）を、この〔態度にかんする〕主張の「命題的〔命題のかたちでの〕反映」（propositional reflection）、と呼ぶことにしたい。「命題的反映」という言い方によって私が大まかに意味するのは、一見したところさまざまな事態や、それら事態のあいだの関係、そしてそれら事態の論理について、事実的な主張をしているように見えるが、実際には態度について主張している言明である。もちろん、だからと言って、この言明に伴う命題はどれも、態度を主題とする命題に分析されるとは限らない。この言い方は恐らく極めて曖昧ではないかと心配しているが、私はこの論文においては、この〔命題的反映という〕概念を、可能だと私に思える限界まで明らかにしようとは思わない。しかしこの概念の使用に関する更なる例解は有益であろう。

〔付随性に関するⅡ節での〕(S)の反実在論的な説明に立ち戻るならば、反実在論による(S)の説明は、〔すぐ上の〕(I)の説明と、態度——道徳的是認の態度——が一定の特性を持っていると言われているという特徴を共有しており、態度がある特性をもっているということが、そのまま上述の意味で(S)という形で命題的に反映される真なる内容になっている、ということを私たちは理解できる。このように〔(S)という命題的反映のかたちで〕、道徳的態度はその対象の自然な諸特性ゆえに必然的に抱かれる、と言われている。付随性は、どういう差異が他のどういう差異を含意するかというという〔ふたつの事態のあいだの関係という〕言葉づかいで語られてはいるが、この言明は、二つのものごとに対する道徳的態度の差異が、それらのものごとに関する信念の差異によって論理的に正当化されなければならないという見解を、実在論的に見える(realistic-appearing)かたちで表現する仕方なのである。このように、この〔命題的反映という反実在論者の〕理論が、間接的な文脈の他のさまざまな事例にも当てはまるならば、道徳的術語と道徳的態度との間の関係にかんしても、この理論が与える説明は、付随性の反実在論による説明が上首尾に進むことを可能にしてくれる。

この考えは条件文の考察に立ち戻っても、首尾良く進む。（H）のような条件文は、一方の事態が存在するならば他方の事態も存在するという〔事態の存立についての〕主張をしているように見えるかもしれないが、態度についての命題的反映と見なされなければならない。その〔命題のかたちで反映されている〕主張は、勇気に対する是認の態度が、それ自体で組織的ゲームをすべての学校の教育課程の一部とすることへの是認の態度を伴う、という主張である。もちろん、勇気にたいする是認の態度が、後者の態度を、論理の問題として〔つまり演繹的に含意するという意味で〕伴うのではないが、論理の問題として（H）が真であるのでもない。〔勇気の是認という〕一方の態度は〔組織的ゲームの是認という〕もう一方の態度を伴う、ということを示すためには、組織的ゲームが勇気という性質の生成とも密接に結びついているし、その他の不利益の欠如と結びついていることを示す必要がある。これはまさしく、元の条件文（H）を検証するために示されなければならないことである。もし私たちが、ある一つの態度は他の態度を伴うという主張を非難するならば（「そんなことはない――学校における組織的ゲームは残酷さと怯懦を促進する」）、まさしく元の条件文に対する反対理由となる命題を示すことになる。普通の言説と同様に道徳的言説に関しても、「……であるならば、……である」という命題を真だと思うための根拠は明らかに多様である。しかしこの弾力性は、伴うという関係（involvement）の多様性によって保たれる。たとえば、「一ポンドを十人で公平に分割すべきであるならば、各人に二シリングずつ与えるべきだ」[*14]のような、道徳的前件を用いている論理的に必然な命題を考察してみよう。これは必然的に真である。それゆえ態度を指示している分析対象〔すなわち元の文〕も同様に、必然的に真であらねばならない。実際、「十人で公平に一ドルを分割することの是認は、各人に十セント[★1]ずつ与えることの是認を伴う」〔という、態度にかんする文〕は、どういう意味において文が必然的真理を表しているかを明らかにできる。すなわちこの文は、一つの態度を他の態度なしには整合的に抱くことはできない、という必然的な真理を表している。態度における整合性に対するこの論理的な制約は、もちろん、その〔態度への〕制約によって分析される道徳的命題の論理的な関係から、何らかの仕方で由来すると考えられてはならない。この論理的制約はむしろ、各人に十セントずつ与えることなくしては十人で一ドルを公平に分割することは論理的に不可能である、ということを指摘することによって説明される。したがって、この種の事例に関しては、こうした分析は純粋に説明的な仕方で、どのように条件法の文が諸態度を指示しており、またそれらの関係を表出しているのかということを示しうるのである。

　推論のルールとしての前件肯定式〔いわゆる三段論法〕の妥当性もまた、道徳的条件文のこうした取り扱いによって維持される。反実在論者にとっての問題は、こうである。条件文をどのように説明し、直接的な主張をどう説明したら、ふたつの説明が整合的になり、その結果、Pが道徳的命題であっても、「Pである。そしてPならばQである」はQを含意する、と示せるだろうか。反実在論の理論は、次のことを私たちに述べている。ある人が、P〔と発話すること〕によってあるものごとに価値を帰属させながら、「Pである。そしてPであるならば、Qである」と主張するなら、その人は、そのものごとに対する自らの態度を表出すると同時に、この態度は更なる態度あるいは信念を伴っていると主張している。こうした言語行為を遂行していながら、〔主張されている〕更なる態度や信念を抱かないとしたら、そこには論理的な不整合性が存在する。前件肯定式〔にもとづく推論〕は妥当だと述べることによって表明されるのは、この論理的不整合性である。その〔推論の〕妥当性は、態度と信念の論理的不整合性の可能性を反映している。

道徳的命題は、後件が道徳的命題ではない条件文でも、その前件となりうる。この条件文のかたちで命題的に反映されているのは、その〔前件となった道徳的命題によって表出される〕態度は信念を伴うのであって、その他の態度を伴うのではない、という主張である。「勇気が内在的に善であるならば、勇気こそが人びとが幸福を獲得するために依拠して行為すべき性質である」〔という条件文〕は、勇気への是認の態度がそれ自体で、勇気は人びとが幸福を獲得するために依拠して行為すべき性質であるという信念を伴う、という見解の〔命題のかたちでの〕反映である。これは、その人の道徳的基準の言明であって、特定の道徳的立場を支持している人だけが、この態度はその信念を伴うと考える。こうしたことは、そのような条件文が基準についての言明であり、もし批判されるとしたら、基準の言明として批判されるのであって、一種の矛盾あるいは経験的な間違いとしてではない、という私が先に強調したことを完全に反映している。

ここに至って「伴う」(involves)という言葉に極めて多くの重要性が付与されていると思われよう。というのも、ある態度がある信念を〔あるいはある信念がある態度を〕どのように上述のような仕方で伴いうるのか、ということが明らかでないからである。人びとは道徳的態度を信念なしに抱くことができるし、〔またその反対を抱くこともできる〕。そのことは、私たちも認識している。そうだとしたら道徳的態度は、それ以外に何を伴うというのか。勇気への是認の態度は、勇気は人が幸福を獲得するために依拠して行為すべき性質であるという信念を伴う。こう述べることは、私がすでに述べたように、道徳的基準を表明することと、道徳的な主張をなすことである。躓きのもとになりやすいのは、この主張の主題が今や〔勇気そのものではなく〕勇気への是認の態度だということ、そして、この態度には、勇気が幸福を伴うという信念を伴うのでなければならない、と述べられているということである。ここで重要なのは、これが道徳的な命題であるということには何の問題もない、ということである。〔反実在論にとっての〕課題は、そのような基準を与える条件文が道徳的な命題ではないということを示すことではなく、そうした条件文がいかにして道徳的な命題でありうるのかを示すことである。実際、そうした条件文は、信念次第で態度がどう変わるべきかを表している、極めて直接的な道徳的命題なのである。

さて、あらゆる文脈のなかで反実在論者にとって最も理解しがたい文脈は、私が思うには、道徳的な可謬性の表現であるが、右に示した分析は、道徳的可謬性の表現を扱うことを可能にするという更なる特性を備えている。「Xは善い人物であると私は強く信じているが、私は間違っているかもしれない」〔という表現〕を考察してみよう。こう語って私たちはXに対するある態度を表す。しかし、そうするとどういうことになるのだろうか。実在論者からすれば、〔この可謬性の表現によって〕、私たちの信念は事実と一致していない可能性があるということを単に述べているに過ぎないが、反実在論者は、この表現について何を述べることができるのだろうか。ここ〔すなわち可謬性の表現〕において、私は、Xに対する自分の道徳的態度への態度を表出している、と述べることはたやすいし、実際に私はそうした態度の表出を行っているのだが、問題は、〔態度への態度という〕この第二階の態度が、反実在論と整合的に記述されうるのか否かである。というのも、もしこの第二階の態度を、「Xに対する是認の態度が正当化されないことも可能だという信念」として記述しなければならないなら、分析の照準を態度が「適切」であることに向けている人びとと同じ立場になってしまう。しかし、道徳的信念にかんして私たちは誤っているかもしれないと私たちが認めるとき、私たちが心に描いていることを考察してみよう。私たちは、自分たちの信念の主題〔となっている対象〕の側が変化したからではなく、私自分たちが間違いを犯していたことに気づくがゆえに、その主題に対する私たちの態度を変更したいといつか望むようになるかもしれない、と予想している。そうした間違いには、二種類あって、実際にはそのうちのどちらかであろう。「Xは善い人物だ」という例を取り上げると、ひとつには、私たちはXについて間違いを犯しているかもしれない、と予想できる。すなわち、彼は実際には親切ではなく、彼は単にそのように思われることを好んでいるに過ぎない、等と予想できる。あるいは、もうひとつには、私の基準が誤っていると予想できる。ある人が親切であることはその人を善い人であると考える理由となる、と私はもっか考えている。すなわち、ある人は親切であるという信念は、その人に対する是認の態度を生み出す傾向を備えているべきだ、と私は考えている。既に説明したように、これは、信念に伴う態度の変容を主題としているが、それ自体、もう一つの道徳的信念である。しかしここでも私は間違っているかもしれない。少なくとも、その可能性は僅かだとしても、ある論証、あるいはある人、もしくはある出来事が出現して、親切さについて私が間違っていたことを私に示すかもしれない、と私は予測できる。〔たとえば、〕ある種の親切さはその受け手側の魂を奪う、等々〔ということを示すかもしれない〕。その場合には、〔親切だという〕この信念は、その〔人を是認するという〕態度を生み出す傾向を備えているべきだと私はもはや考えない。誤りに関するこうしたすべての可能性についての命題的反映とは、あるものごとは善いという信念は、私がそれを心に抱いているとしても、正しくないかもしれない、というものである。またしたがって、もし私〔による可謬性の表現にかんするこうした説明〕が正しいならば、態度に基づく理論は、何が正しく、あるいは不正なのか、何が善あるいは悪であるのかを知ることがいかに困難であるのかを私たちに反省させる、道徳的思考におけるこうした要素をも取り扱うことができる。

最後に、時制について考察してみよう。あるものごとが現在事実であると主張されているときになされていることに焦点を合わせている分析に対して、時制は確かに極めて困難な問題をもたらしうる。したがって、「Pであることはありうる」についてのトゥールミンの説明によると、これはPであることについての慎重な主張を行うために用いられるとされるが、この説明は「Pが起こることはありえた」についていかなる説明も与えず、あるいは少なくとも、この文と極めて異なる文「Pが起こったことはありうる」とを混同しない説明を与えない。また、「Xは道徳的に立派な人でした」を考察してみると、〔反実在論による態度にもとづく説明にしたがうなら〕この文は、「Xに対する是認の態度は適切であった」と解釈する他ないように思われるかもしれないが、こうした形での分析は、私が主張したように、まったく役に立たない。しかしながら、ある手だてを用いるならば、とはいえ、この手立ては不自然に見えるかもしれないのだが、時制づきの主張がなされているとき、〔「適切であった」というような〕時制づきの述語を態度に適用していると見なさなくとも、その主張を説明しうるように私には思われる。私たちが問うべき問題は、「Xは道徳的に立派な人でした」と主張する人は誰でも、ある道徳的態度を表しているのか否かである。〔過去時制での道徳文を主張に用いることにおいて〕人は道徳的態度を表していない、と想定することこそが、問題を引き起こす。それはまさに、「Pが起こることはありえた」と述べることによって、私は何ごとかを慎重に主張しているのではない、ということが明らかになる場合に問題が生じるのと全く同様である。「Xは道徳的に立派な人でした」と主張する人は誰でも、ある道徳的態度を表出している。しかしながら、なるほど、そう主張する人は、現在のXに対する態度を表出してはいない。というのも、Xは現在までの間に堕落しているかもしれないからである。そうではなく主張者は、過去のXに対する態度を表出しているのである。極めて明らかだが、「Xは道徳的に立派な人でした」と述べる人は、過去のXを是認している場合に限り、道徳的に誠実（sincere）であり、この主張をなす際に彼が表出しているのは、この是認である。このように、時制づきの主張がなされるとき是認の主題となるのは、現在の対象ではなく、その当時の対象であるということを理解することによって、こうした困難は回避される。

以上、私は命題的反映という手だての幾つかの例を示してきたが、それらは〔対象にかんしてではなく〕、態度と態度の関係、そして態度と信念の関係にかんする、態度および命題の表出に対して、一定の統語法（シンタックス）を与えるやり方であり、しかも態度や命題の表出が、特異で観察不可能な道徳的領域における事実と関係している、と思わせるような統語法を与えるやり方である。こうした手だてが存在するということは、決して驚くことであるはずもない。というのも、道徳的態度の不一致は、存在する最も重要な不一致の一つであり、道徳的態度の諸帰結を解明することは、存在する最も重要な主題の一つである。命題的反映の手だてによって、私たちは命題論理の諸概念をこの課題に持ち込むことが可能になる。命題的反映の手だてによって、真理、知識、不整合性、包含、含意関係といった諸概念を活用し、道徳的論証に事実に関する論証の構造と簡潔さのすべてを与えることが可能となるのである。

しかしこの〔命題的反映に集約される〕理論は、道徳的真理なるものは実際には存在しないし、道徳的真理が知られたり、信じられたり、含意されたりすることはなく、単にそのような真理があるように見えるに過ぎない、と述べているのではないだろうか。とんでもない。実在論的な理論が論破されるならば、道徳的真理の概念や道徳的態度や命題についての関連する概念が消滅する、と考えるのは完全な間違いである。ある道徳的命題が真であると考えることは、その命題の主題に対してある態度を是認することである。これがこの論文のはじまりにおいて提示した問題に対する回答である。この態度をさらに特定することはこの論文の範囲を超える課題であるが、倫理学の形而上学に残されている中心的な課題である。しかしながら、反実在論の帰結は道徳的真理といったものは存在しないことを示すと考えることは大きな間違いである。道徳的真理は存在しないと考えることは、道徳的に推奨されるべきことが何もないと考えることであり、すなわち、無の支持を支持する〔何も推奨しないことを推奨する〕ことである。そしてこの無関心の態度は、勧奨することが間違っている態度であり、実践することが馬鹿げている態度なのである。*15

（訳　福間聡）

原注

＊1　M. Dummett, 'Truth,' *Proceedings of the Aristotelian Society*, 1958, p. 150. 藤田晋吾訳『真理という謎』所収「真

理」勁草書房、一九八六年一四—五頁。

＊2 'Truth', p. 157〔前掲邦訳書、一二五—六頁〕

＊3 私は「含意する」(entails) というタームを一貫して論理学上の意味で使用している。したがって「PはQを含意する」は、PはQを厳密に包含していることを厳密に包含していることになる。

＊4 L. Wittgenstein, *Philosophical Investigations* (Oxford: Blackwell, 1958), part II, section IV.〔藤本隆志訳『哲学探究』(ウィトゲンシュタイン全集 8) 大修館書店、一九七六年。〕

＊5 この論証はC. Lewy博士が会話において私に与えてくれたものである。

＊6 些細な複雑さを伴って。

＊7 厳密に言えば、必然であると考えられうる命題は、「Pであると知るに至ることはQに対する自らの確信を強めるはずである」という形式をとるのではなく、むしろ「情況が（幾つかの点において）正常であるならば、Pであると知るに至ることはQに対する自らの確信を強めるはずである」という形式をとる。たとえば、「彼は偽っている、あるいは正常ではないと想定する理由が存在しないならば、彼は一定の振る舞いを示していたと信じるに至ることは、彼は苦痛を感じているという自らの確信を強めるはずである」という命題の形式に少なくともなるのであり、この命題は必然であると想定されうる。

＊8 J. R. Searle, 'How to Derive "Ought" from "Is",' *Philosophical Review*, 1964.

＊9 G. E. Moore, *Principia Ethica* (Cambridge: Cambridge University Press, 1903), chapter VI. 泉谷周三郎・寺中平治・星野勉訳『倫理学原理』三和書籍、二〇一〇年。〕

＊10 これは本論文が貢献することのない問題である。この問題の探求に関しては、Roger Scruton, 'Attitudes, Beliefs and Reasons', in *Morality and Moral Reasoning*, ed. J. Casey (London: Methuen, 1971) を見よ。

＊11 'Meaning and Speech-acts', *Philosophical Review*, 1962, pp. 423ff.

＊12 幸運にも、間接的な文脈という概念の分析に着手する必要が私にはない。この論証の目的のために必要なのは、道徳的命題が表明されているが、主張されていない文脈を受け入れることだけである。

＊13 J. O. Urmson, *The Emotive Theory of Ethics* (London: Hutchinson & Co., 1968), p. 142.

＊14 この例は、この点についての本論文の旧バージョンに対して最も有益な批判をしてくれたTom Baldwinが提案したものである。

＊15 本論文が孕む複雑な諸問題については次の論文において更なる注釈を行っており、そして最近の観点からの注釈をそ

の論文の補遺において行っている。

訳注

★1　原文では二十セントとあるがおそらく間違いであるので、こう訳す。

第三章　付随性、再考

《1》

十年前、私は「道徳実在論」という論文の中で、二つの性質――私が付随性および自然的性質からの含意の欠如と呼んだ性質――がともに成り立つことで道徳実在論に不都合な不可解さがもたらされる、と示そうとする論証を行った。[*1] これは元々、カシミア・ルーイ（Casimir Lewy）との議論の中で示唆されたものだったが、この討論そのものはG・E・ムーアの「内在的価値の概念」[*2] という論文を対象にしていた。しかしこの十年で、この論証を再考する様々な理由が生まれてきた。第一に、その後の様相論理の研究、特に様々な種類の必然性の区別や可能世界をモデルとして用いることの一般化を通じて、当の論文で用いた語彙はやや時代遅れとなってしまった。そのため新しい概念の下でもその論証が成り立つかどうか見ておくことは有意義なことだろう。第二に、付随性という概念は道徳哲学にとどまらない多くの関心を集める重要な概念であることがわかってきた。その結果、その後の対話ややり取りの中で、私の論証には欠陥があるに違いない、と言われるようになった。というのも、私が不可解だと感じたのとまさに同様の性質の組み合わせは、たとえば心の哲学、自然種を表す語とそれ以外の語の関係、色と第一性質など、およそあらゆる場面で生じるものだからである。こうした道徳以外の領域では、反実在論は魅力的なものとは言えない。そのため、私が道徳の事例に下した診断も疑わしいものである、というのである。そして最後に、一部の哲学者らが道徳実在論を再び魅力的な選択肢とみるようになってきた。当時の私は一人相撲をしているようにしか見えなかったかもしれないが、かの論証は再び重要性をもつに至っている。いずれにしても、付随性の適切な分析をとりまく様々な難点は、この論証に新しく目を向けることを、十分に正当化するだろう。

道徳的なコミットメントや心的状態の帰属を含む、ある判断の領域を想定しよう。私はこの判断をF判断と呼び、またF真理、F事実についても考えていく。これは、我々がその語彙をもって表すコミットメントは疑問の余地なく真正の判断なのかという問題について、またF判断の領域には真理や事実が占める場所が本当にあるかという問題について、何らの見解をも意図するものではない。むしろ私の論証の目的の一つは、まさにそれらの考えを疑問に付す方法を見出すことであった。今の段階では、これらの用語は完全に中立のものである。さて、F判断の領域で表しうる真理は、基底をなす何らかの語彙によって表現される〔別の〕真理に付随していると想定しよう。たとえば、道徳的判断は自然的判断に、人々の心の記述は（人々自身の、もしくは人々を含むより大きな実在の）物理的記述に付随する。この付随性の主張は次のことを意味している。すなわち、あるF真理が変化したならば、なんらかのG真理が変化している、ということは「必然性の何らかの意味で」必然的に真である。あるいは、必然的に、もしG事実について二つの状況が同一であるならば、F事実についても両状況は同一である。より詳しい分析を行うために、私は可能世界という語彙を自由に利用するつもりである。ただしこれは単なる発見的装置に過ぎず、可能世界の地位について何の理論をも含意するものではない、ということは強調しておきたい。さて、必然性を「N」、可能性を「P」によって表すことにしよう。ただし、ここではその様相が論理的、形而上学的、物理的その他のいずれの様相として考えられているかは問題にしない。[★1]

今、ある事物、出来事もしくは状態についての、それがFであるという真理が、諸G真理の特定の集合全体――「それがG^*である」と語ることによってまとめられうる諸真理の集合全体――に付随すると想定しよう。もちろんG^*はその対象についてのあらゆる種類の関係的真理、その他の事物についての真理などを含みうる。〔しかし、〕実際には、こうした性質のすべてについて適切に考えることは難しい。というのも、諸G状態の全体という我々の理解のうちに、いったい何が含められうるかが直ちに不明瞭となってしまうためである。とはいえ直観的にいうならば、諸G状態の全体とは、何であれ対象がFであることをもたらす自然的もしくは物理的状態である。私はこのことをF状態にとって「基底的な」G状態の集合という言い方で表そう。そのため、付随性を信じるとは少なくとも、次のように信じることである。すなわち、ある事物が何らかのF状態にあるとすれば、それは常に、その事物が何らかの基底的なG状態にあるため、あるいは、その事物が何らかの基底的なG状態にあるという事態によってである。これは付随性の理論が意味する最低限のことである。しかし私の関心はより強い主張、つまりある事物がFであるという特定の真理を、その事物が何らかの特定のG状態にあるという事実に結びつける主張に向いている。この理論の一般的形式は、あるものが別のものにとって「基底的である」ときに成り立つ関係Uを特徴付けるものとして示すことができる。

（S）　$N((\exists x)(Fx \,\&\, G^{*}x \,\&\, (G^{*}x \cup Fx)) \supset \forall y(G^{*}y \supset Fy))$[★2]

この定式は次のことを述べている。すなわち、必然的な事柄として、もしあるxがFであり、かつG^{*}がその根底にあるならば、物理的あるいは自然的（もしくは何であれ）状態G^{*}にある他のいかなるものも同様にFとなる。その際、唯一G^{*}だけが、事物がFになりうる仕方を提供するということまでは主張してない。直観的にいって、我々は、あるものが様々な異なる仕方で邪悪でありうることを知っており、またある特定の物理的状態にある事物がある心的性質――その事物が、一群の関連する物理的諸状態のうちのどれにあったとしても、そのことによって等しく所有したであろう性質――を所有しうると知っている。そのため付随性の主張（S）は、「可変実現」[★3]の名で通っている諸理論に反対するものではない。それらの理論が否定する主張を得るためには、最後の条件文を「……$\forall y(Fy \supset G^{*}y))$」に書き換える必要がある。ただ、そうやって生み出される理論は目下の議論とは関係がない。

さて、私は（S）をもっと強い必然性と対比してみたい。

（N）　$N\forall x(G^{*}x \supset Fx)$

もちろん、（S）から（N）は帰結しない。形式的には両者は次の仕方でのみ関係する。すなわち（S）は条件文全体を必然化し、（N）はその条件文の後件を必然化する。そのため、N（p⊃q）からNQを推論する根拠がないのと同様に、（S）から（N）を推論する根拠などないように思えるだろう。従って（S）を肯定しつつ次の（P）も肯定する立場にも不整合は存在しない。

（P）　$P(\exists x)(G^{*}x \,\&\, \sim Fx)$

少なくとも一見したところ、不整合はないように見える。元の論文で私が扱ったものは、（S）と（P）をともに主張する理論（私はそれを（S）／（P）結合と呼ぶことにする）の本性であった。そうした理論では、あるG状態がたまたま特定のF状態にとって基底的であるが、それにもかかわらず、そのG状態は、事情次第ではF状態にとって基底的ではなかったかもしれない、ということが（元の主張の意味に応じる何らかの意味で）可能だと考えられることになるだろう。言い換えれば、私たちの世界でのあるG配置は、あるF状態がまさに付随しているところの状態であるとしても、それにもかかわらず、そのG配置に付随するのはそのF状態ではなかったかもしれない、ということになるだろう。現実に生起している、もしくは付随しているそのF状態が、その特定のG配置に付随するF状態ではなかった可能性（繰り返すが、何であれ我々が扱っている様相的次元における可能性）があったのである。私は次のように睨んでいた。すなわち、F語彙によってなされている判断に関する実在論者に対して、この結合は不可解なことをもたらすが、それはF判断についての反実在論（あるいは現在の私が好む言い方では、投影主義）の立場をとることによって、最善の解決をみるだろう。

　このことをさらに追求するために、（S）／（P）結合を主張しようとする何らかの動機づけがありうるか、と問うことができるかもしれない。「根底にある」ことについて、そして根底にある状態G^*の完全な特定という概念について考えられる、次の説をみてみよう。

（?）　$N((\exists x)(Fx \,\&\, G^*x \,\&\, (G^*x \cup Fx)) \supset N\forall y(G^*y \supset Fy))$[★4]

（?）の論拠は次のようなものであるだろう。G^*かつFである事物があったと想定すると、そのことのために我々は、その事物がG状態にあることがその事物のF性の根底にあると言いたくなる。しかしG^*かつ非Fである事物も存在したと想定してみよう。その場合、我々は、「xがFであることの根底にあるのは、xがG^*であることであった」ということを否定したくなるだろうか。むしろその非Fである事物がFでありそこなったことを説明してくれるのは、ひとえにそれがG^*であり、かつ、あるさらなる点――何らかの性質――においてもともとのG^*かつFである事物とは異なっているということではないだろうか。そのような性質はリリース性質Rと呼べる。すると、Fが付随するのはG^*かつ非Rに対してのみとなる。より正確に言うと、G^*は本当は＊印をつけることのできない一群の性質を表示してしまうだろう。Fにとって完全な基盤のすべてをそれらの性質の中に置くことは誤りだろう。

上記のことは、これらの様々な理論の形式についてきわめて複雑な問いを生み出す。手始めに一つの問題を片付けてしまいたい。（S）は条件文だが、前件の一部として存在量化された節を含むため、G^*かつFであるものが何もなければ、空虚に真となる。その条件文の必然化も同様に、仮に何もG^*かつFでありえないのならば、空虚に真となっただろう。そのため、もし（S）が付随性によって意味されるもののすべてを捉えているならば、たとえば我々は、有徳であることは均質に花崗岩でできていることに付随すると言えてしまう。もし均質に花崗岩でできているある物が有徳であり、かつこの性質がその有徳さの根底にあるならば、必然的に、均質に花崗岩でできたものはすべて有徳であることになる。しかしそう言えるのは単に、この構造を持つどんなものも有徳ではありえないためである。以下では単にFとGの範囲を、G^*によって表示されるG性質の集合をもつ何かがFでありうる事例に限定することで、この問題を回避したい。

論理形式にかかわる次の問題は、「G^*」という語が示す性質の集合の外延をどのように解釈するか、というものである。まず、いかなる二つの異なる事物についても、その両方ともがG^*であることは不可能である——したがって、一つのG^*事物がFであるならば、すべてのG^*事物がFであることが帰結する——とすることで付随性のテーゼを空虚に真にしてしまうことを、我々は望まない。そしてここでの脅威にはかなりの現実味がある。たとえば、ある事物の物理的性質と関係のすべてがG^*に含まれているとみなされるならば——すなわちFが付随する性質がそれ以下でないならば——、不可識別者を同一と仮定すると、事実、我々はすぐに、様々な強さの必然性と可能性を扱うことになるが、このテーゼは常に、その条件文がこの空虚な仕方で満足されるのを防ぐ十分な力をもつ、と私は考えたい。

（S）は再び空虚に充たされてしまう。これを回避するために、私は制限テーゼを前提したい。このテーゼは、ある性質Fがなんらかの基盤に付随する際、常に、その性質が依拠しうるG性質の種類には必然的に限界がある、というものである。たとえば心的なものが物理的なものに付随しうるという場合、このテーゼが主張するのは、必然的に、ある事物にはその心的性質に関連しない物理的性質が存在する、ということである。心的なものと、その心的なものとはいかなる種類の因果的結びつきも持たない諸事物（未来の諸事物など）との関係はそのありうべき例となるだろう。さらに、道徳的なものは自然的なものに付随するが、このテーゼが述べるのは、道徳的性質と関連しないことが必然的な自然的性質（純粋に空間的な位置や時間的な始まりの日付はおそらくこれに該当する）が存在する、ということである。制限テーゼを認めたならば、（S）は不可識別者の同一性によってもトリヴィアルなものにはならない。

形式にかかわって生じる最後の問題は、「G^*」は（Fにとって完全に基底的となる）性質のある特定の集合の名前と考えられるのか、あるいは「G^*」が表示する性質のあらゆる集合が完全であるということは「G^*」の意味に埋め込まれているのか、というものである。両者の差異は、非常に強い必然性、たとえば概念的（論理的もしくは分析的）必然性を考えてみるとよくわかる。H_2Oからできていることが水であることにとって基底的であるということが分析的に必然的であるとは考えにくい。それは一つには、ある物質が属している種の特徴を左右する種類の物理的基盤が、H_2Oからできていることに尽きることは分析的ではないためである。それは実質的な科学的真理であり、アプリオリな仕方で保証される真理などではまったくない。私は、「G^*」が少なくとも一つの可能世界において、Fにとって基底的であるのに十分な性質の集合を表示するということを、「G^*」の意味に組み込もうと思う。すべての世界においてこれが真であることが帰結してほしいというつもりはないが、これは非常に慎重な扱いを要する問題である。ただ幸運にも、私が見るところ、それは私が整えようとしている舞台の中心を占めるものではない。

諸性質のある集合が別の集合にとって基底的であるとはいかなることかに関する条件として、したがって、ある性質がそのような集合に付随するとはいかなることかに関する条件として(?)を受け入れるなら、付随性と(E)の関係は変わってくる。そのG^*性がF性の基盤であるような何かが存在すると前提しよう。

(E)　$(\exists x)(Fx \mathbin{\&} G^*x \mathbin{\&} (G^*x \supset Fx))$

そうすると今や我々は(N)を導出することができる。言い換えると、(?)かつ(E)は(N)を含意する。そしてすでに見たように、(?)は魅力的な理論である。しかしこのことが意味するのは実に、付随性とは結局(N)へのコミットメントに至る単なる回り道、つまり、「基底をなす真理の集合はF真理を必然化する」という、表面上はより単純な原則に過ぎないということである。実際、かつてキム(Kim, J.)は付随性をこのように理解した。このことによってキムは、付随性を採用すると、還元主義をも採用することになると考えることができた。[*3]〔したがって、〕(?)の魅力を引き出すもうひとつの方法は、G^*かつFである何かが存在するという要請に言及することをひと思いに止めてしまう、というところにもあろう。結局、自然的な性質の特定の集合をもつものが現実に存在しようとしまいと、ある道徳的な諸性質は、そうした自然的な性質の特定の配置に付随しているということもありえよう。あるいは、ある心的な性質は現実には誰も所持しない特定の身体的組成に付随していることもありえよう。この線でいくならば、（S）は次のような原則によって置き換えられることになろう。

$$(G^{*}x \cup Fx) \supset \forall y(G^{*}y \supset Fy)$$

そして、ただちに（N）を与えるだろう原則は以下のようになる。

$$(G^{*}x \cup Fx) \supset N(G^{*}x \cup Fx)$$

だが、付随性の主張が人気を博する理由の少なくとも一部には、コストを支払うことなしに、この主張が還元という形而上学的な救済策を提供している、ということがある。そのことから、私は可能な限り、〔付随性の主張と還元主義の間に〕ありうるギャップを維持しておきたい。これは道徳の場合に特に重要である。道徳の問題においては、付随性と違って還元主義の魅力は際立って劣る。そこで、私はすでに与えられたいくつかの注意事項に従いながらも、最初の定式（S）にこだわっていきたい。また（?·）についても十分に意識し続けねばならないが、その可否をあらかじめ決めてしまいたくはない。

（?·）を保留しておくなら、（S）と（P）の両方を受け入れる理論の一つの可能な形態、つまり（S）／（P）

結合が残るだろう。これこそが、私が元々実在論に対して不可解さをもたらすと主張しているものである。もし本当に不可解さが存在するならば、この不可解さは形式的なものではない。実際のところ私は適切な解釈の下では、F語彙とG語彙の間には(S)と(P)によって適切に特徴づけられる関係が存在すると考えている。つまり、この結合を承認するなら、今度はそれを説明する必要があると私は考える。道徳の場合に、それを最もよく説明するのはF述語の投影理論だと思う。しかしその他の場合には、諸様相に別の解釈を施すことで、違った説明もまた可能だろう。このことは後に論じる。

さて、(S)と(P)には次のような方法でモデルを与えることができる。すなわち、任意の可能世界において、ひとたびFである事物が存在し、かつそのF性にとってG^*が基底的であるならば、G^*である他の一切の物も同様にFである。しかしながら、ある事物がG^*でありながらFではない可能世界も存在する。前者の世界をG^*／F世界、後者をG^*／O世界と呼ぼう。我々がもっていない世界は、G^*かつFであるものも存在するし、G^*かつ非Fであるものも存在する混合世界である。この混合世界を$G^*/F \vee O$世界と呼ぶこともできるが、付随性の主張(S)のために、この世界は排除される——この世界はまさに付随性の主張を偽とするだろう可能世界だからである。私が言う難点、あるいは不可解さがここに至って姿を現し始める。可能世界はなぜ二種類にしか分割されず、三種類に分割されてはいけないのか。この難問は一見すると、これは可能性に関する充満の原理（principle of plentitude）、つまり認めないよう制約されていないあらゆる可能性を認めよという原理に抵触するように見える。この難問について空間的に想像してみよう。ここにG^*／Fである可能世界w_1がある。さらに、G^*／Oであることを除けば、可能な限りw_1と類似している可能世界w_2がある。しかし、それら世界のどちらか〔たとえばw_1〕とそっくりでありながら、ただ一点、G^*かつFである要素が存在するのだが、そのG^*性質・F性質がもう一方の可能世界〔目下の例ではw_2〕で見出されるパターンに合致する点でのみ前者の可能世界と異なるような可能世界はどこにも存在しない。これはなぜなのか。事柄をより理解しやすくするために、時間的要素を想像してみよう。我々の可能世界は時間的に持続するものだと想定しよう。w_1がある特定の時点でG^*／F世界として始まり、後のある時点でG^*／O世界となるとすれば、混合世界がもたらされることになるだろう。というのも、全体としてみればw_1は混合した世界となるだろうからである。そして、その世界の存在は付随性の主張を反証してしまうだろう。そうした混合世界の歴史の前半部と類似している世界、そして同様に、後半部と類似している世界ならば存在しうるけれども、右のような混合世界は生じえない。

これは混合世界の禁止である。つまり、個々に自分の世界に所属している事物が可能世界をまたいで〔別の可能世界に〕移動することの禁止である。そして私が提示した問題は、この禁止の背後にある権威を見出すことにかかわる。なぜ世界間の出入りは禁止されるのか。問題はつぎの点にある。すなわち、我々はG^*／F世界とG^*／O世界を想像するだけで、$G^*/F_\vee O$ 世界をも想像するのに十分だと考え、その世界の存在を禁止する権利を暗に否定したかのように考える。しかし少なくとも、その存在を禁止しようというなら、なぜそのような禁止ができるのか、説明が必要である。私が言いたいことの積極的な側面は、投影主義者は道徳的な事例においてはそれを実在論者よりもよく説明できるということにあった。次節では、いくつかの重要な区別をすることで、なお私にはそのように思われることの理由をもう一度簡単に見てみたい。その後、関係する例をいくつか考えることにしよう。それから我々は(?·)という難しい主張について、形而上学のこの部分におけるその役割を検討するために、もう一度立ち戻る必要があるだろう。

《2》

必然性には、「分析的に真」に近い非常に厳密なものから、形而上学的、物理的必然性を通じて、「普通は真」に近いものまで幅がある。そうすると(S)／(P)結合についての難問に少しでも共感をおぼえる人はすぐに気づくだろうが、問題となる必然性や可能性に一つの固定された意味がある場合だけでなく、事例のクラスをより広くとった場合にも、その問題は残り続ける。それは、強い意味の必然性を問題にしている場合、常に、付随性の主張(S)はより弱い意味での必然性にかかわるものをも自動的に含意するためである。そして可能性の方がそれと対応したより弱い意味で肯定される場合には、その低次のレベルにおいて同一の構造が得られるだろう。そのため、(S)が「しかじかであることは形而上学的に必然的であると主張する形態をとり、かつ(P)が「しかじかであることは物理的に可能である」と主張する形態をとり、さらに我々が形而上学的必然性は物理的必然性を含意すると想定するならば（もちろんそのように想定すべきである）、物理的必然性のレベルでの(S)／(P)結合が得られる。他方、この関係が逆である場合、その構造は得られないだろう。たとえば「概念的制約に関する限りにおいて可能」という意味で可能性の主張(P)がなされるとして、これは「形而上学的に可能」を含意しない。またもし(S)が「形而上学的に必然」という意味で読まれるとすると、不可解なことはなくなる。すなわち、FがG*に付随するのは分析的真理でも概念的真理でもなく、単に形而上学的に必然的ということになるだろう。同様に、任意のG*がFを産み出すことは分析的真理でも概念的真理でもないだろうから、そこに難問はない。難問を出現させるには、様相をそろえる必要がある。

私がこのことに触れたのは、それが道徳の事例に極めて密接に関係するからである。たとえば我々が「分析的に必然的」という概念を、伝統的な言い方をすれば、真であることが概念的な手段のみによって見てとられうる命題に適用することを認めるとしよう。するとそうした命題を否定することは概念的混乱を示していることになるだろう。つまり、問題の語彙の本性を把握し損ねているか、そうした把握が直ちに含意することを押さえ損なっていることになるだろう。もう少し現代的な用語で言うと、それらの命題を否定することは、その語彙についての能力（competence）の欠如を「構成する」のである。この必然性は形而上学的な必然性と対比することができる。ある命題は、形而上学的に言って存在しうるすべての可能世界において真であるなら、形而上学的に必然的である。もちろん分析的必然性と形而上学的必然性との区別に懐疑的であってもよい。しかし私としては少なくとも当面の議論のために、この区別を尊重しておきたい。というのも道徳哲学における(S)／(P)結合は、両必然性の区別の一つのケースと思われるものの好例、私の元々の論証に大きな影響を与える好例をもたらすからである。この例が生じるのは、ある特定の自然的な事態G*がある道徳的な判断にとって基底的であると主張する人は、それが形而上学的必然性の問題として真なのだと論じる見込みが非常に大きいためである。たとえば、ある人が他人の不幸を喜ぶという事実が、その人は邪悪であるという判断にとって基底的であると私が主張するならば、ある人が他人の不幸を喜ぶという事実は、どんな可能世界においても、彼を邪悪な人とするのに十分であるとも、私は主張するだろう。「MN」によって形而上学的必然性を表すとすると、私は次の両者を主張していることになる。

(S_m) $MN((\exists x)(Fx \,\&\, G^{*}x \,\&\, (G^{*}x \cup Fx)) \supset \forall y(G^{*}y \supset Fy))$

(N_m) $MN\,\forall x(G^{*}x \supset Fx)$

そして他人の不幸を喜ぶ人々が邪悪ではない世界の形而上学的可能性を否定することで、私は自分の元々の論証を回避することになるだろう。これは真の規準——ある自然的な状態が道徳的判断を保証するに十分であるという信念——をもつということが内包していることの一部と言ってもいいだろう。というのも、仮にそうではなかったとすれば、すなわち、いくつかの形而上学的可能世界では、他人の不幸を喜ぶ人々は邪悪であり、別の形而上学的可能世界では、そのような人々は邪悪ではなかったとすれば、確かにこれは我々がその判断のための適切な自然的基盤をまだ適切に特定していないことの印であろう。しかしたとえば、もし私が他人の不幸を喜ぶ人々が邪悪ではない可能世界を実際に認めるとしても、それは（たとえば）彼らは不幸がその不幸である人の魂にとって非常によいものであるために、誰かが不幸だとわかることは祝福と喜びの理由となると信じているから、かもしれない。この事実は私が先にリリース事実と呼んだものとなる。だがその場合、〔ある人が邪悪だという判断にとって〕基底的な状態は、今や単に誰かが他者の不幸を喜ぶことではなく、不幸が魂にとってよいものであると信じるわけでもないのに、他者の不幸を喜ぶことになるだろう。

このような理由から、元々の問題は形而上学的必然性のレベルでは生じない。しかし、ここで分析的必然性を考えてみよう。様々な道徳的な主張が自然的な主張に付随することは、概念的な事柄であるように見える。そのことが認識できない、あるいはその制約に従えない人というのは、実際、道徳的実践における能力（competence）を構成する何かを欠いていることになるだろう。そして、このことには充分な理由がある。つまり、付随性を認識できないということは、我々が何かを道徳的に語る際の目的全体——すなわち、事物をその自然的性質に基づいて選び、賞賛し、順位付け、承認し、禁止するという目的——に背くことになるだろう、という理由である。そのため、次のように言ってもいいだろう。

(S_a)　$AN((\exists x)(Fx \,\&\, G^*x \,\&\, (G^*x \cup Fx)) \supset \forall y(G^*y \supset Fy))$

しかしだからといって、そこから次の定式を得ようとすることは、およそ賢明とはいえないだろう。

(N_a)　$AN\,\forall x(G^*x \supset Fx)$

というのも、ある特定の基準を採用することが道徳的な推論を行う者としての「能力を構成する」という主張は信憑性を欠く。人々は、異なった基準を採用しつつ、そして自然的事実の完全な集合に照らして、異なった評決を下しつつも、すべての道徳的な思考を統制する概念的制約に従って道徳的に考えることができる。もちろん、このことを否定してしまうこともできる。しかしこの論考の目的に照らして、私はそれを否定するのは誤りであるという一般的な見解に依拠しようと思う。そのため我々は(N_a)を否定するので、次のものを得ることになる。[★5]

(P_a)　$AP(\exists x)(G^{*}x \ \& \ Fx)$[★6]

こうして(S_a)／(P_a)結合に到達したところで、私の言う不可解さが生じる。なぜこのレベルでの混合世界は禁止されるのか。混合世界は、分析的制約が問題になっている限りで可能な世界、すなわち「分析的に可能な」世界である。そのような世界が現実に存在することに対しては、形而上学的もしくは物理的な障害があるかもしれない。だがその世界は概念的制約には反していない。

もちろん、ある意味で、私はすでにこの問題に対する答えを提案している。そもそも道徳的に語るとは何をすることなのかについて十分に示すことによって、(S_a)および(P_a)が信憑性のあるものになれば、両者の結合についての緊張の解き方を学びうるという期待を私はもっている。そしてまさに、この緊張緩和法がよりよく適合するのは反実在論である。というのも、その結合の説明は、道徳的に考えることの役割が世界の様々な自然的特徴の間で欲求や選択を導くことであることに決定的に依存しているからである。

一方、実在論者の言うように、道徳的に考えることの役割が世界のさらなる道徳的側面を記述することであるなら、制約(S_a)に従うことがなぜ道徳的な推論を行う者としての能力を構成するのかについて、まったく説明ができなくなってしまう。

(?·)を維持することでこの論証を避けることはできるだろうか。いや、できない。それは、適切に強い意味で(?·)が受け入れられる見込みがまったくないためである。(?·)が助けとなるためには、それを次のように解するのでなければならない。すなわち、(何らかの意味で)必然的に、何かがFかつG^*であり、かつ、それがFであることにとってG^*性が基底的であるなら、G^*であるすべての事物がFであることは分析的に必然的である。しかし道徳的な事例においてはこのような読み方はできないだろう。なぜなら、我々は道徳的な性質を伴うものにとって自然的性質を伴うものが基底的であることは認めたいのだが、同時に(N^a)という形の分析性は否定するからである。後件の必然性を何らかのより弱い意味で解釈するとしても、やはり(?·)は助けにならない。たとえば、次のような形式での(?·)ならば我々は受け入れようとするかもしれない。

$(?·_{MN})$　MN((∃x)(Fx & G^*x & (G^*x ∪ Fx)) ⊃ MN∀y(G^*y ⊃ Fy))

こうすると後件の形をした必然性、つまり形式(N_m)での形而上学的必然性が存在することになるだろう。しかし、それを持ち出しても元々の不可解さを解消する助けにはならない。というのも、今や問題は分析的必然性のレベルで進行しているからである。避けられるべきは、概念的制約に関わる限りでの、混合世界の可能性なのである。

《3》

上記の論証が機能するのは、我々が付随性の主張の地位を、そしてこの事例ではその特に強い地位を、関連する可能性の主張の地位から慎重に区別しているからである。私はこの区別をそこに含まれている様相オペレータにインデックスをつけることで行なってきた。我々は(S)、(N)、(P)、(?)という四つの異なる形式の様相的主張を得ており、そのそれぞれが分析的あるいは概念的必然性(a)、形而上学的必然性(m)を含みうる。そしてここに物理的必然性(p)を新しく加えることができる。ここで、今度は同種の形をもつ道徳以外の事例についても考えてみたい。それらの例はすべて、組み合わせ(S)/(P)結合の例として生じてくる。しかし(S)/(P)結合のまま、その生を全うできるともかぎらない。つまり、(?)の信憑性に照らして、もしくは混合世界の禁止の困難さに照らして、次のこと、すなわち付随性が捨て去られるべきであるか、もしくは(N)が受け入れられるべきである、ということが(まだ明白でなければ)明白になるかもしれない。以下は、いくつかのテストケースである。

第一の例。w_1において、ある特定の心理的状態Fにとってある物理的な配置G^*が基底的だと想定しよう。たとえばG^*は脳内のニューロンや分子の何らかのパターンを有すること、Fは頭痛がすることだとしよう。G^*であるがFではない点でxと非類似のものはw_1のどこにも存在しない。しかしながら、隣の世界w_2には、

G^{*}であるがFではない事物が存在する。ここでw_1もw_2も受容可能であると言われる。しかし次のような世界w_3はどこにもない。すなわちw_1と類似しているが、変化してw_2に類似するようになる世界、あるいは、w_1と類似しているが、w_2の個物と類似した特定の個物を含む世界はどこにもない。

第二の例。w_1において、自然種Fの一員であることにとって特定の分子組成G^{*}が基底的だと想定しよう。G^{*}はある物質の組成を物理的・化学的に完全に分析することによって特定される構造（たとえば、H_2Oの分子によって構成されていること）であり、Fは水であることだとする。w_1のどこにも、そのような化学的性質をもちながら、水でない物質は存在しない。しかしながらw_2においては、この組み合わせは見いだされる。ここで再び、これらの可能世界のそれぞれは存在するが、$G^{*}/F_{V}O$あるいは混合世界、すなわちこの化学的組成をもつ物質の中で、あるものは水であり、あるものは水ではない世界は存在しない。

第三の例。w_1において、色Fにとって第一性質——特に表面の屈折性質に関わる第一性質——のある特定の集合G^{*}が基底的だと想定しよう。w_1のどこにも、そのような表面をもちながらその特定の色ではない事物は存在しえない。しかしながらこの組み合わせが見出される可能世界、つまり、G^{*}／O世界もある。重ねて、混合世界は存在しない。すなわち、この第一性質、表面の性質をもつ事物のうち、あるものはFであり、あるものはFでない世界は存在しない。

これらのどの例でも、(S)／(P)結合が見出される。私はそれぞれが少なくとも見た目には困惑を引き起こすのが明白であると期待している。この困惑は以下のような問いを生じさせるのに十分であろう。この結合は望ましいものであるのか、それとも、必然性・可能性の様々な種類を厳密に区別して、この結合をひと思いに取り下げるべきなのか。これをどうすればよいだろうか。

第一の例

我々は、心的なものが物理的なものに付随することをどのように解釈すべきだろうか。おそらく主に、形而上学的な理論として解されることになるだろうから、(S_m)は認めておこう。では(S_a)は認めるべきだろうか。心的なものの物理的なものに対する付随性を認識することが心的言語における能力〔competence〕を構成すると主張するための、道徳的な事例の論証と同様に強力な論証が得られるのなら、(S_a)も認めるべきだろう。しかし、このような論証が見いだせるのか、私には疑わしく思える。というのも、その付随性の理論に哲学的に入れあげていようといまいと、我々は、それに同意しないだろう話者も普通の能力を有していることを、確かに認められるからである。ある日、ヘンリーは頭痛がする。そして次の日にはしない。心的な何かが異なっている。しかし彼が（デカルト主義の流儀で）、物理的には何も異なっていないと端的に主張したと想定してみよう。これは道徳的な事例において同じような主張をする人物が犯している誤りに比せられるだろうか。私はそうは思わない。ヘンリーはそれほど異常ではない。そしてもし彼の誤りは心的なものの帰属のもつ「意味そのもの」のために誤りなのだと示されるのなら、これまでの文化の全体がある分析的真理を否定する向きにあったことになる。言い換えれば、心的状態の変化から、それにとって基底的な物理的状態の変化の存在が帰結する、あるいは分析的に帰結するという主張は、野心的に過ぎるように思える。それでは充分な数の人々が完全に整合的であると思ってきた様々な見解が、概念的に不整合なものへと変えられてしまうだろう（たとえば、〔身体を有していない霊的な存在である〕神の心変わりを考えよ）。

そこで（S_m）の方にこだわってみよう。それを受け入れるなら、対応する必然性（N_m）と（?·$_m$）を受け入れるのももっともなことと思われる。そうすると我々は（P_m）を否定するように強いられ、混合世界の禁止の問題には巻き込まれずにすむ。（N_m）は、F無しのG*の形而上学的可能性を認めないので、我々にとって都合がよい。しかしながら、ここで考察すべき立場として、デイヴィドソンの有名な、あるいは悪名高い立場がある。それは心的なものの物理的なものへの付随性のある形式を受け入れるが、その二つの語彙を結びつける法則的命題の存在は否定する立場である。*4 デイヴィドソン自身が自分の主張に含まれる必然性と可能性の強さについてはっきりと述べているわけではないが、（S_m）と（P_p）をともに受け入れることよりも弱いものが意図されているとはまず思えない。そして、たとえ付随性を形而上学的な必然性の問題ではなく、単に純然たる物理的必然性の問題と解するとしても（仮に〔別の世界では〕起こりうるとしても、我々の物理的世界においては、物理上の変化無しには心の変化は起こらないとしても）、事態は変わらない。というのも、我々は（S_m）から（S_p）を演繹できるため、物理的必然性のレベルで（S）／（P）結合を得られるからである。従って私の考えでは、その立場は奇妙なものであらざるをえないし、また実際に奇妙である。頭痛がしているw_1-人物を含み、かつ同じ物理的状態にありながら頭痛がしていないw_2-人物をも含むような世界が物理的に存在しえないのはなぜなのか。いったいどのようにすれば、w_2タイプの物理的可能性を認めた上で、これがw_1タイプの物理的可能性と入り交じる物理的可能性を認めない、ということができるのだろうか。

デイヴィドソンが論じた（P_p）を認める理由がこのことに光を投げかけるとも思われない。その理由とは、心的なものと物理的なものは、ある意味で、理論の異なる領域に属しているというものである。つまり、心的な性質の帰属は、物理的な性質の帰属とは異なる制約に従い、そのために我々は、あらゆる任意の物理的状態とあらゆる任意の心的状態との法則的な相関関係を主張できるような立場を決してとりえない（これは単なる可変実現〔多重実現〕の話ではない。つまり、今、我々は物理的に必然的な物心相関関係を主張してはならないと言われているのである。我々はたんに一見したところ、多くの場合に物心の相関関係を主張することを許されているかもしれないというだけであって、その場合でも〔物理的状態が同じなら心理状態も同じだという〕逆向きの法則的なつながりを主張することはできない、というのである）。私はこれを充分な論証と認めるつもりはない。というのも、それぞれの性質の帰属が異なる制約に従う性質同士を結びつけるような興味深い法則が確かに存在しうるからだ。たとえば、温度と圧力、色と第一性質などである。ただし、この点にこだわりたいわけではない。というのも、デイヴィドソンの推論が正しければ、この推論は付随性の主張にも等しく適用されるはずである、という奇妙さが依然として残るからである。どうすれば我々は（S_m）はもちろん、（S_p）と同じくらい強固な主張をする立場をとれるのだろうか。我々に（P_p）を与える自由が、まさにここでも有効である。私は正統な解釈原理に従いながら、二人の人物が同じG^*状態にあるかどうかに関心をもたずに（私はたんにそこに含まれる利益を放棄してもよかろう）、片方の人を一つの心的状態にある者として、また別の人を別の心的状態にある者として、整合的かつ有効に「合理化」することができる。もちろん、（N_p）が真であるなら、状況は違っただろう。しかしまさにこれこそが、その立場の非法則的な特徴が否定するものなのである。

そのため、（P_p）のように、心的実在が物理的実在と何らの法則的結合状態にない場合に、それにもかかわらず心的なものは物理的なものに付随するのだ、と主張する根拠は、私にはわからない。ただしここでもやはり「実在」という語が問題になる。少なくとも（S_m）の意味において、心的なものは物理的なものに付随するに違いないと考える一つの方法は、物理的実在こそが根本的に唯一の実在であると納得すること、要するに、分子とニューロンこそが存在するもののすべてである、と考えることである。この場合、心的な語彙がこの実在に関係する仕方——唯一の実在への関係の仕方——には何らかの特質が存在して、それが（S_p）と（P_p）の両方を正当化することになるかもしれない。もしかすると、付随性の制約に従うことを要求するのは、概念的整合性、あるいは少なくとも形而上学的整合性だ、という議論もあるだろう。そしておそらくデイヴィドソンの（P_p）を擁護する論証は、私が認めたよりもうまくそこに当てはまりうる。この可能性を否定するつもりはない。しかし、私がそれでも指摘したいのは、繰り返しになるが、そうするには心的なものについて高度に反実在論的な、さらには観念論的な見解をとらざるをえないということである。心的な世界についての「真理」は、事実の集合が現実にどのようなものとして判明してくるかという問題には関わらない。それが関わるのは、この特定の語彙を我々がどのようにただ一つの基底をなす実在と関係づけるかという問題である。もしこのように考えるなら、心的なものと物理的なものの事例は、今度は道徳的なものと自然的なものの事例になぞらえられるだろう。しかしいずれにせよ、このことがただちに、心的なものと物理的なものの場合に（S）／（P）結合について、反実在論は誤った診断をしている、という議論を支持するモデルを提供するわけではない。

なぜこれが観念論者もしくは反実在論者の路線なのか。それは、事実が起こりうる仕方についての制約をもってしても、我々が理論化を行うときに課される制約が説明されないためである。我々が強制されているその語彙の使い方によって理論化は制約される。しかしこの「強制」はそれ自体としては、何らかのパターンにおいては心的な事実や出来事が発生しえないと述べるような理論から導出されるものではない。この「強制」が導出されてくる源は、心的ではない、物理的な世界に応答する際に我々が採らねばならないような仕方に対する制約である。私の見るところ、これは観念論者に特徴的なパターンである。つまり、事実があらねばならない仕方は、我々がそれらを存在として記述しなければならない仕方によって、究極的には説明されるというのである。それゆえ私は、道徳的付随性の説明は反実在論的なパラダイムによる説明である、と述べようと思う。対比のために、第三の例を先取りして、色が第一性質に付随するという理論は、強い形態、分析的な形態を取りえないということに注意してみてもよい。それはまさに、色という語彙の使用に対する唯一の概念的制約は明らかに、知覚された色に正しい仕方で応答せよ、というものだからである。ある人物が事物の色が変わったと考えつつも、何らかの第一性質の点で変化があったかどうかという問いには完全に無関心であったとしても（もしくは第一性質は積極的に変わっていないと信じてさえいたとしても）、彼は何の逸脱もしていない。彼の視力には問題があるかもしれないが、必ずしも彼の語彙の理解の方には問題はない。

第二の例

必要以上の複雑さを避けるために、まずひとつ断っておきたい。私はH_2Oで構成されていることをG^*の適切な例としてとりあげるつもりである。この性質は、ものが水といった一定の種のものであることをもたらす種類の完全な物理的・化学的基盤の一例である。私はこのことが妥当だと知られているものとして話をすすめる。そのため、人々があるものをH_2Oでありかつ水であると認めることと、水らしさが化学的もしくは物理的なものに付随することを許容するが、H_2Oの何らかのその他のサンプルが水であることを否定することの間の、原理上開かれた、ある種のギャップについては関心がない。こうした立場は可能である。というのも、何かがH_2Oであることとして記録される事実が、その種に関連する物理的あるいは化学的事実を網羅していないと信じることは可能だからである。私はこの点については近道をして、分子構成が、完全な基底的性質（G^*性質）の候補として適当であるということには疑問の余地がないかのように記すつもりである。ここは複雑で姿勢を誤りやすい箇所だが、このことが論証に影響を与えるとは思われない。

もう一度言うと、形而上学的な意味においてH_2Oと水の関係を含む様々な主張をとりあげることは自然である。そしてまた、何にせよ私にとって、(N_m)と($?\cdot_m$)を主張する時に限り(S_m)を主張することも自然である。水であることがH_2Oであることに付随するのは、単にH_2Oからできたあらゆるものが水でなければならないことのためである。もし、H_2Oからできたあるものが水でなくともよいと示す論証があるとしたら、その論拠は、おそらくつぎのようなところにあろう。すなわち、〔現実の状況と対抗する〕状況のせいで、その分子から成る物質がマクロレベルでは明らかに水とは類似していない（さらに氷や蒸気とも類似していない）ような世界を我々が想像することである。だが、これが論拠となる場合には、付随性の基盤が変わってしまっている。我々はリリース性質Rを支持する論証をしておいたはずなので、水であるものが付随する真の基盤はG^*（H_2Oであること）かつ非Rであること、になる。

ここで(S)／(P)結合が何らかのレベルで生じると思う人もいるかもしれない。その論証は、いくらか強い意味で、水であることが物理的、化学的組成に付随することは真でなければならないけれども、しかしそれと同じ強い意味で、H_2Oが水であることに特有の根底にある状態だということが真である必要はない、というものになるに違いないだろう。しかし私の考えるところ、水であるという性質は、何らかの非常に強い意味で、物理的・化学的基盤がその基底をなすような性質でなければならない、というわけではない。もちろん、我々はあらゆるそのような性質は化学の問題であるはずだという考えになじんでいる。しかし、そのように認識できない人々は「水」という種を表す語を用いる能力を欠いているのだ、と述べることには充分な理由がない。彼らは、種の有する現象的に重要な、つまりマクロな性質を説明するような、ものの本性に関する正しい科学的描像をよく知らないだけである。私の考えでは、彼らは、自然的なものへの道徳性の付随性を尊重できない人々と同じ船に乗って航海していない。これは後者の欠点が道徳的に考えるということの眼目をおよそ崩壊させてしまうのに対し、水らしさが化学的、物理的なものに付随する仕方についての無知は、あるものが水であり、別のものが水でないことを見分けることの眼目を破壊しはしないからである。科学教育を受けていない人々も何かを飲んだり洗ったりする必要がある。とはいえ、ここには絶対的な区別などないということは、今や一般的な支持を受けている。クワインは概念的な無知と「単なる」科学的無知の間のあらゆる区別がいかにもろいものであるかを我々に教えてくれた。したがって、もしかすると半ば概念的で半ば科学的なある重要な種類の能力の欠如が存在する、という主張ができるのかもしれない。この能力の欠如は、水であることの化学的、物理的なものに対する付随性を誰かが認識し損ねた時に示されるもので、単にH_2Oこそが問題となっている分子であることを認識し損ねることによって示される能力の欠如よりもひどいものである。そのため我々は、概念的能力と科学的能力のある人が世界はこのようにあると描いている通りの世界を意味する「能力相関的‐可能世界」（以下、$(^c)$とする）という考えを検討してもいいかもしれない。その場合には、(S^c)／(P^c)結合が得られるだろう。では、このことは我々を「水であること」の反実在論的理論へと誘うものだろうか。

この意味での混合可能世界は存在しないということは、単に概念的能力と科学的能力を有するいかなる人物も、一定の化学的、物理的構造をもつ事物が水であり、かつ同じ構造をもつ別の事物は水ではないような世界が存在することを否定するだろう、ということでしかない。ただし彼らは、あるものがH_2Oではあるが水ではないような世界は許容するかもしれない。前者は枠組的知識であり、我々がすべての人にその所有を期待するものである。しかし、このレベルの能力は、専門家が備えているような科学的知識を要求するものでなくてよい。そのような知識をすべての人に期待することはできないし、またそうした知識は後には枠組に影響することなしに偽になるかもしれない。さらに加えて、付随性の主張は特徴的にこの枠組的知識という体裁をもっていると想定し、そのために付随性は(N)形式への特段のコミットメントまで至らないのだと提案することさえありうるかもしれない。さて、そう考えると、道徳や心の事例についての私の議論への批判は勢いを増してくる。[*5] というのも、(S_c)／(P_c)結合がこのような無害な事例で機能するならば、その結合の形は一般に反実在論を提示するものではありえない。したがって、ここまで与えられてきた議論にはどこか間違ったところがあるに違いない、というのである。

一つの応答は並行説を許容して、進んで困難と戦うことだろう。前に、道徳における(S_a)／(P_a)結合に関する緊張を解くことができると述べたとき、私は道徳判断の役割は実在のさらなる道徳的側面を記述することではないと述べることで、このことを説明しようと試みた。(S_a)／(P_a)結合が説明可能であるのは、ひとえに道徳的な語彙が一定の仕方で自然的な世界と適合していなければならないからである。ここでも同じ応答を試みてもよいだろう。つまり、「能力相関的‐可能」世界のレベルで(S_a)／(P_a)結合が許容可能であるのは、ひとえに「水らしさ」が実在のさらなる側面（それが含む化学的方法で定義されるさまざまなものを超えた側面）ではないからである。しかし私が思うに、どちらの側にもまったく与しない読者はこの主張を弱いものと考えるだろう。反実在論は道徳哲学においてすら今日、居場所を求めて争わねばならないものであり、〈私はグラスに入った水をもっている〉という判断の最善の説明にはおよそ見えそうにはない。

よりよい応答は、「能力相関的‐可能世界」の概念が意味するものすべてをよく思い出すことにあると思われる。それを思い返すことによって、(S_c)／(P_c)結合は無害であり、反実在論がもっともよく充たす説明に何の難点ももたらさない、と主張できるようになる。これは(S_c)／(P_c)結合が提起する「混合可能世界の禁止」が純粋に我々の信念、特に、能力のある人々が共有していると我々が想定する信念の観点から説明可能なためである。つまり我々は、二つの事物が物理的に同一であれば、それらは同じ物質ないし種を形作っていると信じており、またすべての能力ある人々はそのことに同意するだろうと信じている。一方で我々はそのように想定しているかたわら、他方では、能力のある人でも、ある事物がH_2Oであるならそれは水であるということに同意しないかもしれないとも想定している（なぜならこのことが要求するのは枠組知識と対置される専門的知識という、より高次のレベルを要求するためである）。そのために我々は二種類の「能力相関的‐可能」世界を有し、また混合世界を禁止するのである。しかし、次にはこのことは、能力と共存しうる信念の構造のみによって説明されることになる。実際、水らしさの地位についての形而上学的結論についてそれ以上の推論は存在しない。というのも、それ以外のケースでは〔形而上学的結論への〕推論に助けられて与えられる説明も、ここでは推論なしに与えられるからである。別の言い方をすると、分析的に可能な世界を扱うときには――道徳の事例においても同様のことが言えるのだが――我々は能力について我々が有する信念を扱っているのである。この場合の信念とは、能力のある人は付随性を無視しないだろうという信念である。しかしこの信念はさらなる道徳的に考えることについての反実在論的本性によってのみ説明される。もし道徳的に考えることがそれ以上の実在の道徳的側面を描くことであるのなら、概念的制約についての説明は存在せず、そしてそれゆえに能力ある人の道徳性の全体像についての信念の説明も存在しないだろう。

ここで私が提示したもともとの問題は説明にかかわるものであるといっても、強調のし過ぎではないだろう。場合によって（S）／（P）結合の説明の仕方が違うとしても問題ではない。私は、すべての例とあらゆる強さの様相に適応できるような、統一された説明のパターンがあるとは考えていない（特に今のように入り交じった様相に手を出しているときには）。道徳の事例において要請される最善の説明は、私の考えでは、道徳的に考えることとは付随性の制約を承認することなしにはうまく進まない活動である、という理解によるものである。そしてこれをもっともよく説明するのが、結局、投影説なのである。目下の事例では、なぜ能力のある人々は諸々の種が物理的、化学的構造に付随することを承認するのかということの最善の説明は、科学がこのことを見出すような文化に我々が生きている、ということである。私は当面、このことによって何らかの形而上学的結論が示唆されているとは考えないことにする。それが正しければ、少々のおまけもついてくる。これが意味するのは、道徳的な事例での議論は、「概念的」能力の欠如とその他の能力の欠如の間で、困難で異論の余地のある区別を行うことに依存しなくてすむということである。求められるものは、事物についての信念によって能力の欠如が露わになってくるとき、そうした信念についての十分な説明が存在しうることの理解だけである。道徳の事例においては、反実在論はそうした充分な説明の一つである。そして枠組的な科学的信念とそれら信念の特定の現実化の間の差異に気づくことは別の問題であり、そちらは自然種の事例において機能する。

第三の例

第二の例はもともとの不可解さの議論に対する唯一の実質的な批判と私が理解しているものを提示する

ものであった。それに対して、色の事例が強調するのは道徳の事例における奇妙さである。というのも、色が第一性質に付随することを分析的真理と受け取ろうとしたり、あるいは色語彙の〔運用〕能力を構成するものと受け取ろうと目指したりすることは、どう考えてもありそうもない。直観的にいって我々は、色が実際に第一性質に付随していることを、精確で納得のいくことだと思っており、もしそうでないなら科学上の大混乱が起こるだろうと感じている。とはいえ、そのような付随性はないと信じている者であっても（表示される事物の表面には何の物理的性質もないとしても、表示物は我々に異なる色を見せる世界には神は住みえない、などということがあろうか）、色を認識することができるし、色の分類の要点と機微を理解することができる。

　近年の経験的な研究は、表面の色が反射光の波長によって引き起こされるという「誰もが知っている」事実についてさえ疑いを投げかけている。その他の関係的な性質が問題かもしれないというのである。したがって、この領域での付随性や必然化の主張により高度の様相的地位を与える際には、慎重な立場をとるのが賢いやり方だろう。確かに我々は、何らかの完全な第一性質の物語G^*が存在し、そこに物理的必然性の問題として色が付随するという期待をもっている。しかしまたそうすると、我々は対応する主張(N_p)をただちに受け入れることになって、混合世界にまつわる問題もなくなる。同様に、もし我々が勇敢にも付随性(S)を形而上学的主張へと高めたならば、なぜ(N)がそれに習うべきでないのかということについて、充分な理由がなくなるだろう。(N)は分析的必然性の領域では生じないだろうが、それは(S)も同じだろう。したがって、道徳において生じた不可解さ、あるいは心的なものと物理的なものについてのデイヴィドソンの立場において生じた不可解さと並行する不可解さは、〔色の場合には〕どのレベルでも生じない。もちろん、最後の例で示したように、(S)／(P)結合は「能力相関的‐可能世界」のレベルで生み出すことができる。しかしもう一度言うが、それは何にもならない。というのも、その場合には(S)／(P)結合は、能力にとって必然と見なされてきた信念の全体像で説明されるだろう。

《4》

今や私はもともとの議論とその周辺の検討について充分に語った。最後に、形而上学における付随性の主張の重要性を評価して締めくくるのがよいだろう。ここで、私自身は実は悲観的であることを告白したい。私には(?)がもっともな理論であるように思える。そして我々が形而上学的あるいは物理的必然性を扱う場合は常に、付随性について論じることを切り捨てて、形式(N)の命題について直接的に論じることができるように思われるのである。たとえば、このことから、「法則論的な宙づり」(nomological dangler)[★7]や非常に異なる種類の性質をひとまとめにする必然性を扱いうることが明らかになるかもしれない。またそのような必然性を主張することと、なぜ我々がそう主張できるのかに関する理論を得ることはまったく違うということを思い出すことは、我々の形而上学についてのうぬぼれを減らしてくれるかもしれない。私は多くの哲学者同様、さまざまな強さにおける多くの付随性を信じている。しかし、それらの付随性は、心の哲学の、第二性質の、そして道徳などの様々な問題の一部であって、その解決の一部ではないと考える点で、私と他の哲学者らは、おそらくは、異なっているのである。

この論文および先行論文はおそらく、本書に所収の他の論文よりも多くの議論を惹起してきた。しかし付随性の主張がやすやすと受容されたことに向けられたいらだちが広くあることを知って——道徳の領域においてであれ、心の哲学においてであれ、諸個別科学の関係についてであれ——私は大いに鼓舞された。[*6] 少なくとも、私が記した結論部は反響を生んだのである。現実には、〔付随性という〕概念それ自体に対する不信を訴える哲学者らもおり、またなぜ彼らがそう考えるのかは簡単に理解できる。付随性は我々に非常に多くのものをもたらすと想定されている。たとえば、ある性質の集合（F、もしくは追加的性質）と他の集合（G、あるいは基礎付ける性質）が共変すること。F性質がG性質に依存すること。これらのことと F がG性質に還元できないことが整合的であること。そして最後に、これらすべてが形而上学的に無垢であること。この最後のことによって、付随性の主張の包括的な提案は真であるにはあまりに都合がよすぎると言われる。キムは、今世紀前半に生物学の哲学において同じ構造が論じられた際に、指導的な創発論者のサミュエル・アレクサンダー（Samuel Alexander）が、我々は自然に対する畏敬の念をもって創発（要するに、付随性と同じもの）を受け入れるべきだと勧めたこと、そして私の一九七三年の論文はその暗い面を指摘していたことに気づかせてくれた。つまり、付随性を説明できない限り、創発について形而上学的に無垢なものはおよそ何も存在しない。[*7] 実際、さらなる説明がなければ、残るのは法則論的な宙づりだけである。あるいは付随性がアプリオリであるとなると、もっと悲惨なことになる。というのも、厄介な「不透明で孤立した論理的事実」が残ってしまうからである。そこで私がとった方針は、他の理論ではなく準実在論こそ説明の要求によりよく答えるものである、と喚起することであった。

　この見解は多くの論者によって批判されてきた。なかでもある者らは、道徳なものの自然的なものへの付随性は私の言うように分析的なものだろうかと問うた。彼らが挙げる反例の一つに、道徳の神命説があるかもしれない。その場合、価値は神の命令の存在に付随すると考えられることになる。神の命令がまずある事物を善いものと判断し、その後、自然的な変化が無くとも、今度はその事物を悪いものと判断することもおそらくはあるかもしれない。[*8] しかし整合性の点で疑わしいということを脇におくとしても、この立場は、神を人間同様に考えるものとして表すことによって、むしろ自然的であるものについての過度に寛容な理解をしている、と特徴付けられるように思われる。〔これと比べると、〕過激な価値根源論(axiarchism)はより凄みのある立場である。というのも、彼らは依存の順序を逆転させ、自然的世界を倫理的秩序に依存させようとするからである。この場合も思想の一貫性はおよそ不明瞭なのだが、それを指摘するよりももっとよい応答がある(この点を私はグレン・ブランチ(Glenn Branch)の未発表論文「道徳的共変」に負っている)。我々は付随性の中の「依存」という要素を、私の論証を損なうことなく、放棄できる。つまり、倫理的なものが自然的なものと共変することが分析的であると考える限り、あるいはデイヴィドソンの言い方でいうと、その中でG述語が識別できないようなあらゆる実在についてF述語も識別できないことが分析だと考える限り、GsがFsに依存することがあると我々が考えようと考えまいと、本論文で見てきたような説明の必要性をそのままかかえている。以下の論文一一〔本訳書第六章〕と論文一三〔本訳書未収録〕が示すように、依存が果たす役割全体はどの出来事においても非常に複雑なものである。そのためおそらくは可能な限り依存について論じることから距離をおき続けることが賢明だろう。これは実際に論文六〔本訳書第二章〕が論文七〔すなわち本論文〕よりもうまく問題を提示できている点のひとつである。後者では「基底的」という非対称な概念によって、依存という要素が導入されたのだが、この要素は付随性のほとんどの概念において現れるとはいえ、上記の問題のために脇においておくのがよい（依存それ自体についてもさらなる説明を要するということは承認に値することなのだから、依存そのものを説明するという段階を放置したままにできるわけではないが）。つまり、F述語とG述語の共変に我々が与える地位を説明することと同じように、なぜF性質はG性質の対象の「せいで」存在すると我々が考えるのかが説明できねばならない。そしてこれは簡単なことではない。準実在論者は共変と、依存の非対称性をともに、価値付けは対象の自然的性質に照らしてなされるべきであるという事実の反映として理解する。およそ倫理的と認めうるものごとであるかぎり、この制約なしにアプローチすることはできない。

他の論者は、別の仕方で問題の要点を見失っている。たとえばスーザン・ハーレイ（Susan Hurley）は、「理論は、それが何についての理論であるかという記述に付随しなければならない」という事実を引いて、付随性とは非認知的に支持されねばならないものではなく、むしろ彼女自身が提案する倫理の理論指向的見解によってもよく説明されるものだと主張する。*9 しかし、この主張は不首尾に終わる。というのも、理論の真理はおよそそれが何についての理論であるかに（分析的にのみ）付する必要はないからである。データによる理論の決定不全性は、まさに次のような主張と解することができる。すなわち、ある同一のデータがある世界においてはある理論によって真なるものとして説明され、同じデータが別の世界では別の両立不可能な理論によって真なるものとして説明されることは、論理的に可能である。

ハーレイは、弱い〔世界内での〕付随性と強い〔世界間での〕付随性の間の区別と等しいものに見える区別を行うことによって「問題をより形式的にする」と続ける。「それぞれの論理的に可能な世界において、必要な働きをする何らかの理論はある、しかしすべての論理的に可能な世界において必要な働きをする理論は存在しない」。ここでの「働きをする」ということは、整合主義的な真理理解において真であることを意味する。そのため、ある理論はひとつの世界において真であり、別の世界ではそうではない、だがどんな世界においても何らかの真の倫理理論が存在するだろう、ということが得られる。これは以下の両者の間の区別をおいて、問題を立てているにすぎない。

（1）必然的に、任意のxが〔世界〕Aにおいて性質Fを有するならば、xが有するようなGが存在し、かつ、GであるようなものはすべてFを有することを含意し、かつ〔世界〕Aにおいて真である理論が存在する。

（2）必然的に、任意のxが〔世界〕Aにおいて性質Fを有するならば、xが有するようなGが存在し、かつ、GであるようなものはすべてFを有することを含意するし、かつすべての世界で真なる理論が存在する。

混合世界の禁止は(1)によって与えられ、必然化の主張との対比は(2)との対比によって与えられる。ここでのコストは、G/F関係について別の世界では別の理論が真であることを認めるやいなや、私の問いが再び姿を現すということである。つまり、なぜある世界、たとえばある場所やある時間、においてこれらの理論のうちの一つがある対象について真であり、別の場所や時間においては別の理論が別の対象について真であるということがあってはならないのか。ハーレイは、混合世界は存在すべきではないとしているが、なぜそうでなければならないのかをまったく説明していない。そしてそれこそが私の提示した問いなのである。

概して、私は付随性の議論に非常に満足している。それは実際、際立った分析性の主張に非常に強く依存していると私は考えている。もし付随性が承認されるということが、概念を運用する「能力を構成するもの」たり得ないものであるとしたならば、とりうる説明は一気に増えることになる。たとえば、「コーネル」実在論（論文九〔本訳書第五章〕の補遺参照）は一見、付随性を説明するのに何の困難もないように見える。つまり、もし倫理的性質が自然的性質であるなら、両者が共変するのは当然である。しかし私の論じるところでは、コーネル実在論は、自然的性質についての倫理的観点を有するとはどういうことかを説明する点であまり成功していない。そのために彼らは付随性を尊重することがなぜその観点にとって決定的であるのかについて、何も語る用意を持たない。結局のところ、水はH_2Oであるが、我々が化学的付随性の主張を尊重することは、水らしさの帰属に対する能力の一部ではない。もし我々が水らしさは何か他の、おそらくは未知の性質に依存すると信じているとしたら、我々は科学的な誤りをおかしている。しかし概念的な誤りをおかしていることにはならないだろう。

私の提示した問題へのひとつのありうる応答は、ここで必然化と呼んだ「強い」付随性、世界間の付随性を強調することである。私は弱い付随性、世界内の付随性という考えを用いて、厄介な問題を提示してきたが、その問題とは、いったいどうして混合世界の禁止が奇妙に現れてくるのか、ということであった。この禁止に対し、必然化はこの論文の最初の部分で示された代替案をもたらす。つまり、必然的に、もし何かがG^*であるならば、Fでもあるような何らかの根拠G^*が存在する。そこでも示唆しておいたように、この必然化はより十全に機能する優れた概念でありうる。その場合、私が提示した混合世界の禁止に関する問題は消滅する。しかしその時には、倫理の細やかさに含まれている何かが取りこぼされてしまう。というのも、「もし任意のものがG^*であるなら、それはFである」という条件文の事例を必然的なものとして認識することが「能力を構成するもの」でないことは明らかだからである。能力のある者はそのような必然性の事例が存在するということを認識できねばならないということさえ明らかではない。一方、付随性は（普遍化可能性のように）倫理についてきわめて明白な何かを掴んでいる。この明白なものをよりよく捉えるのは、必然化よりも弱い付随性であるように思われるのである。

しかしながら、このことは私の説明に対抗する説明の余地を残す。すなわち、分析的主張は弱い形でも提示できる。その場合には、分析性の主張は一一四頁の(S^a)のように、完全に世界内のものであり、能力ある人が道徳的に考えることに対する条件に適したものである――要するに、それは風変わりな可能世界において真でありうることではなく、この世界において真であることにかかわる。しかし、そうすると混合世界は存在しないという命題が分析的である必要はなくなる。もちろん、その命題は疑いもなく真であり、また哲学者のような、思考力のある人々のほとんどが真であると理解する命題である。しかし、なぜ哲学者らがそれを真だと考えるのかという問題への答えが違ってくる。すなわち、それは我々哲学者が必然化の事例が存在すると信じているからであり、またその点にこそ、混合世界の禁止の背後にある権威は存する。というのも、G*かつ非Fであるような事物が存在しえないなら、事物G*のうちいくつかはFであり、それ以外はFではないような世界は存在しえないことになるからである。

もしこのことが正しいなら、私の提示した元々の問題は、投影説を引きあいにださずとも、解決をみる。しかし、今度は必然化についての説明が要求されるに違いない。実在論者は、なぜその必然化が、自然に対する敬虔さによって受け取るしかないような〔法則論的な〕宙づりにならずにすむのかを自らに語らねばならない。[★8] 特定の自然的性質をもつ事物を是認しない、もしくは否認する仕方を熟考しようという際に、自分の倫理的な想像力が困惑することを見いだしうるならば、なぜ〔法則論的な〕宙づりを受け入れるのかもわかる。しかしそれでも実在論者はなお総合的アプリオリというものに対して、白紙の小切手を振り出さざるをえないように見える。特に、こうした必然化の例ももたないのに、非様相的条件文が真となる例を見つけるように迫られる場合、このことはより悪いことのように思われてならない。

（訳　佐藤岳詩）

原注

＊1　S. Blackburn "Moral Realism" *Morality and Moral Reasoning*. Ed. J. Casey（London: Methuen, 1971）本書第二章。悲しいかな、今では十年よりもさらに昔になってしまった。

＊2　G. E. Moore "The Conception of Intrinsic Value" *Philosophical Studies*（London: Routledge & Kegan Paul, 1922）〔泉谷周三郎・寺中平治・星野勉訳「内在的価値の概念」『倫理学原理』三和書籍、二〇一〇年〕

＊3　J. Kim "Supervenience and Nomological Incommensurables" *American Philosophical Quarterly* 1978, pp.149-156

＊4　D. Davidson "Mental Events" *Essays on Actions and Events*（Oxford Clarendon Press 1980）〔服部裕幸・柴田正良訳「心的出来事」『行為と出来事』勁草書房　一九九七年〕

＊5　私はこの反論をマイケル・スミスに負っている。また私はデイヴィッド・ボストックとエリザベス・フリッカーとの対話にも非常に多くを負っている。

＊6　たとえば、スティーブン・シファー〔Stephen Schiffer〕は *Remnants of Meaning*（Cambridge: MIT Press 1987）において、付随性の「特別原始的な」関係に訴えることは、「この上もなく、蒙昧主義的だ」と主張している。ジェグォン・キムは "Supervenience as a Philosophical Concept" *Metaphilosophy*,（1990）において、様々な概念についての非常に有益な見解を提示し、付随性はそれらの概念に従うという説明的タスクを重視している。

＊7　キム p. 15 参照

＊8　James Klagge "An Alleged Difficulty Concerning Moral Properties" *Mind* 1984

＊9　S.Hurley "Objectivity and Disagreement" Morality and Objectivity ed. Ted Honderich（London: Routledge & Kegan Paul 1985）pp.56-57

訳注

★1　原文には改行はない。以下、読みやすさのために訳者が段落を区切った箇所がある。

★2　原文では（S）　$N((\exists x)(Fx \,\&\, G^*x \,\&\, (G^*x \cup Fx)) \supset (y)(G^*y \supset Fy)$だが、読みやすさのために表記を変更した。

★3　心の哲学などでは一般的に多重実現という語で知られる。

★4　この論文集に再録された原文では

(?.)　$N((\exists x)(Fx \,\&\, G^* \,\&\, (G^*x \cup Fx)) \supset N(y)(G^*y \supset Fy))$

となっているが、別の論文集に採録された稿では

(?.)　$N((\exists x)(Fx \,\&\, G^*x \,\&\, (G^*x \cup Fx)) \supset N(y)(G^*y \supset Fy))$

となっており、内容から見て本章では誤植として扱った。

★5　この論文集に再録された原文では(N_2)となっているが、別の論文集に採録された稿では(N^a)となっており、内容から見て本書では誤植として扱った。

★6　原文では$(N_a)AN(x)(G^*x \supset Fx)$となっているが、$(N_a)AN(x)(G^*x \supset \sim Fx)$の誤植であるように思われる。

★7　もともとハーバート・ファイグル（Herbert Feigl）の用語で、脳と心の関係において、後者が物理科学の法則で十分に説明できないことを、法則の網の目にひっかかって宙づりになっていると表現したもの。唯物論をとらない場合、物理法則に対して宙づりになっている心について、何らかの説明を与えねばならないとされる。

★8　ここで言う自然に対する敬虔さとは、アレクサンダーが付随性を、自然の敬虔さをもって受け入れるべき厳然たる事実（brute fact）として、説明の必要がないものと見なしたことに由来する。

第四章　錯誤と価値の現れ方

ああ、乙女の胸はひとつもないのか
道徳的な美しさを感じる胸はないのか
世俗の利益に見向きもせず
義務感に従う男の姿に？

W・S・ギルバート『ペンザンスの海賊たち[★1]』

《1》

ジョン・マッキーは、道徳的懐疑主義者を自称し、そして自分の倫理学説を錯誤説（error theory）と呼んだ。マッキーによれば、普通の人が道徳の言語を用いて何かを主張しようとすると、その主張は必然的に誤ったものになってしまう。というのは、その人が主張しようとしているのは、「行為をさせようとする、もしくは行為を差し控えさせようとする呼びかけを含んでいる何ものかであり、しかもそれは絶対的なものであって、彼自身や他の人たちの、どのような欲求、好み、方針、選択にも依存していないもの」だからである（三三頁／訳三五－六頁）[*1]。同様に、道徳的に困惑している人は、ある行為の仕方が「本質的に」（三四頁／訳三六頁）不正であるかどうかを知りたいと考えるが、「こうしたことが、日常に見られる客観主義的な概念」であり、誤っているのである。というのは、マッキーによれば、通常の判断や困惑は客観的な価値が存在することを前提にしているが、彼はこの意味での客観的価値の存在を否定するからである。この前提は、通常の道徳語の意味の一部として通用するくらい根深いものであるが、誤っているのである。

　マッキーは、この立場を取った場合に予期される〔以下の〕結論を導くことはなかった。もし、ある語彙に誤りが含まれているなら、その誤りを犯していない語彙によって取り換えた方がよいであろう。もう少し正確に言うなら、もしある語彙がある仕方で用いられたさいに誤りを含むのであれば、その語彙、あるいは代替の語彙は、違う仕方で用いられた方がよいであろう。次のように述べたほうがよかろう。われわれの旧来の、汚染された道徳概念や思考法は、われわれの正当なニーズに役立ちしかも間違いを犯していないものによって取り換えられるべきである、と。ところがマッキーは、そのような思考法がどのようなものであるかとか、それが旧来のものとどのような点で違っていれば、旧来の過ちを犯していないことを示せるのかについて、語っていないのである。それどころか、彼はその著書の〔第一部で錯誤説を展開した直後の〕第二部で、特に何の問題も感じることなく、善き生についてや、自殺や中絶が許されるかなどについて、多くの率直な道徳的見解を表明している。これらの見解はすべて、旧来の、汚染されているはずの語彙で表明されているのである。マッキーはもちろんこの問題に気づいてはいる。彼は自分の錯誤説が第一階の倫理学〔first-order ethics, マッキー自身の表現では「規範倫理学」〕をすべて不可能にしてしまうのではないかと明示的に問うており（四九頁／訳六一頁）、この問いを再び問題にしているところでは（一〇五頁／訳一五三―四頁）、第一階の道徳的議論のような活動など理想的にはない方がよいという〔結論をくだす〕怖れが現実味をもってくる。マッキーによれば、この怖れは道徳の社会的機能についてのヒューム的な見解を導入することによってのみ、回避できるとされる。その見解とは、「道徳は発見されるものではなく作られるものである。われわれは、どのような道徳的見解を採用し、どのような道徳的立場を取るのかを決めなければならない」というものである（一〇六頁／訳一五四頁）。だが、錯誤説の見地からすると、われわれがそのようなことをしなければならないというのは、まったく驚くべきことである。なぜわれわれは誤りに陥ることを選ばなければならないのだろうか。当然ながら、われわれは道徳的な（誤った）見解を持つことを完全に避けて、形而上学的過ちを犯すことなく保有しうる、よりささやかな、浄化されたコミットメントで満足する方がましであろう。われわれはこのようなコミットメントを「シュモラル的（shmoral）」見解と呼ぶことにし、それを表現するための語彙を「シュモラルの語彙（shmoral vocabulary）」と呼ぶことにしよう[★2]。すると、次のようにこの難問を述べることができる。マッキーはなぜ、錯誤説を踏まえた場合に、シュモラルの語彙がどのようなものになるかを示唆することさえしなかったのか、また、なぜ彼は自分で道徳的議論を行うのではなく、シュモラル的議論だけを行うにとどめなかったのか。わたしの見解では、この難問は、誤りについての元々の診断に疑いを持つのに十分なほどのものである。言い換えれば、道徳的概念の代わりに、何か別の清潔とされる一揃えの概念を用いようとするのは、明らかに馬鹿げたことであっただろうが、しかし、この事実自体が、これらの道徳的概念を単に用いているだけである限りそこにはいかなる誤りも含まれていない、ということを示唆しているのである。

これに対しては、実のところマッキーは、見かけとは裏腹にシュモラル的議論だけを行っていたのだとして、〔次のように〕反論されるかもしれない。彼は誤りを犯すのを避けたうえで、実践的ニーズと実践的推論に関するヒューム的再構築を用いて、さまざまなシュモラル的見解を提唱している。これらの見解はただ偶然的に、通常の道徳家の語彙とよく似た語彙で表現されているだけである。道徳的議論とシュモラル的議論の間には、同一の言葉を使い続けることを正当化するのに足るだけの機能の重なりがあるものの、言葉が同一の形を取っているからといって、同一の概念を指示しているわけではない、と。これは確かに可能な反論である。しかし、その場合、道徳的議論とシュモラル的議論は一体どの点で異なっているのかを明らかにするという大きな問題が残ることになる。つまり、マッキーが道徳的議論をしているのか、シュモラル的議論をしているのかをどこで見分けるのか、という問題である。この問題は、彼が「世界の構造の中には客観的指令性など組み込まれていない」というような主張をすることによって決着するのだろうか。その場合、問題は複雑化する。第一に、すべての道徳家がこの主張を否定するわけではないことは明らかである（多くの道徳家はこの主張を理解すらしないであろう）。第二に、ある活動の本質について二つ以上の異なる理論があるという事実から、二つの異なる活動が存在すると推論することには、根拠がないように思われる。むしろ次のように述べた方がはるかに自然である。すなわち、ヒュームとマッキーは通常の人々と同様に道徳的議論を行っているが、自分たちが行っていることについて異なる理論を発展させているのだと。そうすると、錯誤説の主張は、次のより穏健な主張に置き換えられることになる。すなわち、ほとんどの場合、通常の道徳家は道徳的議論を行うとはどういうことかについて、出来の悪い理論を――あるいはすくなくともあまり出来が良いとは言えない理論を――持っており、とくに彼らは、価値や責務などについてある種の客観性があると誤って想像してしまう、というものである。この主張は正しいかもしれないが、この主張からは、道徳的議論という実践や、その実践によって規定される仕方によって用いられている概念が誤りによって汚染されているということは結論できないのである。

ところが、ここで、〔次に述べるような〕かなり包括的な全体論を導入することによって、マッキーを救うか、あるいは少なくとも、彼に反対することは無益であると主張することができる。意味は理論によって染めあげられている。そのため、道徳的議論という活動の本質に関する理論が異なれば、われわれがその実践において用いる用語の意味も異なったものになる。したがって、通常の意味が誤りを含んでいるというマッキーの主張は正しい。誤りの含まれていない実践が一方にあり、他方にはその本質に関する誤っていると思われる複数の理論があるというように、事物を二つに分割することは無益である。実際のところ、このような分割は、分析的／総合的という蔑視されている区別と同じくらい魅力を欠いており、仮に錯誤説の批判者がそのような分割を必要とするのであれば、彼らは多くの支持者を得られないであろう、と。

このような弁護が成功しないことを理解することは重要であり、それはこの哲学的な問題に限らず重要である。これに応答するには、道徳的議論の活動や実践と、道徳語の「完全な意味」とを区別してみよう。ここでいう「完全な意味」とは、全体論者（holist）が望むように、実践と、いかなるものであれ行為者が自らの実践の本質に関して抱いている理論の双方によって決まるとしよう。すると、全体論者は「完全な意味」についての〔上述した〕テーゼを持つことになり、その結果、ヒュームとマッキーは、道徳的議論の意味と目的について異なる理論を持つという端的な理由により、その用語に異なる完全な意味を与えていることになるだろう。しかし、このことは、彼らの実践が他の人々と異なることを意味しない。したがって、他の人々の実践が誤りを含んでいることにもならない。というのは、原理的には次のような可能性もあるからである。すなわち、われわれがある行為者たちの実践を望む限り詳細に観察し、彼らの考え方、推奨の仕方、是認の仕方、熟慮の仕方、悩み方などについて知るべきことはすべて知ったとしても、それだけでは彼らがどのような理論を奉じているかがわからないという可能性である。実践は、いずれの形而上学にも帰すことができる。全体論者は、このこと〔どちらの形而上学をとるか〕によって、意味が完全に変化してしまうと主張するだろう。だが、百歩譲ってそのことを認めたとしても、なおわれわれは、実践においては何らの違いも見分けられないがゆえに、誤った理論を奉じている人々の実践にはいかなる誤りも含まれていないと主張することができるのである。よく似たアナロジーを用いると、算術に用いられる概念の性質については様々な理論がある。そこで全体論者は、次のように主張するかもしれない。ある人がどの理論を受け入れているかによって、数に対して付与する全体的意味が違ってくるのであり、またこの違いはその人がメタ数学をやっている場合だけでなく、数を数える場合においてもあてはまるのだ、と。

この主張は全面的に正しいかもしれないが、だからといって、数を数えるという実践に誤りが含まれていることにはならないだろう。誤りが含まれていることになるのは、単に実践を観察するだけで、競合するメタ数学的理論のいずれを行為者が受け入れているかを見分けられる場合に限られるだろう。算術においては、これはできないと考えられる。同様に、道徳の場合においても、道徳的議論という活動を行っている人の振る舞いから、その人が「客観主義的な」過ちを犯しているかどうかを見分けることはできないはずだとわたしは主張する。したがって、そのような過ちは、実践に〔本質的にではなく〕偶然に生じたと考えた方がよいのである。

　明らかに、これに対しては一つの回答がある。それはこうである。客観主義的な誤りは非常に広範に実践に浸透しているため、人々が道徳的議論をしている仕方を見れば、彼らがその影響下に置かれていることが見てとれる、というのである。これはちょうど、たとえば算術に関する厳格な有限の理論を支持する人が、ある集合について、他の人には簡単に数えられるものであるのに、あなたには数えることができないと言うようなものである。だが、いったい実践がもつどの特徴が、このこと〔行為者がどの理論に依拠しているのか〕を示しているのだろうか。そのような特徴は、わたしが準実在論（quasi-realism）と呼んだ理論の守備範囲を超える特徴であることになる。準実在論とは、一見すると「実在論的」に見える通常の道徳的思考を、反実在論の立場でどこまで説明し、正当化することができるかを示す試みのことである。*2 私の考えでは、準実在論はほぼ完全に成功しており、そうでないと考えられる理由をジョン・マッキーが提供しているとは思われない。言い換えると、適切なシュモラル的議論は、適切な道徳的議論と同一なのである。

《2》

ここまでわたしが示そうとしてきたのは、錯誤説を受け入れながらも道徳的議論を続けるのはどこか胡散臭いということであり、そしてわたしは、そのような立場を「全体論的」ないしクワイン的な仕方で擁護することはうまくいかないだろうと論じた。ここからは、いくつかの路線で議論を組み立てることができる。道徳の本性についてのヒューム的理解と、この問題の形而上学を、投影主義（projectivism）と呼ぶことにしよう。この見解では、われわれの感情や他の反応は事物の自然的特徴によって引き起こされるのだが、アイスクリームのおいしさ〔という特徴〕が、それがわれわれに与える快に対応しているというのと同じ具合に、あたかもこうした感情に対応する特徴が世界の側に存するかのように表現することにより、われわれは世界に「金メッキあるいは色を塗る（gild or stain）」のである。すると、われわれは次のように言うこともできるかもしれない。すなわち、マッキーは形而上学的な問題については正しかったが、彼は道徳語や概念を異なるものによって置き換えることに関してもっと徹底すべきだった――言い換えれば、倫理における投影主義者は、実践的な推論を異なった仕方で行うべきであり、その場合、彼のシュモラル的議論は、道徳的議論とは同じものではないだろう――と。この立場を修正主義的な投影主義と呼ぶことにしよう。それに対して、シュモラル的議論と道徳的議論を同一視する準実在論的立場がある。本論文の第1節で行われた小競り合いは、要するに、準実在論を真剣に考慮に入れることを要請するものであり、なぜならたとえ投影主義者であっても一見したところ道徳的議論と同一の実践に自分が携わっていることに気付くだろうからである。もちろん、これらいずれの見解に対しても、投影主義はどのみち誤っているという実在論者の批判が存在する。最後に、たとえばヘア教授によって主張された立場として、「静寂主義的（quietist）」見解がある。これは、道徳的価値が客観的か否かに関連した議論は不毛であるとする考えである。

道徳的議論に特徴的な実践が投影主義者に説明可能かそうでないかと論じる場合、問題となっている実践がどのようなものであるのかについて注意しなければならない。わたしが他の論文において示そうとしているのは、一見すると実在論的に思われる道徳的談話の文法は、この〔投影主義の〕形而上学において説明可能であることである。[*3] この試みに含まれるのは、たとえば、断定を行なわない文の中に道徳語が出現することをどう説明するかというギーチ・フレーゲ問題への応答、道徳的発話がどうして命題形式を取るのかの説明、われわれが自分の道徳的見解のいずれが正しいかについて悩むことがどうして妥当なのかに関する説明、そして倫理における真理概念の役割の説明などである。もしこの試みが成功しているとすれば、道徳的談話の文法によって投影主義は反証されているだとか、修正主義の方向で考えなければならないだとかという議論はできないはずである。当然ながら、このことが意味しているのは、マッキーは錯誤説を擁護するためにわれわれの実践のこうした〔投影主義では説明がつかないとされる〕側面を適切な仕方で用いることができないということである。ところが彼がときにしているのはまさにこれなのである。たとえば、彼が引用しているのはラッセルの次のような意見である。それは、特定の道徳的問題〔英国に闘牛を導入することへの反対）に関して、人は単にそれが起きるべきでないという欲求を表明しているだけでなく、そのような問題に関する自分の欲求は正しいという気持ちを抱きながらそうするのだ、というものである。[*4] マッキーはこれを客観性を主張するものと考え、それゆえに誤っているとする。準実在論者はそうは考えずに、それを自分自身の態度に対する態度を適切かつ必要な仕方で表明したものと見なす。これは、われわれの道徳的心理から剥ぎ取ってよいものではない。情熱に値する事柄に対する無関心という（道徳的な）欠点を避けるために、われわれはこうした態度を正しいときに正しい程度まで発揮できるよう陶冶する必要があるのである。実のところ、この例は準実在論の中心的な戦略を明らかにしている。すなわち、道徳について特定の第二階の形而上学を体現している思考のように見えるものを、実はそうではなく、第一階の態度やニーズを表現している思考の一種と解釈する、という戦略である。おそらく最も良い例は、道徳的事実は精神から独立しているとする反投影主義者の立場を主張しているように思われる反実仮想文であろう。「たとえわれわれが熊いじめ（bear-baiting）を是認したり、楽しんだり、やってみたいと思っていたとしても、それはやはり不正なことであっただろう」というのは、投影主義とは真っ向反対の、第二階の実在論的コミットメントを表現しているように思われる。しかし、実際のところ、間接的文脈についてわたしが提示している解釈のもとでは、次の趣旨の、至極まっとうな第一階のコミットメントとして理解できる。[★3] すなわち、いじめが不正かどうかを知るときに考えるべきことは、われわれが楽しんでいるかどうかや是認しているかどうかではない（少なくとも主な理由は熊に対する影響にある）、という第一階のコミットメントである。

本論文ではこれ以降、準実在論のこの側面〔つまり道徳言明が実在論的に見える特徴をもつことを説明するという側面〕に関しては成功しているものとして話を進める。それゆえ、投影主義は倫理の命題的文法をうまく説明することができ、それを〔誤っているものとして〕修正しようと試みる必要はない。それどころか投影主義は、準実在論によって適切に守られるならば、われわれの通常の道徳的思考をこの程度まで支持し、また説明もする。しかし、わたしの経験上、この説明は一抹の不安を残す傾向にある。われわれが持つ、価値や責務や義務や権利を見出しこれらを尊重する傾向について、これ〔準実在論による説明〕が正しい説明だと言われると、人々は居心地の悪さを感じるのである。この居心地の悪さは、おそらく、神なしに倫理をすることは非常に困難であると考えた一九世紀の思想家たちが感じたものと似ているだろう。それ〔居心地の悪さ〕は、投影主義が道徳に持たせる主観的な源泉と、適切に機能する道徳が持つ客観的な「感触」との間の緊張関係の中に見出される。この客観的な感触あるいは現れ方こそが、人々が投影主義の脅威に晒されていると感じるものであり、そしてこれは道徳の核心を揺るがすような脅威だと恐れるかもしれないのである。★4 われわれは、「神が死んだなら、何をしても許される」と考えた人々をあざ笑うかもしれない。だが、もし義務や権利などが結局そこ——投影主義者の大地——に落ち着くのであれば、それらはわれわれが信じるよう教えられてきた権威や力や尊重を集める資格を十分に持つわけではないという気持ちを完全に払拭することはより困難である。

この脅威に晒されるように感じられるのは、道徳の中でもとくに責務（obligation）と関連する側面だと思われる。ジョージ・エリオットが述べたことで知られているように、責務は「断固たるもので絶対的」

である必要がある。しばしば責務は、十分われわれの外部にあってわれわれの感情や欲求の抑制となり拘束するものとして機能するよう、知覚される必要がある。つまり、責務の鎖と足枷は、われわれの外部に存する必要があるのだ。この権威を持つように感じられ、しかもわれわれ自身の感情の投影として説明できるものが本当にあるだろうか？　投影主義は道徳のこの側面を否定してしまうという批判がなされるであろう。すなわち、投影主義では責務に関するこの種の知覚を理論的に説明することができず、それを現れ方の歪みとして説明せざるをえないというわけである。この知覚は錯誤の結果として理解され、投影主義を批判する実在論者は修正主義者に加担して、この知覚こそ準実在論の失敗を示すものだと主張するだろう。[*5]実在論者はその現れ方を信用し、修正主義者はその現れ方を残念に思うだろう。この関連でわれわれが気付くことは、マッキーが通常の思考の誤りについて述べる場合に、ある行為が持つように感じられる「内在的」ないし「絶対的」な〈なされるべしという性質〉(to-be-done-ness)をしばしば指摘することである。[*6]これは単に幸福や快楽の「内在的」価値の問題なのではない。なぜなら、それらの価値については投影主義的な説明がなされてもさほど驚くべきことではないからだ。むしろ、〔マッキーによれば〕客観主義者の誤りは、ある事柄が次の仕方で責務になるものと考えると言っているようなものである。すなわち、ある事柄が責務であるのは、われわれとは無関係な仕方でそうなのであり、それについてはわれわれには如何ともしがたい――つまり、原理上、全世界の人間の欲求とニーズに抗して成り立ちうる仕方で責務なのである、と。

　さて、ここまでの議論から、そもそもの誤りは第一階の道徳として目的論ではなく義務論を採用することではないのかという異論が出てきても不思議ではない。しかし、これは明らかに間違った答えだろう。というのは、マッキーが誤りについて述べたとき、単に欠陥のあるあるいは非帰結主義的な第一階の道徳を採用することの誤りを意味していたわけではないからである。それ〔誤った第一階の道徳〕を採用することとは形而上学的過ちの自然な帰結であるかもしれないが、それ自体は道徳の本性に内在的な「誤り」ではない。そうではなく、思うに、マッキーが責務という言葉を選びそれに焦点を絞ることを選んだのは、彼が責務の持つ絶対的で外在的な「感触」を指摘したかったためであり、また、これは投影主義的な形而上学では説明することも擁護することもできないと思ったためである。そしてもし彼の考えが正しいとすれば、たしかに投影主義は責務の感じ方のこの部分を脅威に晒すことによって、道徳の最も重要で特徴的な一部分を脅威に晒すことになろう。しかし、彼の考えが正しいと信じるに足る理由があるのだろうか。

この問題は、道徳的心理の説明にまつわる難点と考えられるのか、それともその正当化にまつわる難点と考えられるのかで、かなり異なるものとして見えるだろう。たとえば、ある人が義務によってがんじがらめにされているという非常に純粋な事例を考えてみよう。メーベルとフレッドはお互いに結婚したいという欲求を持っている。結婚するよい機会もあり、欲求は燃えさかり、結婚の結果はまあまあのものであるか、望ましいものでさえある可能性が高い。結婚を思いとどまらせる考えが一つだけある。それは、彼らには結婚すべきでない義務があり、したがって結婚することは不正だという考えである。そして、結婚することは不正であるというこの感情が他のすべての感情と衝突し、ときにはそれらの感情を圧倒してしまうことさえあるのだ。これはいかにも不思議なことではないだろうか。かつてこのような感情は良心と呼ばれ、感情や欲求が存在する自然的世界の外部にいる神の内なる声だと言われるほどに不思議なものであった。目下の考え方によれば、このような感情は、やはり感情や欲求が存在する自然的世界の外部にある、外在的ないし客観的な道徳的事実の知覚だと言われるほどに不思議なものである。しかし、不幸なことに、これらの説明はいずれも形だけのものでしかない。そうした説明が大きな溝を残していることを指摘することは、つまらないことである。だが、もっとよい説明があるのだ。フレッドはこれまで特定の仕方で育てられてきており、この教育の結果、特定の振る舞い方に対して恐怖を抱くのである。彼は、自らの人生を特定の仕方で生きることによってのみ、自尊心を保持し、自分に恥じることなく生きることができる。そのため、直近の欲求に抗する力を十分に持った一定の感情が用意され、自分がある行為を「不正」だと考えた場合にそうした感情が表出するのである。はたしてフレッドがこのように育てられたことが良いことかどうかは、判断を要する事柄である。だが、人々がときにそのように感じるということは、良いことであるのはほとんど疑いがない。というのは、そうでなければ、人々は極めておぞましいことをする可能性がより高くなるからである。もちろん、われわれの自尊心の源泉がこのような仕方で柔軟に形成できることは人間についてのまぎれもない事実であるが、これは普通に観察される事柄である。同様に、そのような感情を強化する必要が特にあると考えられる集団に対して、そうするためのさまざまな文化的方法があることも普通に観察される事柄である。たとえば、伝統的に兵士や女性は名誉や義務を強く教え込まれてきた。

したがって、説明のレベルにおいては、投影主義者に何らかの困難があるようには思われない。それどころか、困難がありうるということさえ想像しがたい。というのは、投影主義者の説明に用いられる諸要素の多くが、他のいかなる説明においても必要とされるからである。たとえば、われわれの感受性の柔軟さについての投影主義者の所見や、人々に異なる種類の責務を尊重させたり、事物の異なる側面を評価させたりするための様々な工夫についての所見は、実在論者によって単純に模倣されるであろう。というのは、実在論者も、道徳的事実に関するわれわれの知覚は同様に訓練され調整されると言う必要があるためである。しかし、実在論者が付け加えるさらなる要素（事物の自然的特徴とは別個に認識され、またそれらの認識された性質に対してわれわれが尊敬を感じるところの価値や責務）は、いつものことながら、説明においては何の役目も果していない。そうした要素は、われわれの感情が事物の自然的特徴にどのように関係しているかを説明する話の上にただ乗っかっているだけである。したがって、フレッド〔の例〕が何か困難を生みだすとすれば、それは道徳的心理の説明に関するものではありえず、正当化に関するものであるはずである。

フレッドが合理的であり、かつ徳の起源と本質の自覚にいたったなら、その後でもなお彼は有徳であり続けることができるだろうか。もしメーベルがフレッドに求婚するときに、彼が結婚は不正だと主張するさいに実際にしていることは何なのかについて、投影主義と準実在論を用いた説明一式を用いたとしたら、さらにもしフレッドが合理的に考えたとしたら、彼の決意は損なわれないだろうか。彼は次のように考えないだろうか。すなわち、わたしは道徳的カテゴリーを用いて道徳的責務やその他のものが存在すると考えるように育てられてきたが、本当のところはそのようなものは存在しないのだ——そういったものは虚構であるか、有用な、統制のための神話である。したがって、そんなものは忘れ去るべきなのだ、と。ここでもまた、われわれが思い起こすのは、神や来世が存在しなければ道徳の主張を無視した方が自己利益にかなうときにはそうするのが合理的であることになってしまうと恐れた思想家たちのことである。彼らの不安は、合理性についての誤った見解に基づいていた。というのは、利他的な人や原理原則に基づく人も、自己利益に基づく人と同じだけ合理的であって、たんに自分の幸福や、自分のような人々からなる共同体の幸福が何にどう影響されるかという点で違っているにすぎないからである。われわれがある感受性の起源についてなんらかの信念を持っているという単にそれだけの理由で、合理的であることとそれ自体のゆえに、ある特定の感受性をもつように強いられる、ということはない。これは、次のようなアナロジーを考えれば明らかである。メーベルがフレッドのヒゲを見ておかしいと笑うとしよう。そこでフレッドが何かがおかしいという判断について投影主義的な説明をすることで、メーベルが笑うのをやめさせようとするかもしれない。しかし、彼が成功する理由はまったくない。ある事柄をとてもおかしいと思うことは、笑うさいにわれわれが世界に投影しているのは笑う傾向〔おかしさ〕なのだ、と信じることと完全に両立しうる。笑いの本質についてのこの信念を理由に、われわれのユーモアのセンスを葬り去ろうとするのは、格別に合理的なこととは言えない。したがって、たとえメーベルが笑いについてのフレッドの理論を受け入れて、しかもなお彼のヒゲについて笑い続けたとしても、彼女は不合理ではない。それと類比的に、フレッドが道徳の投影主義を受け入れて、しかもなお以前とまったく同様に自分の決意を維持したとしても、彼は完全に合理的でありうるのだ。

わたしは彼がそうしたとしても合理的でありうると述べた。しかし、そうするのが合理的でない場合もありうる。というのは、ある感情の起源についての説明は、その感情の強さを減じることもあるからだ。たとえば心理学者は、ユーモアとは攻撃性が昇華ないし隠蔽されたものであると説明することがある。もしわたしがこの説明を信じて、しかも自分の攻撃的な本能を恥じているなら、なるべく物事におかしさを感じないようにすることが合理的でありうる。説明が他の価値と組み合わさると、当の感情が損なわれることがある。同様に、ある道徳には、投影主義的な説明と組み合わさった場合にある種の責務に対して行為者が抱く尊敬を減じる効果を持つような価値が含まれている場合がある。たとえば、ある子どもは、本当に重要な物事というのは神が気にかけている物事のみであると信じるように育てられたかもしれない。この信念と組み合わさる形で、良心は神の声であるという考えを放棄することを学べば、その子どもが責務に対して感じる力は減じるであろう。また、ある人は、実在の世界のあり方を記述しているようなコミットメントのみが重要であり、それ以外のことは無視してよいと考えているかもしれない。その場合、道徳についての投影主義的な説明は、当人が道徳に対して払うつもりのある注意の量を減じることになるだろう。[*7] この後者のような態度は、実際のところ、よくあるものである。たとえば、人々がある道徳を他の人々に押し付けようとすることにためらいを覚える場合、彼らを悩ませるのは、次の考えである。すなわち、道徳的コミットメントは独立した現実世界によって裏付けられるような実在的かつ客観的な真理値を有しない、という考えである。道徳を知覚や理性の対象とすることで、よりわれわれの注意に値するものへと再生しようという希望も、同じ考えの存在を示している。しかし、これらの例からわかるのは、懐疑主義的な帰結を持つのは、実践についての説明そのものではなく、ある種の事柄だけを尊重するように育て上げられてきた感受性に対して説明がもたらす影響なのである。したがって、投影主義は道徳の地位喪失を伴うと人々が恐れる場合、彼らの恐れは根拠のないものであり、そのような恐れが生じるのは、欠陥のある感受性によって誤った事柄を尊重するにいたった場合のみである。

ここまで、わたしはこの問題について、責務に関係する範囲でのみ考察してきた。だが、同様の知見は、価値についてもあてはめることができる。価値評価するとはわれわれ自身の主観的な感情（sentiment）を表明することであると知りながらも、人生における良い事柄を価値評価することができるというのは、一見してそれほど驚くべきことではない。これは、われわれが物事をおかしく感じたり、苦痛に感じたり、やりがいがあると感じたり、美しいと感じたりする場合、神が死んだとしても、あるいは主観的な感応（response）がこうした反応の源泉であると受け入れたとしても、引き続きそう感じることが奇妙ではないのと同様である。ところが、ディヴィッド・ウィギンズは、この点においてさえ、彼が非認知主義（non-cognitivism）と呼んだ立場には問題があると考えている。非認知主義は、「目的は感情や意志によって与えられるものであり、その感情や意志は知覚者とみなされないし、知覚をどのように興味深い仕方で捉えたとしても、知覚のいかなる決定因子としても考えられない」[*8]というヒューム主義的テーマを投影主義と共有する立場である。批判の核心は、価値をわれわれ自身の外部にある事物に存するものと知覚するわれわれの知覚の仕方と投影主義は両立しえないということだと思われる。ウィギンズの主張がはっきりしないのは、彼が内在的な価値を有する唯一のものは人間の意識状態であるという嫌悪すべき（「価値判断に関する高階のでなく、価値に関する〕第一階の〕学説と、投影主義とを結び付けているためである。しかし、投影主義者の感受性は、このような姿を取る必要はなく、またわたしの見解では、取るべきでもない。投影主義者は、事物の特徴を、それがわれわれにもたらす影響とは無関係に賞讃することができる。投影主義者の第一階の道徳は利己主義的である必要がないのと同様、人間中心主義的である必要もない。ここで思い起こしてもらいたいのは、準実在論を採用する投影主義者は、一見したところ精神から独立している魅力的な表現を主張できるということである。熊いじめが不正であるのは、わたしがそう感じるからなのではない。理由のない暴力行為が唾棄すべきものであるのは、それをわれわれが否認するからではない。世界からすべての意識が失われたとしても、世界が美しい場所であることは望ましい。われわれがそうした事柄について話すときに何が行なわれているのかについて説明することによって、そうした事柄を信じるわれわれの権利や、そうした事柄について話すさいのわれわれの情熱に疑いが差しはさまれることは決してない。しかし、われわれがこの〔ウィギンズの〕攻撃目標から距離を置くならば、この時点で投影主義に対するウィギンズの批判は、一つ前の段落で回避された攻撃と同程度の脅威しか持たないように思われる。〔すなわち〕価値が主観的な源泉を持っているという考えには「がまんならない」という人々がいるかもしれない。彼らにがまんできないのは、自分の人生や活動の意味は究極的には自分自身によって与えられるものであるという考えであり、また、どうすれば一番良く自分の人生や活動に意味を与えられるかについての批判的な反省が行なわれる場合でさえ、端的に所与のものとして考えざるをえない他の感情に照らしてそれが行なわれるという考えである。しかし、こうしたことが生じるのは、そのような人々の感受性には、何らかの欠陥があるからである。その欠陥によって、彼らは次のことを信じているのである。すなわち、事物が重要なのは、それが神にとって重要であるか、永遠の時を通じて重要であるか、または特定の一組の関心や欲求とは切り離されて想起された世界にとって重要である場合に限られる、という信念である。このような欠陥に迎合するために自らの形而上学を修正したりすべきではない。

それでもなお、この形而上学［投影主義］を採用すると、「責務やその他のものは、実際には存在しないのだ」（そうでなければ、なぜこの立場を反実在論と呼ぶのか？）という思いが残るかもしれない。しかし、これが問題だと考えるのは、そのような発言が生じうる異なる二つの文脈を混同しているからである。そもそもわれわれらが投影主義者は、準実在論によって守られているため、かなり実在論者と思われるような事柄を言う。たとえば、本当の責務や価値が存在し、それらの多くはわれわれとは独立している、などである。これは、いわば公の場では彼はそのように話すものの、心の中ではそれを否定する、というような立場ではない。彼は、本当の責務が存在すると言うことによって適切に意味されうる全ての事柄を肯定しているのである。[*9] 議論の文脈が第一階のコミットメントに関するものである場合には、彼は最も有徳な道徳家と同じくらい堅い信念を持っているのである。ただ、責務やその他のものがなぜ存在するのかについての説明が、常識による素朴な説明とは異なるだけである。この立場が反実在論と呼ばれるに値するのは、われわれが道徳的議論をするとき、われわれは実在の独立した側面に感応して、それを記述しているという見解を回避しているからである。ここでもまた、このことを理解するのに有用なモデルを提供するのは算術である。算術を実践するさいにわれわれが行なっていることに関して、反実在論的見解が存在する。だが、ある人がその立場を取ったからといって、7たす5が「本当に」12であるかについて悩む必要はないし、悩むべきでもない。というのは、それは第一階の疑念の表明であり、その疑念は第二階の理論を採用した帰結として生じるものではないからである。算術の実践はあたうかぎり土台のしっかりした確実なものであり続けるのだが、独立の数学的実在に言及することなく説明されるのである。

《3》

ここまでわたしは、準実在論を使って道徳の現れ方を守ろうとしてきた。すなわち、われわれの通常の思考方法やわれわれの通常のコミットメントや情念には、いかなる〔実在しないものを実在すると思いこむような〕誤りも含まれないと主張してきた。この試みに最も関心を抱くのは投影主義者であろう。なぜなら、準実在論は、投影主義者は道徳的生の豊かな現れ方を適切に説明(accommodate)することができないという、彼が直面する最も強力な攻撃から彼を守ってくれるからである。だが、投影主義を批判する実在論者たちも、準実在論に注目する必要がある。というのは、そうしなければ、彼らは投影主義を攻撃する方法がわからないからである。〔そうしなければ〕彼らは投影主義の強みと弱点を正しく探り当てたことにはならないだろう。とはいえ、彼らは、準実在論による防御はこれらの戦線では成功していることを認めつつも、なお敵意を持ち続けるかもしれない。彼らは、投影の比喩は失敗するか、あるいは倫理についてのわれわれの知識と他の事物、たとえば数学や色についてのわれわれの知識との比較に替えた方がよりよいと主張するかもしれない。わたしがこれから検討したいのは、この後者の比較である。わたしの考えでは、二つの競合する道徳理論の間で直接問題が生じていると考えるのは正しくない。これは部分的には、わたしがこれから言及する論者たち、すなわち道徳の知覚説（perceptual account of morality）を提示しているように思われる論者たちの一部は、理論なるものを提示しようと望んでいるわけではないと、少なくとも半ば本気で考えているためである。このため、彼らの発言の一部は、その地位が遺憾なほど不明確になってしまっている。いずれにせよ、わたしの見立てでは、入口においては二つの勧誘があるが、それらはライバルというよりは互いに相補的な関係にある。一つは、われわれが抱く感情を世界に投影するという考えを探究するものである。もう一つは、実在的な性質の知覚という考えを探究するものであるが、この実在的な性質はわれわれ自身の感受性と密接に関連していると考える立場である。これらは探究の方向が異なっており、また一見したところでは、どちらがより有益であるかは誰の目にも明らかだとは言えない。わたしの考えでは、最終的には前者の考えの方が啓発的であり、それに対して後者は、困難にぶつかり、アナロジーが行き詰まり、結局はなんら有益な説明ができない、という事態に陥る。また、わたしの考えでは、後者の立場を支持する要因となる恐れ——たとえば、人々が願っても容易には手に入らない実在的な責務が存在しなければ、何をしても許されることになってしまうというような、わたしが第2節で扱った恐れ——を、前者の立場は説明し静めることで雲散霧消させることができる。これらの主張を正当化するために、わたしはディヴィッド・ウィギンズ、トマス・ネーゲル、ジョン・マクダウェル、そしてより最近ではヒラリー・パトナムらの著作に照らして、「知覚的」な方向性を提示してみたい[*10]。だが、すでに述べたように、わたしはこれらの著作から一つの理論を抽出すること——あるいは一つだけの理論を抽出すること——は容易ではないことを自覚している。とはいえ、少なくともこれらの著作によって考え方の一つの方向性は示唆されるのであり、わたしが塞ぎたいのはこの方向性なのである。

投影主義を批判する者は、次のことを理解している。すなわち、投影主義とは、道徳的価値は感情の投影であると主張する説明理論であり、投影主義がそのように主張するのは、われわれが没価値の世界に対して単に反応しているにすぎないと理解した方が、道徳的実践をよりよく説明できると考えるためである、ということだ。しかし、批判者によれば、この理由は、いくつかの点を考慮に入れると、投影主義の基礎としては不十分である。悩ましい点はおそらく次の三つの項目にまとめることができる。

(1) 二次性質について考えてみよ。色〔その他〕は対象が持つ実在的な性質であり、われわれがそれらの性質をどのようにして探知するかについての最善の因果的説明は一次性質に言及することによって行なわれるとしても、やはり色は実在的性質なのである。色を含む実在世界は〔それを見てとる〕人間特有の知覚の様式もまた存在するという事実から独立でないとしても、それでも色は本当に存在する。

(2) 今述べられた主張が一見して驚くべきもののように見えるのは、(i)一次性質、あるいは事物に関するある「究極的な」科学理論の諸性質だけが実在するという偏った考え方をしていたり、あるいは(ii)世界は、われわれの知覚のあり方やわれわれが知覚する際にもつ利害や関心「から切り離す(prised away from)」ことはできないという真理を忘れたりするからにすぎない。この〔(i)または(ii)の〕いずれの動機も正当なものではないため、(1)の主張に対する障害や、価値やその他のものに実在性を認めるために色とのアナロジーを用いることに対する障害は存在しないことになる。

（3）　たしかに、価値やその他のものを適切に知覚できるようになるには、ある種の訓練が必要である。しかし、これはこの理論の欠点とは言えない。たとえば楽曲の特徴や色調などを見分けるのにも訓練が必要であるのと同じだからである。

わたしの考えでは、上で言及した論者たちがみな、これら三つの論点すべてに同意を与えるわけではない。たとえば、ネーゲルの著作は、実在的でありながらも主体に依存的な存在という発想を生み出したことで際立っているが、道徳的動機付けについての彼自身の著作では、二次性質の知覚との類推よりも、合理性の問題にはるかに重きを置いている。また、ウィギンズの考えでは、道徳的コミットメントの真理性の問いは、価値を問題にするのか、責務を問題にするのかで、見え方がかなり異なったものになる。だが、ここでは誰がどのような立場を取っているかという問題は脇に置くことにして、これら三つの論点が、道徳的議論に関して、少なくとも一見したところは投影主義のライバルだと思われる知覚的モデルの要点をなすものと端的に捉えることとする。〔しかし、〕それは本当にライバルなのであろうか。また、そうだとしたら、どちらが優れているか、どのようにしたらわかるのだろうか。

ウィギンズは、哲学者たちが「善い」と「赤い」や「黄色い」の間にある違いばかりを考察してきたという事実について、「以前から不思議に思ってきた」と書いている。★5 わたしに言わせれば、当たり前で基本的なことを哲学者たちが強調するのが驚くべきことであるというのではないかぎり、彼は不思議に思うべきではなかった。いずれにせよ、二次性質と、価値や責務に含まれている性質との間の大きな違いを指摘することはとても容易なことである。以下に、六つほど挙げよう。

(a) 道徳的性質が他の性質に付随(supervene)する仕方は、二次性質が他の性質に付随する仕方とまったく異なっている。二次性質が一次性質に付随するというのは科学的事実である。それは、形而上学的事実とさえ言えるかもしれない。少なくとも、一次性質が変化していないのに二次性質が変化したと想像することは、根深い形而上学的コミットメントを侵害するだろうという意味においては、そうである。しかし、二次性質が他の性質に付随しているはずであることを自覚していないからといって、二次性質を何かに当てはめることに関して能力が欠けているといえる規準ではない。一方、道徳的性質が自然的性質に付随するというのは科学的な事実ではなく、また、道徳的事実が自然的事実に付随しているはずであることを自覚していないことは、道徳的議論をすることに関して能力が欠けていると実際にいえる規準である。[*11]

(b) われわれが二次性質を知覚するための受容メカニズムは、科学研究の対象として良く知られている。たとえば、二次性質の知覚に異常をもたらす種類の網膜や耳や味蕾の損傷について研究することができる。こうした研究は、道徳的盲目(moral blindness)をもたらす性格上の欠陥の研究とは、全く異なっている。この後者の研究には、受容メカニズムや因果的メカニズムといった研究トピックがない。それは当然のことである。というのは、われわれがある事物を特定の道徳的観点から見る必要があるのは、その事物の他の性質について聞いたあとの話だからである。つまり、その事物に対してさらに別の特定の感覚メカニズムを働かせる必要はないのである。このこと、および(a)の論点と関連して、われわれは、自分の二次性質感知メカニズムが故障した場合には、そのことを直に知ると予想されるということがある。メカニズムの故障は、ちょうど電灯が切れたり耳に脱脂綿を詰めたりしたときに生じるのと同じ仕方で、直に感受される現象的性質の喪失という形であらわになる。われわれが、言わば堕落した場合には、そのような喪失は生じない。われわれは一晩で堕落することはできず、通常、堕落したのがいつかについては言い当てることができない。実際、このことが当てはまるということは、多くの種類の道徳的盲目の顕著な特徴と言えるであろう。本当に下品な人は、自分には全く問題がなく、むしろ他の人々があまりに潔癖だと考えるものである(自分が本当に下品になったということを自覚するのは、この理屈からして、自己反駁的である。というのは、その自覚自体が、品性がいくらか残っていることを示しているからである)。

(c) 二次性質が持つ「心への依存性(mind-dependence)」を特徴づけるのは、必ずしも容易ではない。だが、二次性質が次の意味においてわれわれの知覚に相対的であると言うことは、もっともらしいと言える。すなわち、われわれが変化して、今まで青く見えていた世界中のものがすべて赤く見えるようになれば、世界には青色のものは存在しなくなり、赤色のものしか存在しなくなることになるだろう、という意味においてである。道徳的性質については、劇的なほどにアナロジーが成り立たない。たとえみなが動物を虐待するのは許されると考えるようになっても、それが許されるようになったわけでは全くなく、単にみなの品性が低下したことを示すだけである。*12

(d) 道徳的実践は社会の生活形式に応じて異なっているが、その仕方は、二次性質の知覚がそのような生活形式に応じて異なることがあるとしても、それとは全く異なっている。大雑把に言って、二次性質の知覚は、知覚される性質がその文化にとって重要であるかどうかに応じて、その鋭さが変わるものと予想される。しかし、いったんある述語がそのような性質を表わすものとして位置付けられたなら、それが根本的に異なる外延を持つことが見出される可能性は全くない。それに対して、多くの事物は異なる集団あるいは異なる時代において、かなり異なる仕方で評価されるのである。同様に、まれな境界事例を除けば、二次性質の帰属に関しては、多くの道徳的判断が持つ「本質的に論争的な」(essentially contested)性格に対応するものがない。

(e) ある特定の二次性質に対して何らかの関心を抱くかどうかは、主体の自由である。もし道徳が性質を知覚することだとすれば、当の性質を完全に知覚しながらも全くそれに関心を払わない文化が存在する理論的余地が生まれるだろう。だが、道徳がいかなる仕方で厳密に定式化されるにせよ、道徳の実践的性質は明らかに道徳に本質的なものであるため、このような理論的余地は存在しないのである。

(f) 評価的述語は、典型的には〔役割〕帰属的(attributive)である。ある事柄は最高司令官の行為としてはよいが、父の行為としては悪いと言われることがある。ちょうど、ある人がよい強盗であるが、悪い打者でありうるのと同じである。二次性質は単にそこに存在するだけである。赤いトマトは赤い果実であり単に食料品店で買われる赤い事物である。(ウィギンズは上で引用した文章の後にこの非対称性に触れている)。★6

もちろん、これらの点によってアナロジーがどの程度不成立となるかは、議論になりうる。しかし、これらの点が道徳に関しては説得力があることを示すために、〔同じ価値的な性質でも〕ものによってはそれらがそれほど明確な図式を提示しないことに着目するのがおそらくよいだろう。たとえば、物質的(physical)な美の知覚の場合に、これらの点が等しい説得力を持って適用されるかどうかは、はなはだ疑わしい。というのは、すくなくとも(a)、(c)、(e)、(f)については、このケースでは論争になりうるからである。そして、このことがまた、事物の美は知覚されねばならず語れるものではないというわれわれが持ちうる感覚と結びついている。それに対して、あることがどれくらい善かったかを語れないときがあるが、その理由は常に、そのことに関する何か別の事実――どれだけ自分たちが幸せだったかや、どれだけ自分たちが勇敢である必要があったかなど――を伝えることができないということである。というわけで、わたしはジョン・マッキーとは意見が異なり、道徳の投影的性質〔の理論〕は、投影主義が美的評価に適用された場合よりも、はるかに筋が良いように思われる。だが、倫理に適用された場合、これら一連の考察には十分な累積的効果があるとわたしに思われるため、道徳的議論についての理論が二次性質の知覚の理論にとても似ていると考えることは、甚しい哲学的鑑識眼の誤り(error of philosophical taste)のように思われる。とはいえ、われわれはこの累積的効果に完全に頼りきるわけにはいかない。というのは、二次性質に言及したのは、他の点ではいかに異なるにせよ、倫理にも適用可能な理論の組み合わせ、つまり理論の形態を単に例示するためであったという反論が考えられるためである。これはすなわち、(1)、(2)、(3)によって例示された理論の組み合わせないし形態のことである。そこで、二次性質〔とのアナロジー」が不適切であることを示すことは、一つの戦闘には勝つことになるが、それのみでは「知覚的」な方向性に対する戦争には勝つことにならないのである。

これからわたしが示そうとするのは、次のことである。すなわち、（1）（2）（3）は、ひとたびその他の知覚的な類比から適切な距離を置いて考えられたならば、それらはもはやいかなる倫理理論も提供せず、ましてや投影主義に対抗できるような理論を提供することはできないということである。最初に自覚すべきことは、投影主義者が道徳的性質の知覚や、責務が実在する世界等々について語ることができるということである。われわれは、会話に出てくるありとあらゆるカテゴリーの事物や事実に関して、〔それらを「見る」といった言い方で〕それらの知覚について語ることがある。われわれは数に関する真理の知覚、未来に関する真理の知覚、過去に関する真理の知覚、可能性に関する知覚、他者の心に関する知覚、その他あらゆる種類の理論的存在物に関する知覚について語ることがある。われわれは、自分が真実を適切に指し示していると考える場合はいつでも、知覚について語るのである。言い換えると、われわれは、「もしpでなかったならば、pにコミットすることはないのに（if it hadn't been the case that *p*, I would not be committed to *p*.）」と言うことができると考えた場合にはいつでも、知覚について語るのである。しかし、これは認識論の終わりではなく、むしろ始まりである。というのは、理論家の仕事は、われわれがそのような条件文を信じる権利があるのかどうかについて考察することだからである。単にわれわれがそのような条件文を信じていると報告するだけでは、仕事をしたことにはならない。ところで、倫理の場合は、準実在論によって守られた投影主義者は、このことについて説明する用意がある。すなわち、彼は、自分の道徳的感受性がうまく機能していると考えている人々がどうしてこのような仕方で意見を表明するのかについて、説明することができる。しかし、知覚が本来の仕方で関係する事例では、通常、異なった要素からなる説明が必要とされる。「もしその形が正方形でなかったならば、わたしはそれが正方形であるとは信じなかっただろう」と語ることができるのは、われわれが因果的に形によって影響を受けており、そのような影響を形についての判断をするさいに用いることができるからである。「もしそれが赤でなければ、わたしはそれを赤だとは信じなかっただろう」と語ることができるのは、わたしが他の人々と比較した場合に自分が正常であることをよく知っているため、ほとんどの人が十分な照明のある状況においてある事物を赤いと言う場合に限り、自分がそれを赤いと言うことを知っているからである。そしてもちろん、照明の状態が悪いとか、頭の調子が悪いとかそういう場合には、自分の判断が間違っていることもありうる。

重要な点は、道徳的知覚について語るだけでは、そのような条件文に関するいかなる理論も提供しないことである。そうすることによって提供されるのは、どこかにそのような理論があるという、誤解を招きかねない安心感のみである。その理論は、形の場合のように因果的なものではないし、また、共同体の意見に一致しているという問題でもない。というのは、(c)がわれわれに思い起こさせてくれるように、道徳的現実は共同体の合意によって作り出されるものではないため、単に道徳的現実に間違った位置付けを与えてしまうからである。そうすると、〔道徳的知覚による説明が示唆する〕その理論はどのようなものか。そのような理論ははっきり言って存在しない。しかし、これが意味しているのは、知覚的方向性を突き詰めるという勧誘は、端的に言えばここで終わってしまうということである。これはちょうど、7たす5は12であることをわれわれは知覚するという考えに基づいて数学的真理の理論を提供できるとまじめに考えた人が、そのような知識と通常の感覚知覚では類比が成立しないという点を単純に無視してしまうようなものである。こうした条件文の地位の問題と、それらを信じるわれわれの権利が十分に吟味されるまでは、何も言ったことにはならないか、または少なくとも、算術（arithmetic）の真に適切な説明につながるような何ごとかを語ったことにはならないのである。倫理の場合も事情は同じである。

そこで、事態の核心はこうである。投影主義者は道徳的議論を理解可能な人間の営み、すなわち、それ自体として説明可能で、またそれ自体として適切さの基準を備えた営みにするような説明を提供する一方で、その批判者は何の説明も提供せず、明らかに貧弱なアナロジーに訴えるだけである。ジョン・マクダウェルは、この二つの点に反論して、投影主義による説明と称されるものは「うさんくさい」と主張し、また、投影主義よりももっとうまい説明のできる対抗理論を展開している。[*13] 先に後者の主張について見てみよう。要するに、マクダウェルのここでの戦略は、説明が持つ「関心相対的（interest-relative）」な性質を利用して、〔投影主義によれば〕投影されたと想定される事態に言及することによりさまざまな判断を適切に説明できるような文脈を引き合いに出すというものである。「なぜわたしはそれを怖い／おもしろい／ぞっとすると思ったのか」。「なぜならそれは怖がる／おもしろがる／ぞっとするに値したからだ」と答えれば、そのような問いの背後にある関心を満足させることができる。「なぜわれわれは人間の幸福を善いと考えるのか」。「なぜならそれは本当に善いからだ」。ここでは、〔投影主義によれば〕投影されたと考えられる事態を引用することが、説明において一つの役割を果たしており、いくつかの文脈では、問いの背後にあるニーズを満たすことができる。

これは正しいが、しかし、この説明はそれ自体では無力な（inert）ものである。次の場合と比較せよ。「われわれはなぜ、1728の立方根を12であるというのか？」「なぜなら本当に12であるからだ」。少なくとも、問いの背後にある動機が、次のような恐れ、すなわち、こうしたことをわれわれが言うのは尋常なことでなく驚くべきことであるという恐れである場合は、この答えがその恐れを鎮めることができる。すなわち、われわれは、そのような判断において、いわば形式に忠実に〔計算を〕行なっているに過ぎないというわけである。われわれは、奇妙な、あるいは局所的（local）な算術的誤謬のとりこになっているわけではない。これは、われわれが言う事柄はわれわれが間違いを犯していることを示しているのではないかという関心に対して、それに応じた説明を提供している。つまり、そうではない、と答えるわけだ。一つ目の事例も同様である。たとえば暗がりを怖いと思うことにはどこかおかしいところがあるという疑念は、それは当然予期されることであるとか、暗闇は恐怖に値すると言うことによって、鎮めることが可能である。しかし、もちろん、これらすべてを認めたからといって、こうした答えが完全に答え損ねている、別のより大きな説明を求める関心の存在を否定することにはまったくならない。この質問者がなぜわれわれが何かを怖いと思うのかと尋ねているのは、恐れるという反応そのものを不思議に思っているからかもしれない。なぜ人間はそもそも恐れを感じるのか、また、なぜ何かが恐怖に値すると考えるまでに至るのか、と。明らかに、これに対する答は手近に存在する。すなわち、情動の行動学的帰結や、そうした情動を持つ生物にとってそれが進化論的に有利であることを説明する回答である。同様にわれわれは、道徳的議論の活動や、事物をおかしく感じるという反応や、算術の実践などについて、位置付けを与えようとする。とりわけわれわれは、こうした領域におけるわれわれのコミットメントを、世界の内にあるような種類の事実に関する、ひとつの形而上学的理解に適合させようとする。その形而上学的見解は、道徳的事実やおかしさの事実や数学的事実といった分析されない独自の領域（unanalyzed and *sui generis* area）に対して適切にも敵対的であるかもしれないものである。そして、この関心に対しては、そうしたさまざまな判断が真理であることを単に持ち出すだけの答えは、まったく的外れである。ここでもまた、その理由は、こうした真理と、われわれがそれを知るための装置とを結びつける理論がまったくないからであり、換言するとわたしが上で述べた条件文に対するわれわれの権利を守る方法がまったくないからである。

それとも、この〔上述のような〕説明を求める関心（explanatory interest）は正当化できない、とでもいうのだろうか。すなわち、ある特定のタイプの説明は行なうことができないか、そういう説明を求める欲求は、あらゆる人間の視点や観点の外部にある架空の「外在的な」視点を取っていると考えることは可能だろうか？　これは、わたしの行なった仕方での説明理論を全く持たないか、持とうと思わないことを正当化するための議論である。この静寂主義（quietist）の考えに反対する理由が二つある（ここでもまた、わたしはそれを直接ある立場に帰することにためらいを覚える。というのは、わたしが言及した投影主義に対する批判者は、知覚的な説明を行なう一方で、われわれはいかなる説明も必要としないという示唆もすることで、いわば不安定な二輪馬車に乗る傾向にあるからである。）それに反対する一つ目の理由として、より多くのあるいはより少ない事柄について、かなりの程度あるいは少ない程度に、道徳的議論を行なうことは、人間に共通する営み（common human option）であることをわれわれが知っていることが挙げられる。道徳の範囲は大きくなったり小さくなったりするため、その適切な範囲を決めるのに役立つように、〔道徳という〕実践の説明を見つけることが肝要となる。第二に、Xという判断をなすというわれわれの活動については、（われわれはXのタイプの事態を知覚すると述べる説明もどき（gesture）以外には）いかなる説明もありえないという主張をするアプリオリな権利は決して存在しえない。とにかくいろいろな説明を試してみる必要がある。そしてもちろん、多くの説明の試みがうまく行っているように思われるにもかかわらず、ある方向性の説明の試みは必ず失敗に終わると言うのは、とりわけおかしな話である。（わたし個人としては、道徳については、もうほとんど何も驚くべきことが残っていないと考えている。道徳のメタ理論は、かなりの程度網羅的に理解されていると思われる。困難なのは、人々がそれを理解できるようにすることである。）このようなより大きな説明を求める関心は正当ではあるが、哲学者と自然科学者の間の一線を引くものであるという風に言うことはできるだろうか。恐怖という情動の進化論的説明は実証的であるだけでなく、恐怖をわれわれがみな感じて知っている形で理解しようとする試みと、その起源や機能について論じることで論証的な仕方で理解する試みとの間に認められる境界線を明らかにするものでもある。哲学者は〔道徳の〕現れ方に留まり、それ以外は社会学や心理学やその他の科学にまかせればいいのだろうか。その場合の問題は、哲学者は何も言えなくなるということである。ホッブズやヒュームやマッキーは自然科学者に分類されることになり、唯一残された哲学的活動は、あらゆるものはそれそのものでありそれ以外のものではないという主張を手を変え品を

変え繰り返すだけとなる。哲学の鋤は、定義により、最初の一突きで反り返るものであることになる。★7

《4》

わたしが最後に一つ取り上げたい問いがあるが、その問いにここで答えを出すというわけではない。ここまで、わたしは形而上学について論じるにあたり、あたかもそれがもっぱら第二階の問題であり、第一階の道徳理論にはいかなる必然的な帰結をもたないかのように論じてきた。だが、《2》で見たように、わたしが提示する種類の投影主義では必ずしも陥らないような誤りについてマッキーが特徴づけを行なうとき、彼はその誤りを義務論的な語彙を用いて記述するのが自然だと感じている。そして、わたしが思うに、投影主義は帰結主義的な第一階の見解と組み合わせになるだろうと考えるのは誤りではない。帰結主義的な見解は今日、人気がないので、投影主義がその道連れになって酷評されることのないように、この結び付きについてもう少し主題的に論じることが重要であろう。

最初に言っておくべきことは、倫理における投影主義と帰結主義的見解にはいかなる本質的な結び付きもないということである。ひょっとすると、次のような事態もありうるかもしれない。すなわち、すべての人間は行為のある特徴を見出したときにある種の感情を抱くことを自然と考え、そしてそれが是認の表現となって表われるのだが、ただしその特徴は、その是認を説明するような帰結をまったく持っていないという事態である。このような事態は、ある種のジェスチャーや、行為のタイミングが非常におもしろいのだが、ただしそれがおもしろい明白な理由は存在しない、という事態と類比的であろう。われわれがこの種の性向を持っていたとしても、形而上学が変容を被ることはないであろう——これ自体では、実在論を適切に定義することが容易になったり、実在論が真であることがよりもっともらしくなったりはしなかっただろう。しかし、その場合でも、われわれは、そのような特徴を善い（正しい、その他）と呼ぶだろうし、またそうは呼ばない道徳のうちにまともなものがあるとはおそらく想像できないだろう。そうした場合には、われわれは義務論的倫理を持つことになるだろう。形而上学上の一見解としての投影主義は、われわれが道徳的議論を行なうときに何をしているのかを説明するものである。しかし、だからといって、われわれが道徳的議論を行なうときの具体的な仕方のすべての特徴を説明できるわけではないし、またそのような説明を求めることもできない。第一階で生じる気まぐれな事態（quirks）は、他の人にとってと同様、ヒューム主義者にとっても不可思議なものである。しかし、投影主義と帰結主義的道徳を結びつけることは、次の仕方で自然である。投影主義者は道徳感情を単なる所与のものとすることはないだろう。彼は、道徳的議論という実践を説明しようとすることによって話を完成させようとする。その説明は道徳の機能、とくにその社会的機能に注目する。マッキーの言葉で言えば、道徳は、みんなで協力して充足させなければならないニーズや欲求を本性的に受け継いでいる人々のあいだで物事がうまく行くことを可能にするための発明として、成功しているものである。道徳的思考は目的を持った実践となる。このように言うことは、わたしが説明しようとしてきたように、〔投影主義という〕形而上学的見解を越えてしまうが、投影主義にとっては自然な補足である。そしてこのことが正しいとすると、道徳的思考が帰結主義的・目的論的な推論にどの程度抵抗できるかには、少なくとも一定の制約があるはずである。この第二階の理論を理解している道徳家がどのくらい本気で、あらゆる人間の目的や達成の邪魔になるような義務論的見解を支持できるのかは、明らかではないだろう。おそらく、これがフレッドとメーベルの抱えていた困難の一部である。おそらく、フレッドは自分の心理によってある方向へと動機付けられているが、彼とメーベルの幸福は、別の方向に見出されると思われるのである。そこで、彼はこのような心理をお荷物だと考えるべきではないだろうか。すなわち、彼は幼少期の教育の犠牲であり、そのような特定の心理を有効な仕方で変えることができるかどうかは別として、彼はその心理を欠点として見なすべきではないだろうか。

これは、第2節の問題の別バージョンである。ただし、今回は、脅威にさらされているのは、格別に義務論的な精神構造である。しかし、フレッドが自分と同じような動機付けの状態を持つ人々を産み出すという一般的指針を支持しうるのであれば、彼は自分を犠牲者と考える必要はない。これは「動機帰結主義」——規則功利主義にとっては大きく育った兄弟——である。[*14] 人々の従う動機づけは、人々がそのような動機づけに従うこと（と、他の人々もそれに従っていることを知っていること）の帰結の善さに比例して善い。[*15] すると、行為は、それを判断する目的に応じて、その行為をもたらした動機づけに照らしてか、あるいはそれが世界に実際にもたらす影響という異なる側面に照らして判断される。しかし、この立場は、通常の行為帰結主義に帰着しない。というのは、帰結主義的な考慮のみによって動機づけられた人々からなる社会は、よく知られた諸理由から、かなりうまくいかないことが予期されるためである。[★8] また、このような立場は、人々の間で嫌悪を生み出す功利主義のもう一つの目立った特徴、すなわち、すべての価値は究極的には通約可能であるという考えを共有する必要もない。人間の生においてわれわれが重要視する諸特徴で、また人間の開花（human flourishing）についての少しでももっともらしい素描の中に取り入れられるような諸特徴は、究極的には通約不可能なさまざまな善を体現している可能性が非常に高く、しかもそれらの善は、そのうちのいずれを選択するかについて体系的な方法がないようなものである。いずれにせよ、投影主義者には、このことをもっともらしく思わせる諸理由を尊重する余地が十分にある。彼の説明の試みは、人間の生が開花あるいは失敗しうる多様なあり方を出発点とすることが可能である。したがって、〔投影主義が〕帰結主義と同盟関係にあることは、全体的には、強みだと思われる。別の言い方をすると、それは、倫理的思考におけるその方向性の最善の諸特徴のみとの同盟関係なのである。もちろん、一部の人々が持つ道徳には、このように薄められた動機帰結主義でさえも十分に説明できないような特徴があるかもしれず、そうした特徴については、この立場では〔説明ができず〕残念なことだと思うだろう。しかし、こうした諸特徴のいずれも、道徳的思考そのものに絶対に必要なものとは到底見なされえないということを、本論文ですでに十分に示したものと考えたい。★9

（訳　児玉聡）

第四章　注

原注

＊1　他の文献であることが述べられていないかぎり、ページ番号は以下の文献のものである。John Mackie, *Ethics: Inventing Right and Wrong* (London: Penguin Books, 1977)（邦訳：加藤尚武監訳、J・L・マッキー『倫理学——道徳を創造する』、哲書房、一九九〇年。訳文は適宜改

変した。）

*2 'Rule Following and Moral Realism', in *Wittgenstein: To Follow a Rule*, ed. S. Holtzman and S. Leich (London: Routledge & Kegan Paul, 1981) 本書の第一章と *Spreading the Word* (Oxford: Clarendon Press, 1984) 本書の第一章の第六章。

*3 本書第十章（Attitude and Contents）も参照せよ。

*4 三四頁／訳三七—八頁

*5 たとえばジョン・マクダウェルの「価値と第二性質」（'Values and Secondary Qualities', in *Morality and Objectivity*, ed. T. Honderich (London: Routledge & Kegan Paul, 1985)（「価値と第二性質」『徳と理性』大庭健編・監訳、勁草書房、二〇一六年、一〇四—五頁）の第一段落を見よ。

*6 *The Miracle of Theism* (Oxford: Clarendon Press, 1982) 一〇四頁および一一五頁以降。

*7 マッキーはこの種の心理について二四頁で言及している〔マッキーの原文二四頁には該当する記述はない。おそらく三四頁（訳三六—七頁）の誤りであろう〕。

*8 'Truth, Invention and the Meaning of Life', British Academy Lecture (Oxford: Clarendon Press, 1976)（デイヴィッド・ウィギンズ「真理、発明、人生の意味」『ニーズ・価値・真理』大庭健・奥田太郎編・監訳、勁草書房、二〇一四年）。

*9 色を実在するものとして考える一つの仕方が理解不能であるというエヴァンズの見解と比較せよ（'Things Without the Mind', in *Philosophical Subjects*, ed. Z. van Straaten [Oxford: Clarendon Press, 1980]）。わたしが主張しようとしているのは、責務や価値を「実在」するものと見なそうとする本当の意味で反投影説的な試みはすべて、同様に理解不能であるか、あるいは説明に関する誤解を示している、ということである。わたしはこの理由から、道徳の現れ方には道徳に客観的な装いをもたらす一側面があり、準実在論はそれを錯覚だと言わざるを得ない、という主張を否定するのである（このような主張はマクダウェルが 'Values and Secondary Qualities' の注4で行なっている）。というのは、説明についてわれわれにこのような誤りを犯すことを迫るようなものは、道徳の現れ方の中にはまったく存在しないからである。責務やその他の事柄は、わたしが予見するのと全く同じ仕方で立ち現れるのである。

*10 Wiggins, op. cit.; T. Nagel, 'Subjective and Objective', in *Mortal Questions* (Cambridge: Cambridge University Press, 1979)（邦訳：トマス・ネーゲル「主観的と客観的」『コウモリであるとはどのようなことか』永井均訳、勁草書房、一九八九年、三〇六—三三二頁所収）; J. McDowell, 'Are Moral Re-quirements Hypothetical Imperatives?' (*Proceedings of the Aristotelian Society, Supplementary*

Volume, 1978）（ジョン・マクダウェル「道徳の要請は仮言命法なのか」『徳と理性』大庭権編・監訳、勁草書房、二〇一六年）; H. Putnam, *Reason, Truth and History*, (Cambridge: Cambridge University Press, 1981).（邦訳：ヒラリー・パトナム『理性・真理・歴史―内在的実在論の展開』、野本和幸他訳、法政大学出版局、一九九四年）

*11　本書第六章（Moral Realism）と第七章（Supervenience Revisited）も参照せよ。

*12　わたしはこの点を次の論文で強調した。'Rule Following and Moral Realism' in *Wittgenstein: To Follow a Rule*, ed. S. Holtzman and S. Leich (London: Routledge & Kegan Paul, 1981) 本書の第一章。マッギン（McGinn）はこの点について以下の文献の一五〇頁で詳しく論じている。*The Subjective View* (Oxford: Clarendon Press, 1983).

*13　McDowell, 'Values and Secondary Qualities,' p. 118ff.（翻訳「価値と第二性質」、ジョン・マクダウェル『徳と理性』（大庭健編・監訳、勁草書房、二〇一六年）所収、一一七頁以降）

*14　そしてこれは、かなり明白に、ヒュームが支持していた立場である。動機について語ることは、規則について語ることよりもよい（規則功利主義は、困難事例において功利性よりも規則を支持する判断をしようとするため「規則崇拝」と批判を受けかねない。だが、動機崇拝というような批判はあるだろうか?）、また、本文で説明されているように、帰結主義は、功利主義の主要な批判の少なくともいくつかは免れている。

*15　部分的にはこの条件を無視することによって、規則功利主義は行為功利主義に帰着（collapse）すると誤って考えられている（たとえば、B. Williams, *Utilitarianism For and Against* (Cambridge: Cambridge University Press, 1973), p. 118ff）。わたしが問題にしているのは、ウィリアムズが「行為適切性前提（act-adequacy premise）」と呼んだものである。社会に根付いている規則の帰結は、その規則によってもたらされる特定の作為または不作為の帰結をはるかに越えて、影響を及ぼす。また、規則が行為を命じる可能性が高いという相互的知識の帰結もある。このような影響を例示するために、死者に対する約束は尊重されるべきだという規則を考えてみよう。そのような規則が果たす善の主要な部分は、その規則に従ってなされる行為が持つ余剰的な効用（surplus utility）にあるのではなく、むしろ人々がそうした尊重を受けることが知られている社会においては人が尊厳を持って老年や死に向き合うことができるという点にある。この価値は、行為に存するのではなく、規則の尊重によってもたらされる心理状態に存するのである。

訳注

★1 劇作家のW・S・ギルバートが作曲家のアーサー・サリヴァンと作った一九世紀末のコミックオペラ。なお、本論文の例で挙げられるフレッドとメーベルは、この作品の主人公の名前である。

★2 shmo-（schmo-）は、軽蔑、侮蔑の意味を表す接頭辞で、「いんちき」のような意味。Doctor-schmocter（やぶ医者）、rules shmules（ルールなんてくそくらえ）など。'Moral schmoral'で「道徳なんてうんざりだ」というような意味になるが、ブラックバーンはここでは特にそのような意味では用いておらず、道徳と似た語彙を持つが実在論的な含意が含まれていないものという意味で用いている。

★3 間接的文脈における道徳語の使用の問題については、ブラックバーンの'Moral Realism'の第三節（*Essays in Quasi-Realism*, pp. 123ff）本書の第二章参照。

★4 ブラックバーンはphenomenologyの他に、phenomenaやappearanceという語も同義語としても用いている。これらはみな、たとえば義務と欲求の衝突や、道徳判断について真偽を問うなど、われわれが道徳という営みにおいて目の当たりにする諸事実を指している。「現象学」と訳すと意味がわからなくなるので、単に「現れ方」あるいは「現象」と訳す。

★5 David Wiggins, *Needs, Values, Truth* (Third Edition), p. 107（翻訳デヴィッド・ウィギンズ『ニーズ・価値・真理』大庭健・奥田太郎編・監訳、勁草書房、二〇一四年、一七二頁）。

★6 同右、p. 107の注20（翻訳、同右、二一九頁から二二〇頁）。

★7 ウィトゲンシュタインの『哲学的探求』の第二一七節の一文「もし私が正当化をし尽くしてしまえば、そのとき私は、硬い岩盤に到達したのである。そしてそのとき、私の鋤は反り返っている。そのとき私は、こう言いたい「私は当にそのように行為するのである。」」（黒崎宏訳・解説『ウィトゲンシュタイン哲学的探求第I部』産業図書一九九四年、一六六頁）を念頭に書いていると思われる。

★8 行為によってもたらされるよい帰結を最大化しようという動機だけを人々が持つとすると、行為功利主義が持つとされるのと同様の問題、たとえば約束の遵守や嘘を付かないなどの義務がないがしろにされる、帰結を計算するのに時間がかかる、自分に都合のよい行為を正当化しがちになる、といった問題が生じるため、うまく行かないということ。

★9 この段落にもう一つ注15がある。「この関係については、A. Gibbard, *Wise Choices, Apt Feelings* (Cambridge: Harvard University Press, 1990) のとくに第17章で詳細な議論が行なわれている。」

第五章　倫理的な反実在論者になる方法

哲学者のうちには、自らのことを実在論者と呼ぶのを好む者もいれば、反実在論者と呼ぶのを好む者もいる。しかし、これらの問題全体に関して背を向けることを望む哲学者が増えつつあるのではないか、と私は薄々感じている。[*1]〔この、第三の立場に属する〕彼らの強みには自然主義の強みが含まれているが、ここでの自然主義は、人間に関しても自然科学以外の学は存在しないことを認めるよう、私たちに推奨している。このことから以下のことが帰結する。すなわち、〔たとえば〕物理学や人間学の背後にあって、世界のどこまでが「私たちの構成」〔反実在論〕なのか、あるいは反対にどのくらい「私たちから独立」〔実在論〕しているのかを哲学者が知るのを可能にする「第一哲学」は存在しない、ということである。

この〔第三の立場である〕自然主義は、前二者のそれぞれに対してささやかな祝辞と控えめな警告を授けている。物理学の成功といったものごとについて、まともな哲学的〔アプリオリな〕説明が存在しており、明敏な人なら安楽椅子からそれを識別できるけれども、別の人には識別できない、ということを否定している点で、反実在論者は正しかった。ニュートリノあるいは電子がかくかくしかじかに振る舞ったので、ある特定の結果となったと科学者は言えるが、哲学者がこのことに何かを付け加えるべきことはない。もし哲学者が、「この結果が生じたのはニュートリノが原因であるだけなく、ニュートリノ理論が世界を描写（世界と対応、世界と一致、世界を適切に腑分け）しているからだ」と述べようと試みたところで、何も付け加えたことにはならず、科学を裏書きしようという、空虚で虚栄心が強い試みを口にしているにすぎない。こうした試みはデカルト的伝統にあっては、すなわち心と世界との関係がとても問題含みであると思われていたときにあっては、意味をなしていたかもしれないが、その時代は既に過ぎてしまっている。

他方、反実在論者は、この筋道の無益さに気付いており、〔そうした試みをする〕代わりに、通常の世界は我々に、つまり我々の心やカテゴリーに依存していることを強調するが、この場合もやはり彼らが提供する付加的な事柄は受け入れられない。[*2] 特徴を際立たせていうなら、実在論は、空虚であるために破綻し、反実在論は錯誤に迷い込むために――たとえば、明白にそうでないときに事物を我々に依存させることによって――破綻する。[*3] さらに、恐らくより明白であるのは、反実在論を、いかなる理論も存在すべきでないところに理論を打ち立てようとする試みとして理解することはもっともらしい。この場合にあっては、不自然なデカルト的な心を、世界の起源に仕立て上げることによって、理論を立てようとすることになる。こうした理論は、当然「超越論的」と記述されるけれども、この言葉は、カント自身が、合理的心理学に対する彼の敵意にもかかわらず、この罠から逃れることができなかったことを我々に思い起こさせてくれる。

この超越論的な側面は、この問題を「対応条件文（correspondence conditionals）」と私が呼ぶものによって言い換えるならば、見ることができる。我々が自らの知覚と認知に関わる諸能力を適切に行使し、pであると信じるに至るならば、実際にpである、と我々は信じる傾向にある。このような〔対応条件文への〕確信に対する我々の権利を、どのような種類の理論が説明できるのであろうか。もしpが基礎物理学的な理論に由来するテーゼであるならば、〔我々の権利を説明するのは〕基礎物理学の理論それ自体である。しかじかの仕方で、しかじかの情報を用いて、ニュートリノが存在することを我々が信じるときには、ニュートリノが恐らく存在するのはどうしてなのか。これを理解することは、まさにニュートリノ理論の実績を〔どんなものであれ〕理解することに他ならない。これが物理学である。背景に向かういかなる試みも、すなわち理論の外部から条件文を裏書きしようとする試みは、まがいものとならざるをえない。

我々の科学の成功や我々の世界の本質といった包括的（global）な問題を考慮するならば、自然主義が勝利するはずであるように思われる。しかし局所的には、そうならずに、この論争に参戦することは可能であるように思われる。この論文において、なぜ私はそう考えるのかについてもう少し詳細に述べたいと思う。私の気になっている主要な問題は、滲出という問題、あるいは反実在論は、ひとたび我々の思考のある特定の領域を牛耳ると、近接する領域に帝国主義的な眼差しを向けがちであるという、反実在論の在り方である。局所的な反実在論は、線引き問題に直面して、それが困難であることが判明するかもしれないし、あるいは自然主義を破棄して、包括的な反実在論が結局のところ道理に適うに違いないと認めることになる、という問題に直面する。本稿の第二部はこの特定の問題を探求する。

なぜ局所的な領域では、論争に参戦することが可能なのだろうか。私が物理学について述べたことは、どの領域においても〔そっくり同じように〕言い返されるかもしれない。2の2倍は4であると我々が信じるとき、我々が恐らく正しいのはどうしてなのか、を理解するためには、算術的な理解を必要とする。無慈悲な残酷さは悪である、と我々が信じるとき、なぜ我々はやはり正しいのかということを理解するためには、倫理的な理解を必要とする。どこに非対称性があるのだろうか、というわけである。

倫理の事例に留まって考えてみよう。この領域では、「投影」理論を発展させることによって、価値に対する我々の傾向性を定めるときの満足できるやり方を与えることができる。私ブラックバーンによれば、道徳的思考の表層的な現象は、この投影理論にどのような障害ももたらすことはない。もし投影主義の形而上学が正しいならば、そうした現象は、まさに我々が予期すべきこととして説明されうる。(そうしたことを主張する学説を私は「準実在論」と名付けている――これは我々が後に立ち返るトピックである)。また、この包括的な提案は、他の対抗する諸理論、および対抗すると言われている諸理論よりも、様々な説明上の利点を含んでいると私は主張してきた。投影主義はもちろん新しい立場ではない。実際、この包括的な提案は、倫理学の本質に関するヒュームの理論の現代版であることを意図している。しかし、共感といった特定の情念の働きに対するコミットメントはない。情動主義やヘアの指令主義もまた、直接的な祖先である。準実在論には新しく加えられたものがあるが、その核心は、投影主義は倫理の重要な表面的現象と整合的であり、かつ実際にそれを説明しているが、〔他方〕投影主義に反対するために用いられる通常の議論は的外れだ、ということを示している点にある。そうした敵対する議論は、投影主義は我々が倫理的に考えている際のあれやこれやの特徴には適さない、と申し立てている。準実在論はそうではないと反論し、そこからさらに、そうした諸特徴の存在の説明に取り掛かる。そうした諸特徴には、情動的あるいは指令的な形式と対立する命題的な形式が含まれており、さらに、通常の命題的態度の動詞、真理の語り、証明、知識等々と、倫理的コミットメントとの相互作用が含まれる。ここで確定されなければならないのは、この〔準実在論という〕プログラムと自然主義との関係である

《1》

〔準実在論と自然主義との〕第一の関連はこうである。自然主義は、倫理についての準実在論的見解を必要とするが、〔倫理をもふくめ、様相や因果など〕いかなる場合でも自然主義は、準実在論な見解を動機づける、と私は考えている。自然主義と準実在論がこのような関係にあるのは、準実在論という一括的提案にあっては、倫理的なコミットメントを有している人の心の根幹を成す状態を、自然主義的に理解することができるからである。この心の状態は、信念（義務、正しさ、価値が存在するという信念）としては位置づけられない。我々はその心の状態を信念と最後には呼ぶことになるかもしれないが、これは作業が成された後のことである。実際、我々は（誠実の価値のような）価値と、（あなたは我が子に対する義務を有しているという事実のような）事実が確かに存在する、と最後には述べることになるかもしれない。というのも、哲学のこの部門〔メタ倫理学〕にあっては重要であるのは、あなたが何を述べて終えたかではなく、それをどのようにして述べようとしたのかであるからだ。あたかも、あなたがなすべきことはただ自らの胸に手を当て、「私はそれを本当に信じている！」（あるいは「私は本当に信じてはいない」）と主張しさえすればいい、とでも言うように、人々は自分が実在論者であるのか、それとも反実在論者であるのかを名乗ることができる

などと、どれ程多くの人々が考えているだろうか。私が扱うように実在論の問題を扱うならば、この種の公言が問題に役立つなどということは、完全に否定される。〔実在論をめぐって問われる〕問題は、倫理的なコミットメント〔を抱いている際の心〕の状態についての最善の理論〔とは何か〕という問題であり、コミットメントを繰り返し述べることは、いくら——真理、事実、知覚等を用いて——箔を付けてみても、的を射ていないのである。

要するに、心の状態が理論において生きはじめるのは、〔知覚や信念とはちがう〕何か他のものとして、つまり選択と行為への構え、あるいは動能的な状態、もしくは圧力としてなのである。もし人間が社会的、協働的な状況において自らの競合するニーズを充たしたいのならば、そうした圧力が存在する必要がある。〔選択と行為への〕構えは、態度（attitude）と呼ばれていいかもしれないが、しかしながらその語が単に不正確に一致しているだけだとしても、そのことは大したことではないであろう。構えの機能は、ある状況の諸特徴からある反応への移行を媒介することであり、その反応は、適切な環境にあっては選択を意味することになる。ある持続的な構えを有している者は、ある出来事が生じるならば何らかの仕方で反応することになる。それは、ある持続的な信念を有している者は、新しい情報に対して認知的になんらかの方法で反応することになるのとまったく同じである。我々にとって重要なのは、人々が別の態度ではなくある態度をとることであり、彼らがそうした態度を持つようになることを期待して、我々は彼らを教育し、圧力をかけるのである。

今までのところ、私の議論の筋書きにおける二つの要素が、留意に値する。というのも、投影主義プラス準実在論という筋書きは、それらの要素が無くともやっていけるのか否かを確かめることが重要となるからである。この要素とは、（1）問題となっているコミットメントを信念以外の何かとして根本的に同定すること、そして（2）現にそのように〔同定されて〕存在する状態が、そうであるべき理由について、簡潔で自然な説明が存在すること、である。

言うまでもなく、協働的で利他的な構えの発生は単なる机上の空論ではない。この推測は理論的研究と経験的研究双方によって補足されうる。[*4] 注目すべきは、この説明が、構えにかんする非表象的で、動能的な機能を主張するという点である。ある構えには進化上の成功が伴うが、他の構えには伴わない。こうした進化上の成功は、構えが引き起こす行動の問題である。換言すれば、行為に対する圧力の直接的な帰結が問題なのである。進化上の成功は、自分を助けてくれたことのある仲間を助ける動物には伴うかもしれない。しかし、助けるべきであると考えるが実際には助けない動物が存在しえたと言われるとしても、そうした動物には、進化上の成功は伴わないであろう。生存競争にあっては、動物が実際に何を行うかが重要である。このことは大切である。というのも、価値が内在的に動機付けるものである場合に限り、価値の発生についての自然な筋書きが可能となるということを、このことは示しているからである。また注意されたいのは、進化上の成功が生じる仕方である。協働することへの持続的な構えを有している動物は、（たとえば）ノミの心配がないとか、他者から食事を恵んでもらうことによって狩猟の遠征に失敗しても生き延びる能力といった他のニーズに関しても、うまくやっていける。正しさや義務、あるいは価値は、この〔進化の〕歴史において、いかなる説明上の役割も果たさない。自分を助けてくれたことのある仲間を助けるという持続的な傾向性を有している生き物がうまくやっていけるのは、それが徳であるからだとは思えない。それが徳であることは、進化生物学にとっては関係のないことである。〔徳が進化上の成功に寄与するといった〕きちんとした自然主義的説明は存在しない。

コミットメントは、その核あるいは本質と整合的な仕方で、心理学的な付加物を持ちえよう。倫理的な構えに特有の「感じ」は、その倫理的な構えの射程距離にある局所的な文化の機能かもしれないし、あるいは他の圧力や他の信念と倫理的な構えとの間の相互作用のうちのあるものの機能なのかもしれない。行為に向かう圧力は、誇りや恥、あるいは自尊と様々に関連しうるし、また、単純な現象学の発生を期待する理由も存在しない。〔倫理的な構えの〕本質は、実践的な重要性に存するが、それ〔構え〕を取り巻く感情は著しく変化しうる。たとえば、ある構えが欲求そっくりだと感じられる理由はない。似たような事例として、生物学的あるいは進化論的な筋書きが、異性間の誘引にたいして位置を与えるときの仕方と、他方、異性間の誘引が発生しうる文化的に特有の驚くべき仕方、すなわち様々な情欲と愛とを考察してみよう。〔情欲や愛の命令は、しばしば欲求とよく似ているとは感じられないし、端的にしなければならない事柄が存在すると考えることによって同じように表明されるかもしれない。このことについて後により多くを語りたい〕。そこで、もし理論家が倫理的な生の豊かな構造に魅力を感じているならば、彼は、それ故に、投影主義に反対する必要はない。倫理的な構えを他の種類の事柄に「還元」する必要はないのである。

さて、既に概略を示した類の進化と、たとえば空間的な距離を知覚する我々の能力について提示されるかもしれない事柄とを対比してみよう。この場合もやはり、重要となるのは行為である。しかし、我々が熟達しなければならないのは、まさしく知覚された特徴に応じて行為することである。蛙の舌がハエに的中することを可能にしている視覚運動機構は、蛙〔がいる場所〕と相対的に、ハエの場所に舌の軌道を適応させる必要があり、知覚された距離を用いて行動を導く動物は、距離をあるがままに知覚する場合に限って成功するであろう。我々の視覚機序は、我々に遠方の事物は遠方に、近くの事物は近くに見せているので、我々は視覚機序を用いてうまくやっていけるのである。こうしたことが、視覚機序の目指していることである。次のように述べることでこの対比を要約することができる。空間認知の目的論は空間的であるが、倫理的コミットメントの目的論は倫理的ではない。空間認知の善は表象することであるが、倫理的構えの善はそうではない。

　この種の理論の可能性は、さらにまた、科学の一般的な事例と、倫理学の局所的な特殊事例との間で求められる対比を提供している。科学の一般的な事例では、さらなる背景理論を提供する試みは、超越論的となるが、倫理学の局所的事例では、背景理論のためには自然の素材がすぐ手許にある。これが意味するのは、実在論対反実在論の全面的な争点を欲している哲学者は、局所的な事例で安心してはいられない、ということである。というのも、〔局所的な事例において〕理論を生み出す素材は、いわば、一般的な事例において提供されうるものとの対比によって存在しているからである。

　こうした単純な自然主義的な要点は、いつでも尊重されるとは限らない。たとえば、ジョン・マクダウエルやデイヴィッド・ウィギンズと関連している立場を考察してみよう。彼らの立場は、投影主義と同じ方向にある程度まで進む。少なくとも、ある人の倫理的な見解が、その人の気質の感情的あるいは動能的側面に依存していることを認める点において、そうである。しかし彼らの立場は、こうした能動的な側面を、主体が何か他のことすることを可能にする事柄として、すなわち、価値特性を知覚することを可能にする事柄として解釈している。人が事物の価値を認めるのは、その人が特定の仕方で動機付けられる、あるいは動機付けられる傾向がある限りにおいて、である。それはちょうど、人が顔に悲しみを知覚するのは、その人がある仕方で動機付けられる傾向がある限りにおいてであるのと同じだとされる。*5 こう考えることは、情操が倫理的判断を下す我々の能力に関与しているという疑う余地のない点を正当化すると想定されているが、しかし結果的には、いまだ道徳的評価のための「知覚的」そして認知的な位置に固執している。

この立場は実質的な理論であり、投影主義とは異なっていると想定しよう（以下で論じられることを考慮に入れると、どちらの想定にも疑いの余地がある）。人の感覚能力における変化は、何か他のことをすること、つまり事物の中に倫理的諸特性を文字通りに知覚することを可能にすると主張しているならば、そうした見解は、実質的見解である。あるいは、この「何か他のこと」は文字通りに知覚ではないとしても、少なくとも知覚との関連は極めて密接なものでなければならない、すなわち知覚と極めて密接しているので、構えの投影としては説明できないものでなければならない。というのも、この「何か他のこと」が、ただ、人の情操によって倫理的な判断に至るということに貼り付けられた異なるラベルにすぎないのなら、彼らの見解は投影主義と異なっていないからである。換言すると、知覚についてのそうした文字通りの語りが理論的な役割を果たしており、単に〔倫理的な判断や道徳的言明といった〕現象に異なるラベルを貼っただけでないならば、そこで初めて目下検討している立場は、投影主義と異なることになる。〔しかし〕このことが全く明らかでない。知覚についての理論的にはレベルの低い語りは常に可能である。自分がしなければならないこと、あるいは為される必要があることを、人は「見てとる（see）」ことができる、と誰でも発言できる。それはちょうど、17は素数であるということを人は「見てとる（see）」ことができるのと同様である。重要なのは、人が何を述べて終えたかではなく、人をそう述べるに至らせる理論である、と私が述べたとき、これこそが私が心に抱いていた決定的な事例の一つである。

〔道徳的言明を説明するさいに〕文字通りの知覚について語ることは、多くの問題に突き当たる。その一つは、倫理的なものが、極めて一般的に、そして選択を導くというその機能を考えれば典型的でさえあるが、知覚された状況ではなく、想像され、あるいは記述された情況に関わる、という問題である。[*6] 我々は一般的な基準に照らして、記述された行為者の振る舞いや、あるいは行為について倫理的な判断に至る。その際に、こうした一般的基準を、知覚的に形成され、あるいは支えられているものと見なすことには無理がある。忘恩の実例を目にしたときにのみ、忘恩は卑劣であると私は見てとるのだろうか。どのようにして私が見てもいない事例にまで一般化することに確信を持てるのだろうか。〔たとえば色に関しては、私はこうした確信を持てないだろう。不在の郵便ポストは現存のものと異なる色をしているかもしれない。帰納法的な手段によってのみ、郵便ポストが何色であるのかを我々は推測しうる〕。あるいは、〔行為の特性と価値との〕永久の結びつきを、私は見てとるのだろうか——しかし、どうやって、なのか。特性と価値との永久の結びつきを検出するためのアンテナを、私は持っているのだろうか。そうしたものは、色覚のようなものなのだろうか。

おそらく、こうした疑問は無視しうるのだろう。しかし、自然主義との結びつきにおいて、この〔マクダウェルとウィギンズの〕見解に問うべきであるのは、なぜ自然はわざわざそうしなければならなかったのかという問い、である。言うなれば、良好な動能的な状態に我々を押し込んで、あとは傍観していなかったのは、なぜなのだろうか。なぜ動能的な状態は、知覚システムの単なる前座であるべきなのだろうか。これは危険な可能性を生じさせるだけのように思われる。それは我々の行為を緩慢にするはずである。というのも我々は知覚された新たな情報を処理しなければならないからである。一層悪いことに、〔もし善悪の識別がもっぱら知覚によるとしたら、〕たとえば感謝の念によって動機付けられている人は、報恩の善性を見てとるようにはなるのだが、しかしその後、極めて一般的に、見てとられたことに対して他の何らかの（消極的な）反応を示す、ということもありえよう。実際には恐らく典型的には、動能的な圧力が諸特性に対して我々の目を開かせ、次に我々はそうした特性に対して、異なった対立する感情を抱く。それとも、〔それとは違って知覚に〕戻って来るものは、入っていったものであるということが、どうしたわけか所与となっているのか。すなわち、知覚された特性は、その特性を知覚するために要求されるのと同じ情動的な衝撃を伴って、我々に作用するとでもいうのだろうか。なんと便利なことだろう。しかし、そうしたループに入り込むとは、自然はなんとぎこちないのだろう。またなぜ我々は、投影主義が主張するように、そうしたループを避けるよう進化しなかったのだろうか。換言すれば、我々はここに実在論の典型的な症状を認める。実在論は、新たな特性に我々を連れて行かねばならないのみならず、新たな特性の知覚が現にもっているような効果をどうしてもちうるのか、ということを〔情緒や欲求といった動能的作用に訴えることなく〕示すことによって、その特性から我々を引き戻さなければならないのである。

この手の行き過ぎは、感受性の変化によって可能となる知覚という語り方を、文字通りに受け取ることから由来している。しかし、実在論の理論は、文字通りのつもりでいるように思われる。たとえばウィギンズは次のように考える。投影主義〔価値は事実的世界に「注入される、〔あるいはニスのように〕塗りつけられる」〕が斥けられることはあるとしても、正しい見解とは、価値特性とそれを知覚するための感受性が存在し、それらは「平等で互酬的なパートナー」として「お互いのためにあつらえられている」、というものである[*7]。

この見解を理解できるだろうか。投影主義は、その理論とまったく異なっていると想定されているが、その理論の半分、すなわち特性が感受性のためにあつらえられているという点は、容易に受け入れることができる。〔しかし投影主義による〕この容認は、おざなりなものとならざるをえない。なぜなら、価値述語は、問題となっている態度の反省や態度の投影として、思考や語りに登場する、という見解を述べるにあたって、我々〔投影主義者〕は〔実在論よりも〕優れた方法に到るからである。しかし本当にぎょっとさせるのは、もう半分の方、すなわち感受性は特性の「ためにあつらえられている」、である。誰または何が感受性をそのように作っているのだろうか。〔神なのだろうか。既に見てきたように、人間の倫理的感受性が事物の倫理的特性のためにどのように作られているのかを説明する自然な筋書きは存在しない。それゆえおそらくそれは超自然的な筋書きである〕。

思うにウィギンズは、ここには異常なもの、あるいは馴染みのないものは何も求められてはいないと返答するであろう。洗練あるいは文明化が、感受性と特性の双方を構成する。感受性が最終的に価値と優れて調和するのは、教育や道徳的洗練の過程によってである。「この段階までくれば、人間中心的な特性と人間の反応の体系は間違いなく独り歩きをはじめている。いまや文明化がはじまったのである」。我々は生に対する自分たちの反応を文明化した形態に仕立て上げる、という暗黙の申し立ては称賛に値するが、倫理の本性について一つの見解を突き止めるだけで十分なのだろうか。あるいは、向上と理論を混同する危険性はないだろうか。確かに、我々が倫理的な改善の何らかの過程を体験してきた時、我々は振り返り、今では我々は何か正しい事柄を会得している、と述べることができる——今では我々は事物の価値をありのままに正しく認識しているが、以前はそうではなかった。このホイッグ的な判断はしばしば下されるが、これ自体がもちろん道徳的判断である。そうした判断は、感受性がどのように価値の「ためにあつらえられた」のかを説明するのに不適切なのではあるまいか。第一に友情は善であり、第二に文明化が善性という特性の「ために」我々の感受性を「あつらえた」というのは、我々が友情の価値を認めている、という事実の優れた理論的記述あるいは説明だろうか。それは締まりのないように思われる。というのも、そうした説明は、誤りについての明白な理論をまったく伴っておらず（もし我々の感受性が不運にも特性のためにあつらえられていなかったならば、どうなるか）、目的論も、進化論的な背景も伴っていないからである。類似物をたやすく生み出すことができることを考えるならば、そうした説明が制御を欠いていることは、明らかになる。おそらく、何か似たようなものによって、数のために我々の算術的能力があつらえられたり、事物の快さのために我々の嗜好があつらえられたりということになるだろう。それとも反対に、我々の感受性が特性のためにあつらえられているという語りは理論的に無益であり、より経済的な残余が実際に欲せられているものの全てであるかもしれない。

特性は感受性の「ためにあつらえられている」という見解は、投影主義を回避しても、なお成り立ちうるだろうか。色とのアナロジーは、多くの欠点をもつとはいえ、そのような可能性を開くと考えられるかもしれない。しかしこの論点において持ち出される色は、危険を伴う事例である。もし色覚は何のためにあつらえられているのかとまじめに問うならば、何らかの回答を見いだしうる――しかしその回答は色に言及しないであろう。色覚はおそらく、物体や表面を素早く特定したり、状態を把握したりする我々の能力を強化するためにあつらえられている。そして、たとえば空間認知とのこうした非対称性は、一次性質と二次性質の区別にとってきわめて重要な点であり続けている。

色覚とのどのようなアナロジーも、〔心への〕依存の問題を避けられない。もし倫理的特性は文字通りに、我々の感受性によって、あるいは感受性のために、あつらえられているという理論を我々が有しているならば、倫理的真理は、我々の考え方によって構成され、そして我々の考え方に依存していることになろう。このことはウィギンズを不快にさせないであろう。これは、色とのアナロジーと一致している。またラッセルの懸念（「無慈悲な残酷さが悪であるのはただ、私がそうした行為を好きではないということに尽きると信じられないでいる」）を議論する途上で、ウィギンズは次のように率直に断言している。「残酷さが悪であるのは、バートランド・ラッセルにとっても、ただバートランド・ラッセルがそれを好まないからではなく、我々の現実の反応が所与であるかぎり、残酷さはそれを好むことを引き起こすものではないからである」[*8]。しかしそれは本当だろうか。そうではないと私は言っておくべきであった。残酷さは悪であると我々が言うのは、我々の反応ゆえであるが、残酷さが悪であるのは我々の反応ゆえではない。我々の反応が今と違っていると想像し、その場合に残酷さが何かしらましなものになるかどうかを問うのは、お馴染みのやり方だが、〔反応についての〕文に「現実の」ということばを挿入するなら、言われている依存関係をそうしたやり方でテストするのは、たしかに不適切になる。[*9] しかし、我々の現実の反応は、残酷さが悪であることのよりどころとしては不適切である。残酷さを忌まわしいものとしているのは、残酷さが我々に嫌悪感を与えるということではなく、残酷さをして我々に嫌悪感を与えさせている、おぞましいことどもなのである。

投影主義者は、次の極めて重要なことを示すことができる。すなわち、残酷さが悪であるのは、精査された集合的あるいは別の様態での我々の反応によってではない、ということを示しうる。この説明は、準実在論によって我々に求められてくる、〔ことばの指示作用にかんして〕不透明な文脈への対処法に由来する。[★1] 準実在論は、〔善悪の、反応への〕依存関係の言明について「内在的な」解釈を与える。内在的な解釈によると、この依存関係の言明は、〔善悪は人の反応しだいだという〕何が残酷さを悪としているのかについて、〔当然〕人を不快にさせる倫理的見解となる。この説明を批判する人々は、内在的解釈を容認しはするが、準実在論者は意図された「外在的」解釈に対して故意に耳を傾けない、と不平を述べる。この外在的な解釈によれば、依存関係は〔倫理的実践を外部から反省する〕哲学的命題であり、批判者の言うところによれば、投影主義者も賛同しなければならない解釈である。[*10] それゆえ、決定的な問題は、投影主義者が外在的解釈に耳を傾けることを故意に拒んでいるのか否かである。私ブラックバーンによれば、「無慈悲な残酷さが悪であることは何に依存しているのか」という問いに答える唯一適切な方法が存在する。すなわち、その問いは〔倫理的実践の内部での〕道徳的問いだと理解して、適切には我々の現実の反応にまったく言及せずに答えることである。仮にもし実在論が正しいならば、外在的な解釈は存在することになろう。というのも、この場合、ある事実、すなわち、ある事態〔残酷さが悪であるということ〕が存在し、その成立と不成立と、他のものへのその依存は逐一記録できるということになろう。しかし反実在論は、そのような事態やそのような依存関係という問題を認めない。そのような存在論的な頭痛の種のすべてから反実在論は自由になったところで、そうしたことは、反実在論者にとって嬉しくも何ともない。実在論者はこの機会を利用して異議を唱えるかもしれない。「残酷さが悪だということは、一個の事実〔恐らくある外在的な事実〕だと私は見てとる（see）のであって、この事実を支える理論が必要とされている。そうした支持を提供することを拒む理論はどのようなものであれ信用できない」と、実在論者は述べるかもしれない。この場合、私は喜んで袂を分かつし、実在論者は、どんな種類の存在論が役に立つのか、自由に探求をすればよい。そこではユーティフロのジレンマが全ての道を塞いでいる。*11

この〔探求される〕形而上学にあっては、世界は我々と我々の反応のほかは何も含んでおらず、したがって、残酷さは悪いという事実は、我々の反応によって作り出されなければならない、と考えたくなる。この事実が他の何かに依存して存在するためには、〔我々の反応の〕他にいったい何が存在するのだろうか。こうしたここに働いている先入観は、道徳的事実を、感受性によって構成され、形成され、あるいは変質させられうる、自然的な事実として捉えることである。実際、無慈悲な残酷さが悪であることは事物に依存している――残酷さはなんと酷いことなのかと我々に気付かせる、残酷さの諸特徴に依存している。しかし、そうした特徴を特定することは、道徳的判断を下すことである。依存関係の語りは道徳的語りであるか、あるいは何でもないかである。このことはもちろん、「外在的な」問いが意味をなすことを否定しない――投影主義プラス準実在論という包括的提案は道徳の本性についての外在的な哲学理論である。しかし、ひとたびこの包括的提案が持ち込まれたなら、外在的な問いも、〔他の哲学的理論におけるのとは〕異なるやり方で処理されなければならない。我々はまた、どのようにこの包括的提案が、実在論者対反実在論者の争点を描く一般的な方法を掘崩すのかにも気付くかもしれない。そうした一般的な方法によると、反実在論は、ある領域あるいは全ての領域における真理は「心的態度に依存」していると主張し、実在論はこれを否定しているとされるが、そうした対比は掘り崩される。というのも、ここでは投影は、反実在論者として願いうるかぎりの道徳の理論であって、道徳的真理は可能な唯一の意味において心的態度に依存しているということを否定しているのである。

要点は次のように示しうる。ある文は、それを主張しさえすれば態度を表明することになるが、そうした文を用いるや否や、人は倫理的な意見を論じ、表明することに従事することになる。そのような文には、「残酷さは悪であるという事実は○○に依拠している」あるいは「我々の洗練された合意ゆえに、残酷さが悪であることは真になる」といった文が含まれる。その他にも、いろいろな文があろう。もし、ある人が〔こうしたことを〕一般化して、「道徳的事実は、我々に依存している」と主張するならば、この一般化は、その個別例が真である場合に限り、換言するならば、そのような真理の範例を見つけ出すことができる場合に限り、真となるであろう。〔善悪を我々次第だとする〕そうした倫理上の意見は、魅力的ではないので、その意見の一般化と同様に、そうした意見は誤りであると判断されるにちがいない。もし外在的な問題を議論しようと試みるならば、〔倫理上の意見の表明とは〕異なるアプローチを採用しなければならない——私の場合、それは、様々な情操あるいは態度を調整、改善、比較検討および拒絶するという領域に、倫理上の諸活動を位置づける自然主義である。したがって、投影主義者は、依存関係という外在的な問題を、現実の事態とその因果連関が問われる領域に限定する、申し分のない権利を有している。この世界〔領域〕における唯一の事柄は人々の態度であり、もちろんこの態度は、自明かつ無害な仕方で、心的態度に依存している。しかし投影主義者は、道徳的特性は感受性のために、そして感受性によって、あつらえられているという主張の中に、どのような文字通りの意味をも聞きとることはできない。道徳的特性は、事物が作られ、変えられる世界には存在しない——道徳的特性はこの世界〔領域〕には決して存在せず、またこのことのみによって、自然主義は真であり続ける。

投影主義は、自然主義が〔依存性の外在的解釈が〕意図しているような説明についての要求に耳を傾けることを拒絶しているという、〔先にみた〕非難に対しては、より効果的に応じ返すことできると私は示唆したい。ウィギンズは、我々が文明化するにつれて、反応と特性との間での一種の協調に携わると、我々を理論的に記述しているが、これに対して、我々は以前から批判的であった。しかし、ある価値〔「文明化」〕へのホイッグ的な訴えがこの時点で導入されていることは、効果的である。というのも、説明をめざした探求に価値を導入することは、この伝統に連なる他の著作において、特にジョン・マクダウェルの著作において、繰り返されているからである。[*12] その戦略とはこうである。ある実践——倫理的判断という実践——の諸説明を比較することが意図されている文脈において、我々はこの実践へのコミットメントそのものを引き合いに出してもよい、とするのである。我々は、なぜ暗闇を畏れるのか。それは暗闇が恐ろしいものだから。我々は、なぜ友情を価値付けているのか。それは友情が善いものであり、我々が文明化されているからだ。私は、なぜ感傷的なことが嫌いなのか。感傷的なことにはそうした感情がふさわしいものだから、などなど。

倫理を位置づけるために倫理の外部に立つことへの拒絶は、ウィトゲンシュタインの思考の系列と結び付いていると考えられている。これは、〔概念に〕特徴的なこととして、どのような主要な概念群の要素も、別の概念もちいて還元あるいは説明できない、という思想である。倫理的な観念は、それを把握するために倫理的な感受性を要求する。同様に、我々が抱いている見解についての説明を理解することは、倫理的な感受性を要求しない、などということがありうるだろうか。友情を善いものだと知覚している人々だけが、我々がそのように知覚する理由を理解するだろうし、そうした人々に対してのみ、友情が善いということを思い起こさせたり、あるいは友情は善いと感じさせることによって、我々がそのように知覚する理由を説明できる。残りの人々——異邦人、部外者、火星人——にはそうした説明を与えることができないが、説明とはそうあらねばならないのである。我々の空間認識の能力の説明について私が述べたことは、全く同一の仕方で、そこにも循環が存在することを明らかにするだろう。距離を正しく認識する人々だけが視覚についての距離中心的な説明を理解することができる。

このことは、この論文において何度も触れてきたテーマに我々を回帰させる。説明への要求に答える際に価値を引き合いに出していいというやり方をとるときにのみ、そうした要求に耳を傾けることができるという主張は、れっきとした起源を有していた。類似の事柄が、物理学の場合にあっては、対応条件文(correspondence conditional)に関する考え方に当てはまるということに、我々は先に同意した。しかし、自然と自然についての我々の理論が、我々の倫理的なコミットメントを取り囲んでおり、そうした制約のあり方が、倫理的コミットメントを理論化するための場所を我々に与える。このことを示すのに十分な事柄を述べてきた、と私は望んでいる。どのような事物も、そしてどのような理論も、そのように我々の物理学を取り囲んではいない。換言すれば、〔物理学と〕倫理的な事例との差異は私が(1)と(2)に分類したテーゼにおいて現われている——外在的な説明の筋書きは可能であるという紛れもない事実である。我々はこのことを、より局所的な事例において既に知っている。局所的な事例で問われているのは一括した「倫理的なるもの」ではなく、特定の態度とその原因論なのである。社会人類学は、清教徒にたいして清教主義の起こりを説明し、複婚主義者にたいして一夫多妻制の展開を説明することに限定されない。同様に、ウィトゲンシュタインの中には、倫理的態度の一般的形状と本質およびその表出について投影主義的な語彙で説明することにたいする、原理付けられた障害を提供するものは何もない。

実際のところ、ウィトゲンシュタインの中にはそうした試みに対して好意的である要素が多い。ウィトゲンシュタイン自身は、倫理に関して反実在論であるのみならず、何かを記述することをその機能としていない命題や準命題——たとえば、論理学や算術の規則——を認めることにおいて、概して極めて自由であった。彼が行うことを欲していたのは、数学的な実践を、数学的領域の表象としてではなく、「異なる種類の道具」として位置づけることであり、そうした道具立てへのコミットメントは、信念の中枢的な事例とは異なっており、信念とは別の種類の構えにずっと近い。また興味深いのは、人間中心〔主義〕という批判に直面して彼が与えた回答は、明らかに人を苛立たせる責任逃れに見えるが、その回答の一部は、まさしく準実在論が機能していたならば投影主義者が与えることができたものである。そして私によれば、こうした問題に関わっている他のどのような哲学もそうした回答を与えることができない。たとえばウィトゲンシュタインが、数学的活動についての自身の人間中心的な見解に基づいて、数学的真理は人間からなお独立しているのか否かという問いに取り組んでいるとき、私が彼に言わせたいようなことを彼はまさしく述べている。

> 「しかし数学的真理は人間がそれを知っているか否かから独立している！」。たしかに、「2×2は4であると人間は信じている」と「2×2は4である」という命題は同じことを意味してはいない。後者は数学的命題であり、前者は（もしそれが意味を成しているならば）おそらく次のことを意味しているだろう。人間はその数学的命題に到達した、と。二つの命題は、用法が極めて異なる。*13

この〔数学的〕命題は、人間の諸活動の過程において生じる規範を表明しているが、そうした諸活動を記述してはいない。また、その規範の適切さ（その命題の真理）がそうした諸活動の存在あるいは形式に依拠するような用法を、その命題は持っていない。この（数学的真理は人間から独立しているのか否かという）問いは、端的には提起されえない。というのも、この問いは、自然界に属している依存的な状態ではまったくない状態を、あたかもそうであるかのように扱っているからである。

私がこれまで示そうとしてきたのは、自然主義は、包括的（global）な事例においては実在論と反実在論に一様に背をむけるが、倫理の事例にあっては投影主義の理論に向かう、ということである。この理論は明白に反実在論である。というのも、この理論が提示する説明は、道徳的「特性」あるいは「事実」の存在に還元不可能な仕方で、あるいは絶対不可欠なものとして訴えることをしないからである。この説明は、（価値性質や道徳的事実の存在など）道徳の「存在論」も要求しない。投影説主義による説明は、活動を内側から明らかにする——すなわち、自然的に説明できる態度からはじめて、態度を伝え合い、疑い、精緻化し、捨て去るといった発話形式にいたる、という仕方で活動を説明する。そして、このことが軽率な人を誤解へとさそうのである。

今まで私は、極めて抽象的な言い回しで心的態度への依存という問題を語ってきた。そして私の見解を弁護するために、私は言語哲学における、どちらかといえば細かい戦略に依拠してきた。私はこれからこうした点を実践的な観点から議論したい。より根本的な誤解が投影主義へのある不快感の背景になっていることは明らかである。この誤解は、英国学士院講義におけるウィギンズの「非認知主義説」への批判においてはっきりと現れている。*14 投影主義は「生きられた経験の内側」に忠実ではありえないという嫌疑でその講義は締めくくられている。他の論者（ネーゲル、ウィリアムズ、そしてフットを私なら挙げるだろう）は、同様の困惑を例示しているように思われる。その考えとは、次のようなものである。私たちが理論家の視座と、当事者の視座から、倫理的な構えについて考察する際に、ある種の一致が存在することは重要である。倫理的なコミットメントについての我々の筋書きは、この一致を説明すべきであり、〔じつは存在しないと結論をみちびいて〕それを消去するような説明をするべきではない。しかし投影主義は、後者を行う恐れがある（思い違いをしている多くの人々は、ヒュームを倫理にする懐疑論者であると考えており、もちろんジョン・マッキーは自らを懐疑論者と見なしていた）。投影主義がそうする恐れがあるのは、投影主義の示すところによれば、我々の〔倫理的〕コミットメントは、なんら外在的な要求ではなく、我々の意志と関わりなく〔一定の態度・行為を〕要求することもしないし、我々の情念に真っ向から対立して我々に要求を行うこともない、とされるからである。投影主義は、我々のコミットメントを、我々自身の情緒的な本性の一側面にしてしまう。すなわちこのことは、道徳的ねばならない（moral must）の厳しさを破壊し、我々のコミットメントを緩めてしまう。〔投影主義には、こうした嫌疑がかけられる。〕

内側から見ると、我々の情念の対象は、情念の直接的な対象である。我々にとって重要なのは、死や最愛の人、夕映えであって、我々自身の満足や喜びの状態ではない。投影主義は、この事実を相手に苦闘したり、あるいはその事実との関わりを否認しなければならない、とでもいうのだろうか。我々が子どもを救助しようとする、手榴弾の上に身を投げ出そうとする、吹雪の中に出て行こうとするといった危機において、我々投影主義者は「おお、重要なのは、ただ私に関することであり、私の欲求あるいは他の動能的なプレッシャーがそうさせているに過ぎない。やめとけ」と考える、とでもいうのだろうか。

他の事例に言及することは、こうした疑いに対する十分な反論となるはずだ。恋をしている人は、「おお、それは単なる私の情念に過ぎない、やめとけ」と考えることで自身の情念から逃れるだろうか。世界が悲しみをもたらす出来事を産み出しているときに、深く悲しむのは我々である、と我々が気付くならば、気分が明るくなるだろうか。（最悪の考えは、あたかも悲しみに関して、合理性が我々に告げることがあるかのように、もし我々が「理性的」であるならば気分が明るくなるべきである、というものである。）

行為の哲学における重大な誤りが存在しており、私が思うに、この誤りが、ウィギンズの疑念を共有したいという衝動を説明してくれるに違いない。この誤りとは、次のような想定である。すなわち、我々がある情況の様々な特徴を踏まえて熟慮するとき、我々は同時に、あるいは「実際には」、我々自身の動能的な機能についても熟慮している――または我々の推論は、我々が自分たち自身の動能的な機能についても熟慮していると描写することによって「モデル化」されうる、という想定である。あたかも実践的推論とは、三段論法を考えることから成っており、しかもその前提の一つは、我々が欲していることの記述であるかのように描写することは、この誤りを助長することになる。しかし、眼はそれが提示している視覚的情景の一部ではないように、事物の情動的な効果のもとになった感受性は、感受性が素材と見なす情況の一部ではない。また、我々のユーモアの感覚は、我々が面白いと思う主要な事柄ではない。これが意味しているのは、我々の感受性は我々から隠されていて、我々が自らを省みるときにはじめて、ちょうど我々が恋したり深く悲しんでいるときに我々が知りうるような仕方で、我々がその一側面を認識することができる、ということではない。それが意味しているのは、知覚された事物の特徴に我々が反応するとき、感受性それ自体の形態は入力の一部ではない、ということである。さらに、我々の感受性を熟考するときでさえ、もし我々が判断を下すのであれば、我々は当の感受性を用いているだろう。すなわち、我々が自らのユーモアの感覚を面白いと思うなら、我々はそう思うときにユーモアの感覚を用いることを免れてはいない。

こうした誤解は人びとを次のような想定へと導く。すなわち、投影主義にあっては、責務は本来、欲求の存在に依存していると描写されるので、すべての責務は「仮言的」なものになるに違いない、という想定である。しかし最愛の人が存在していると聞き、自分は行かなければならないと感じている恋人、あるいは悪い知らせを受け取り、自分は深く悲しむに違いないと感じている人は、「もし私が彼女を欲している／悲哀を感じているならば、私は行かなければならない／深く悲しむに違いない」という形態の思考を有してはいない。こうした思考に対応しているものは何もない。知らせが入ってきて、情動が出てくる。人間の人生においてこれほど定言的なものはないし、そう感じられるものもない。もちろん、通常の情動的な事例にあっては、第三者は、彼が行かねばならないのは彼が彼女を欲している限りにおいてである、と判断するかもしれない。しかし、倫理の事例にあってはそうではない。人は欲していようがいまいが、自らの幼い子供を世話すべきである。しかし、その理由は、我々が他者からある反応を要求するということ、そして、そうすることは時には良い教化の一部となるということにある。

ひとたびこうした誤りが回避されるならば、理論的な観点と熟慮的な観点との調和がないことへの懸念に何か実質的なものが残っているだろうか。私は残っているとは思わない。時には理論は態度を変えることを助けてくれるだろう。徳や悪徳の原因や機能について〔理論的に〕考察した後、時には人はある徳に対してさほど愛着を持たなくなるかもしれないし、ある悪徳を追求することにあまり熱中しなくなるかもしれない。人は徳や悪徳をつまらないものと見なすかもしれない（以下で我々は一例をみる）。しかし時には人は徳に対してより愛着を持つかもしれないし、時にはすべてがおなじままである。この筋書きは、投影主義の倫理理論において言及される構えが無理なく意味をなすという見込みを侵食する恐れがあるだろうか（この筋書きは、責務の要求を権威に充ちたものにするために、何か神聖なものを必要とするのだろうか）。そんなことはない――すでに私は、愛や深い悲しみの「ねばならない」に言及したが、習慣や強迫観念の「ねばならない」も同様にありふれたものなのである。

最後に、自称実在論者によるもう一つの非難がある。すなわち、投影主義者は結局相対主義者にならざるをえない、という主張である。我々の倫理的な構えを根拠づけているのは一連の態度であるが、「真理」は、どのようなものであれ、そうした態度の集合に相対的であるに違いない。そうした態度は、地域によって、そして時代によって異なりうるので、真理も相対的であるに違いない。まさしく他の動能的状態との類似性が、この帰結を強調する。ある人にとっては愛あるいは深い悲しみ、もしくはユーモアの機会となる事柄が、他の人にとってはそうではない。ファッションの命令の虜になっている若者を考えてみよう。誰もがある装いを身にまとわなければならず、他の装いはありえないという判断は、それ相応の〔自然に説明でき、完全に理解可能な〕機能を有している。この判断は、極めて定言的に見える。というのも、この装いは強制的である、あるいは、ありえないというのは、彼や彼女にだけ関わっているのではない、と主体は考えている〔両親の時代にあっても同様にそうであったのであり、ただ彼らはそのことを理解していなかったのである、とその主体は考えている〕だろうから、である。けれども、これはまず誤りである。〔ファッションについての〕判断は「相対的」であり、その判断を引き起こす選好の局所的なシステムの外側では、真理を欠いている。〔相対主義だと非難するときの〕イメージは明白である。投影主義者は、ある特定の倫理的な船に乗って航海しているのかもしれないが、彼は他の船の現実的、あるいは潜在的な存在について知っているに違いない。では、〔自分が乗りこんでいる船が正しいという〕絶対的な真理は、どこにあるのか、というわけである。

その答えはこうである。〔実践を〕脇から見る、この理論的な視座から見えるような、いかなるところにも、絶対的な真理は存在していない。それは、この視座が非正統的だからではなく、倫理的な真理を発見するのに適した視座ではないからである。もしそのような倫理的真理が自然的な真理であるならば、あるいは現実世界における事態の存在から構成されているならば、そうなるであろう。現実世界とは、相異し対立する道徳システムを了解する観点から見られた世界である——しかし当然のことながらその観点からは、それら道徳システムのどれか一つのうちに真理を見出すことはない。無慈悲な残酷さは悪であるということの真理を「見る」ためには、教化されることを要求する。すなわち、船に後戻りすること、あるいは感受性のレンズをもう一度身に帯びることを要求する。しかし、ひとたびこのことが為されるならば、語るべきことのうちに相対主義的なものは何一つ残ってはいない。倫理的判断の存在は、もちろん、判断できる人々の存在に依存している。真理の存在は、〔外在的には〕何ものにも依存しておらず、残酷さを悪とする諸特徴に〔内在的に〕依存している。心的態度への依存性を論じたときに働いたのと同一の理由によって、倫理的判断の真理を、我々や我々の情操あるいは競合する情操の存在に関連づけることを表明している学説は存在しない。

それでは、他の情動、あるいはファッションの事例との類似性はどうなのだろうか。嘆きや愛という情操は、当然、個人的なものである。もし〔悲しみを感じている〕主体が、悲しみに打ちひしがれていない人々に向かって、あなた方もともかくも打ちひしがれるべきだ、と要求しようと感じるなら、その主体は、非相対的に、絶対的に間違っている。同様なことは、ファッションにも当てはまる。ファッションの背景にある筋書きには、仲間集団にとって称賛に値するような自己提示の必要性が含まれている。そして各世代は直近の先行者から自らを隔てる必要があるという理由によって称賛に値することが急激に変化するのであれば、自分の両親が好きになる服がどういうものであれ、それを好むのは間違っている、と考える一〇代の若者は、ある情動の持ち主が、同一の感情を抱くことができない人に対して誤りを帰するのと同じ仕方で、間違っている。しかし、最も堅固な倫理的判断は、確実に変わっていくような構えには由来しない。困難な生活が哀れむ能力を破壊するかのように、最も堅固な倫理的な判断も、時には自然的な原因によって、見られないこともある。しかしこうしたことは、そうでなかったならそのほうが望ましかったのに、という哀惜の原因となる。種々なタイプの情動において、ましてやファッションにあっては、哀惜の原因は存在しない。こうした事柄を述べる時、もちろん私は私自身の倫理的な構えのある要素を表明しているのであるが、しかし私が請け合ったように、こうしたことを行うことによって初めて、倫理的な真理は見つかるのである。

《2》

投影主義による理論が倫理学においてあらゆる利点を備えているのであれば、投影主義の理論は余分なものをどれくらい投げ捨てれば、なお何か望ましいものを保持しうるというのであろうか。私が強調した二つの構成要素は、信念とコミットメントが有益な仕方で対照されるようにコミットメントを同定する可能性と、現にある〔心の〕状態がなぜ存在すべきなのかについての「適切で自然な説明」である。倫理の事例では、我々は動能的な構えを有しており、我々の機能においてこの構えのための明白な場を持っている。しかし他の事例にあってはどうであろうか。

色へのコミットメントは注目を引くかもしれない。しかしながらそれは、色覚とは何であり、なぜ我々はそうした知覚を有しているのかに関する合意された筋書きによって、実在論こそが色についての自然な学説になるということに、全ての人が満足してはいないからである。ここには、第二の構成要素が提起されている。色の識別のための我々の能力について、適切で自然な筋書きが存在しており、物理的にも進化論的にも、その説明的な側面において、色の存在を説明のために用いてはいない。しかし〔第一の構成要素にかんして言うと〕、色へのコミットメントと、信念を対比させることは、お粗末にでさえ出来ない。それらの機能的な役割は、異ならない。したがって、なぜ我々は色の語りに対して様々な種類の命題的態度を取るのか、あるいはなぜ我々はそうした命題的態度に結び付けて知識や疑念、証明等について論じるのか、こうしたことを説明するような、展開すべき〔倫理の事例と〕類似した投影主義による理論は存在しないであろう。色についての実在論と反実在論との論争から何かを導き出すことができるとしても（私はむしろ怪しいと思っているが）、異なる手段によってそれは見いだされるべきであろう。

様相へのコミットメントは、はるかに有望である。概念においても自然においても、必然性や可能性への我々の傾向は、諸可能世界の分布の仕方であれ、（自然必然性のばあい）普遍者の無時間的な法則的つながりであれ、我々が何かを表象しているという見解と簡単には一致しない。*15

第一に、論理的必然性の場合を考察してみよう。様相へのコミットメントの非表象的な機能を主張する理論は、明らかに魅力的である。しかしながら、その理論では、第一の要請は充たされている、と私は思うが——手始めに、様相的な構えを信念以外の何かとして位置づけることを我々はすることができる——、だが第二の要請については、簡単ではない。ここで関連する種類の構えは、規範——たとえばある違反の禁止——への固執である。「2＋2は4以外の何かである」と発言することは、この禁止を犯しており、そしてこの禁止は、逆にこんどは、共有された実践、共有されたコミュニケーションを可能にする。ここまではよい。しかしこの禁止の発生についての「適切で自然な理論」に関してはどうだろうか。共有された実践は存在してしかるべきである、ということはいい。しかし共有された実践は、そうした規制にそれほど明らかに依存しているのだろうか。もし依存しているとするならば、それは他の何かのためにそのように見えているのである。すなわち、禁止事項を無視して従わないという思考法を我々が理解できないことによって、そう見えているのである。このことは、我々が全く理解できない、見かけ倒しの可能性を導入している。この想像上の制約は、今度は逆に、どのような自然的な理論によっても、概略ですら可能とは思われないような何ものかでしかない。というのも、我々が想像上の制約を理解することができるならば、我々はそうした制約を、必然性に対する原初のコミットメントを説明して結果的に消去したり、掘り崩すこともありうると気づくからである。同時性についての相対的な考えを把握するのは難しいと我々が考えるのは、ひとえに相対的速度が光の速度に比して常に遅い世界に（いわば）監禁されているせいであると思われるとしたら、このことは既に、自然的な理論を不可能なものと見なす際に我々がどう間違っているかを示している。我々が新たな原色を想像できないのは、単に我々の色覚の範囲のせいであるのなら、ある自然的な操作によって我々は新たな原色を認めるに至るかもしれない、という可能性を除外することは賢明ではないであろう。自然な説明は、ここでは厳格な論理的なねばならない（logical must）の敵となっている。

こうしたことは、自然的必然性の場合にあってはそれほど明白ではない。ここでの範例は、やはりヒュームである――多くの解説者によるヒュームではなく、必然性の語りは還元できないことを知っているが、必然性についての投影主義の理論を提示している実際のヒュームである。この説明によれば我々は、自然的な規則性に対して反応する性質をもっており、予期への傾向性を形成する（我々の反事実的な推論における境界を遵守する傾向性の形成を付け加えてもよい）。こうした傾向性は、今度はその規則性が信頼できると判明するにつれて、我々に大いに役立つものとなる。さて、ひとたびヒューム的な形而上学を受け入れるならば、自然主義は極めて適切であるように思われる。この解釈によって、結論――因果の語り――は損なわれずに、説明される。これは、倫理学の場合と極めて合致する。しかしながら、違いも存在する。倫理学の事例において説明的な働きをする自然観に対して、形而上学的な障害が立ちはだかる、とは私は考えない。しかし多くの論者は、因果に関するヒュームの形而上学においては説明的な働きをすると思われる自然観に、手を焼いている。〔ヒュームによれば因果は〕規則性〔に尽きる〕――しかし何の間の規則性なのか。出来事の間か――しかし（コンピューターのメタファーを用いるならば）因果的な「ビット」をはぎ取られたら、出来事はどのように想像されうるのだろうか。通常の対象における変化として考えられている出来事は、説明的な働きをほとんど果たさない。というのも、多くの論者が主張しているように、通常の対象には因果的な力が充満しているからである。世界から価値を剥ぎ取るときの、容易で横から眺める自然主義的視座に対応するものは、何もない。

選択肢として何があるのか。あらゆる立場が、自らが最善であると見なす方法で因果の語りを行う。新たな実在論者たちは、見かけ倒しの存在論を産み出すことを好む――普遍、無時間的な結びつき、等。こうした再翻訳の説明もどきの見せかけが、（理解を超えてはいても）その場にしっかりと据えられている限り、ヒューム主義者は意に介さない。ここに議論の余地があるだろうか。そこは亡霊を退散させることが困難な場であり、私個人としては、暗闇のなかでそこに単独でいるのを好まない。

この論文が書かれて以降、〔実在論と反実在論との〕論争において影響力の大きい指標であり続けているのは、本論文の名目上の鏡像、すなわちリチャード・ボイドによる「倫理的な実在論者になる方法」という表題の論文である（*Essays on Moral Realism*, ed. Geoff Sayre-McCord, Ithaca: Cornell University Press, 1988に所収）。このボイドの論文の読者は、本論文をオックスフォードの、ウィトゲンシュタイン的な実在論への応答ではなく、むしろ新たな自然主義的なコーネル型の実在論への応答であると期待するかもしれない。これは嘆かわしいことであるが、本書の一一番目の論文〔「投影主義をとる正当な理由」――本訳書x章〕に加えて、この補遺においてコーネル実在論について簡潔な所見を付け加えてもよかろう。

コーネル実在論は、特性の同一性という可能性を強調し、善いということは、何らかの自然的な性質だとしている。コーネル実在論は、自然的諸特性の複雑な束（cluster）を引き合いに出すかもしれないし、あるいは何であれ、善についての通俗理論とされるものを最もよく充たす自然的諸特性を引き合いに出すかもしれない。しかし、たとえば、善いとは人類の幸福を産み出すことである、といった単純な等式を考察すれば、この理論の本質は同様に明らかになる。この等式は、ムアの未決問題論法からは守られている。というのも、この等式は、意味の同一性ではなく、「水はH_2Oである」や「気体における熱は分子運動である」にならって捉えられた、実質的な形而上学的な同一性として提示されているからである。

私は、こうしたアプローチは混乱を招くと思う。というのも、このアプローチでどのような問題を解いているのかが、明らかでないからである。このアプローチは、道徳心理学を論じているのではない。というのも、このアプローチは、人類の幸福を産み出すことと善を同一視している人と、そうはしない人との間に、どのような差異があるのかについて、我々に教えてくれないからである。すなわち、このアプローチは、幸福の創出を善という表題の下で理解することが、態度あるいは信念、もしくはそれら以外のものをもつことなのか否か、という問題にも取り組んでいないし、この理解が何らかの仕方で行為と結び付いているのか否か、あるいは罪責感や羞恥心のような情動と結び付いているのか否か、といった問題にも取り組んでいない。（様相との関連における類似点ついては、第三論文〔「道徳と様相」——本訳書未収録〕の補遺を見よ）。このアプローチは、意味の問題を論じているのではない。というのも、この等式に抵抗する人が、倫理的諸概念を律している、意味についてのある（隠された）原理を故意に無視しているのか否かは、我々には分からないからである。また、このアプローチは、証明と客観性の問題を論じているのでもない。というのも、この等式の否定が、客観的あるいは認知的な誤りなのか、それともそれ以外のことなのか否かについて、我々には分からないからである。この等式が、道徳心理学、動機付け、意味、認識論の諸問題に役立たないのであれば、この等式は何の役に立つのだろうか。この等式は、人類の幸福の生成を基準として受け入れるのを許容する倫理を持ち合わせた、特定の人々のあいだで一致した後知恵であると思われる。

　こうした問題を避ける一つの方法は、実在論は、少なくとも述語に関する限り、述語は本質的にある特性、あるいは実在的な特性を指示している、とする学説だと考えることである。もし我々が実在する特性を指示しているならば、述語が関与しているいかなる文にも標準的な真理論的な意味論を与えることができる。そうした文の真理は、より単純な真理が保証されるのと同じ仕方で保証され、反実在論が切り開こうとした対比は取り除かれる。マイケル・ダメットは、実在論についてのこうした構想を表明してきたが、彼自身は続けて、指示が意味の理論において何らかの役割を果たさないのであれば、我々がある発言の集合に付与する意味は反実在論的な解釈が相応しいという可能性が残る、と指摘しているように思われる。これは、どのような心の状態になれば、理論家が指示の同一性を宣言することに至るのか、という問題であり、もしこの心の状態が密かに、あるいは明白に「非認知的」であるならば、実在論の方向にはいかなる前進もない。

極めて肝心なのは、「指示」に関する限り、通常の事例において指示が意味と結び付いているという点である。ある表現を理解するとは、その表現の指示は何であるのかを明示的に、あるいは黙示的に把握することである。ここで、〔全ての負担を負うといった〕更なる議論が無いならば、そのような〔善いとは人類の幸福を産み出すことである、といった〕等式は存在しない。なぜなら、常軌を逸した基準を持つ人々は、倫理的な用語は理解するが、そこには自然主義者が強調するような諸特性との明白な結びつきが存在しないからである。もし現実の特性の同一性が存在するならば、その同一性を見落としている人々は皆、客観的、形而上学的な誤りを犯しているに違いない、と考えたくなるであろう。しかしこれは正しくない。なぜならこの同一性を見落とすために必要なのは、欠陥ある倫理的感受性だけだからである。

このことがひとたび理解されるならば、特性の同一性はどうでもいいこととなる。倫理的な特性とは、倫理的述語が述語として機能している、という事実の意味論上の影でしかないのであれば、倫理的な述語が特性を指示する、と述べることに害はない。倫理的な真理の準実在論的な擁護は、倫理的な述語を擁護するし、またもし我々の総合的な意味論の構図が、述語は特性を指示しているというのならば、それでかまわない。しかし倫理的述定は、あくまで自然主義的な述定と全く異なる活動である。このことが、あたかもそうでないかのように偽装されるのは、諸特性の世界のことを、科学者としての哲学者によって隠された同一性が白日に曝されうる世界だ、と考えることによってでしかない。

（訳　福間聡）

第五章　注

原注

＊1　たとえば、Arthur Fine, 'Unnatural Attitudes: Realist and Instrumentalist Attachments to Science', in *Mind*, 1986 を見よ。

＊2　これに関連するパトナムについては、Ruth Garrett Millikan, 'Metaphysical Anti-Realism', in *Mind*, 1986 を見よ。

＊3　私のお気に入りの例はパトナムである。*Reason, Truth and History*（Cambridge: Cambridge University Press, 1981), p. 52〔ヒラリー・パトナム（野本和幸他訳）『理性・真理・歴史——内在的実在論の展開』法政大学出版局、一九九四年、八二—三頁〕を見よ。

＊4　R. Axelrod, *The Evolution of Cooperation*（New York: Basic Books, 1984）〔R・アクセルロッド（松田裕之訳）『つきあい方の科学——バクテリアから国際関係まで』ミネルヴァ書房、一九九八年〕.

＊5　John McDowell, 'Non Cognitivism and Rule Following', *Wittgenstein: To Follow a Rule*, ed. by S. Holtzman and C. Leich（London: Routledge & Kegan Paul, 1981）〔荒畑靖宏訳「非認知主義と規則順守」、大庭健編監訳『徳と理性——マクダウェル倫理学論文集』勁草書房、二〇一六年〕. また Sabina Lovibond, *Realism and Imagination in*

Ethics（Oxford: Blackwell, 1983）を参照。このアナロジーによって影響を受けているその他の論者は次の二人である。Mark Platts, *The Ways of Meaning*（London: Routledge & Kegan Paul, 1979）and Anthony Price, 'Doubt about Projectivism', in *Philosophy*, 1986である

*6　John Locke, *An Essay Concerning Human Understanding*, Book IV, chapter IV, pp. 6-7.〔ジョン・ロック（大槻春彦訳）『人間知性論』岩波書店、一九七二—七年、第四巻第四章第六—七節、七六—八頁〕

*7　D. Wiggins, *Truth, Invention and the Meaning of Life*（British Academy Lecture, 1976）, p. 348.〔古田徹也訳「真理、発明、人生の意味」、大庭健・奥田太郎編監訳『ニーズ・価値・真理——ウィギンズ倫理学論文集』勁草書房、二〇一四年、一七〇頁〕

*8　'A Sensible Subjectivism', in *Needs, Values, Truth*（Oxford: Blackwell, 1987）, p. 210.〔萬屋博喜訳「賢明な主観主義?」、大庭健・奥田太郎編監訳『ニーズ・価値・真理——ウィギンズ倫理学論文集』勁草書房、二〇一四年、二七三—四頁〕

*9　我々の現在の態度への指示を厳格にし、それによって傾向性に基づく主観的な分析に対する幾つかのありうる異論を回避するために、「現実の」〔ということば〕の使用は、これに関連しては、マイケル・スミスによって活用されている。

*10　Quassim Cassam, 'Necessity and Externality,' in *Mind*, 1986.

*11　本書の第一論文と第三論文が証明するように。

*12　たとえば彼の論文 'Values and Secondary Properties', in *Value and Objectivity, Essays in Honour of J. L. Mackie*, ed. T. Honderich（London: Routledge & Kegan Paul, 1985）.〔村井忠康訳「価値と第二性質」、大庭健編監訳『徳と理性——マクダウェル倫理学論文集』勁草書房、二〇一六年〕

*13　Ludwig Wittgenstein, *Philosophical Investigations*（Oxford: Blackwell, 1953）, p. 226.〔ルートヴィッヒ・ウィトゲンシュタイン（藤本隆志訳）『哲学探究』大修館書店、一九七六年、四五二頁〕'Wittgenstein and Realism'（in *Wittgenstein: Eine Neubewehrung*, eds. J. Brandl and R. Haller, Vienna: Ho1der-Richler-Temsky, 1990）の中で私は、哲学的命題（文法規則）、宗教的命題（生き方についての意見表明）、自己についての明白な多くの記述（公言）、確実性の表明、および様相的コミットメントと算術的コミットメントについてのウィトゲンシュタインによる非記述的な取り扱いに言及している。それぞれの事例において——そしてこれらのみが、ウィトゲンシュタインの後期哲学が全力を挙げていると思われる事例である——彼の準実在論的な傾きは明らかであり、彼が全面的なミニマリズム、あるいはつまらない

多元主義への奉仕を強いられていることが多いのは残念である。

＊14　*Truth, Invention, and the Meaning of Life*, section 4, note 6.〔古田徹也訳「真理、発明、人生の意味」、大庭健・奥田太郎編監訳『ニーズ・価値・真理★2――ウィギンズ倫理学論文集』勁草書房、二〇一四年、二一六頁〕

＊15　David Armstrong, *What Is a Law of Nature?* (Cambridge: Cambridge University Press, 1983), chapter 6.

訳注

★1　通常、同一のものを指示している任意の二つの用語は、述べられている事柄の真偽を変更することなく、代替しうるが（透明な文脈）、信念などを表している場合にあっては真理値が変化することがある。そのような文脈は「不透明な文脈」と呼ばれている。たとえば森鴎外と森倫太郎は同一人物であり、「森鴎外は小説家で軍医でもある」に「森倫太郎」を代入してもこの表現の真理値に変化はないが、「森鴎外は小説家で軍医でもあることを太郎は知っている」にあっては、森倫太郎を代入することはその真理値を変化させる可能性がある（太郎が森鴎外＝森倫太郎であることを知らない場合）。また量化された表現においても同様の現象が生じる。

★2　British Academy Lecture 版には第四章に注六は存在しない。そのため *Needs, Values, Truth: Essays in the Philosophy of Value*, 3rd. ed. (Oxford: Clarendon Press, 1998) に所収されている同論文の当該箇所に対応する邦訳の頁を挙示している。

第六章　投影説を採る正当な理由

本章で主な考察の対象とされるのは、倫理の言説の「投影説」的な説明に対してこれまで突きつけられてきた、いくつかの困難についてである。これらの困難は、説明や自然種をめぐるいっそう幅広い問題を招くことになり、またそれらはおそらく、倫理学やその他の領域で進行中の実在論対反実在論の論争についても、さらに述べられるべき事柄を示唆することになろう。

ここで私が念頭に置いているのは二種類の困難である。それらはいずれもニコラス・スタージョンが「道徳実在論が真であるかどうかによってどんな違いが生じるのか」[*1]という論文の中で突きつけているものである。第一の困難に関するものを「意味に基づく論証（the argument from sense）」、第二の困難に関するものを「説明に基づく論証（the argument from explanation）」と呼ぶことにしよう。第一の困難は、道徳のコミュニケーションの中には、私の理論のような理論では理解困難となってしまう側面があることを指摘するものである。第二の困難は、説明〔という問題〕に関して同様の困難を指摘するものである。

意味に基づく論証の基本構造は以下のとおりである。投影説理論による道徳心理学についての描写の中には、任意に措定可能な二つの項目が見出される。そのひとつはインプットの側、すなわち、倫理的なコミットメントを形成するさいに主体が反応する世界の自然的な特徴である。そしてもうひとつはアウトプットの側、すなわち、形成されたコミットメントの種類であり、行動や選択へと向かう態度や圧力である。投影説にとって肝心なのは、少なくともさしあたりは道徳の語彙に頼ることなしに、これらを有効な仕方で同定できることである。投影説は、（例えば）〈それは正義や責務や価値の知覚だ〉などと述べずに、インプットの正体を突き止められなければならない。また、〈それはまさしく倫理的な反応、すなわち、「われわれが何事かを是認するさいに持つような種類の反応」だ〉などと述べずに、アウトプットの正体を突き止められなければならない。以上の事柄がさしあたりのものだという留保条件を私が付したのは、このような厳格さが永遠に続かなければならないわけではないからである。もし投影説論者も、私なりの言い回しで言うと、倫理的真理や事物の倫理的特徴といった語を用いて思考する権利を獲得することができるのだとすれば、われわれはそうした倫理的な真理や特徴に対して反応しているのだとか、倫理的に反応しているのだなどと投影説論者が述べることも、投影説論者が当該のシステム内部で話をしているかぎりは、不可能なことではない。ただ投影説論者は、このことが何を意味しているのかについて、実在論に譲歩しない仕方で説明することができると考えているだけなのだ。

ところで、ある共同体の中でその個々の成員に着目してみると、あらゆる点での多様性が見出されることだろう。社会正義を例に取ってみよう。ある所与のアウトプット、例えば、積極的な是認や奨励といったアウトプットを一定のものとみなすとしても、どのような種類の社会制度のあり方がそうしたアウトプットを促すかは人によって異なることが分かる。また、ある所与のインプット——例えば、ある社会がロールズの格差原理によって統制されているという信念——を一定のものとみなすとしても、敬慕から痛罵に至るまでの多様なアウトプットがあることが分かる。また、烈火のごとき義憤など、一部の人々は取っても他の人々は決して取らないような態度があることも分かる。さらに、一部の人々は、他の人々にはほとんど気付かれもしないような特徴、例えば男性優位や人種的偏見などに反応するということもある。

こうしたおよそ均質とは言い難い状況の中にもひとつの不変性が浮かび上がってくるのだが、これは奇妙なことに思えてくる。その不変性とは何かと言えば、インプットが何であれアウトプットが何であれ、またそれを誰が表現している場合であれ、ほとんど皆が正義について話しているということは認めざるをえない、ということである。スタージョン教授の挙げる例を用いれば、ソクラテスとトラシュマコスは正義とは何であるかについて意見を異にしている——のであって、話題の食い違った話をしているわけではない。たとえ彼らのうちの一方が、その討議の中で、相手にとっては興味をそそられないような社会制度のあり方を求めており、相手が侮蔑しているものを配慮や尊重に値すると考えているとしても、彼らの間で話題が食い違っていることにはならない。となれば、投影説論者にとっての課題は明らかであろう。どのようにして投影説論者は、こうした議論の中で単一の主題を見出すことができるのか。そのような議論の渦中にある二人の論敵は、確かにどちらも正義についての話をしているのだが、正義の本質については意見を異にしているのだという通常の直観を、どのようにして投影説論者は説明することができるのか。

スタージョンが指摘しているように、これは、倫理学における自然主義的還元に対して向けられてきた昔ながらの反論の焼き直しである。この形態の理論では、ある物事がXであるということが、それが正義にかなっているということの私にとっての基準であり、それがYであるということがあなたにとっての基準であるのならば、〈それが正義にかなっている〉と述べることで私が述べているのは〈それがXである〉ということであり、〈それは正義に反している〉と述べることであなたが述べているのは〈それがYではない〉ということである。そこから決定的な反論が生まれる。すなわち、両方の発言がともに真である可能性は残されており、また実際そうだとすれば、不一致は消滅してしまう、ということである。そこで、意見の衝突を態度や方針の衝突と考えることで衝突を取り戻すという手立てが出てくるのだが、これは情動主義を支持するひとつの大きな理由となっている。するとここで浮上してくるのは、この解決法も同じ批判にさらされるのではないかという問題である。この解決法では、同一の反応がなされている場合にも意見の不一致が取り戻されてしまう。つまり、ある事柄に対して同じ反応をしていても、あなたは賛成のつもりで、私は反対のつもりで、そうしているかもしれない。しかし、もし基準の面でも反応の面でも流動性を払拭できないのだとすれば、内容上の同一性を見出すことも覚束なくなるのである。とはいえ、これは明らかに対処可能な問題である。

寛容にも限界があることは当然の事柄である。仮にあなたが、私が右足から歩きはじめることが多いのは正義に反すると思うと主張するとともに、さらにそれに付け加えて、とはいってもそうした不正義の事例は何ら注目にも値しなければ、ましてや称讃にも値しないのだけどね、などと述べたとしよう。こんな発言をまともに取り合うわけにはいかない。あなたは冗談を言っているか、もしくは〔正義という〕言葉をよく理解していないかのどちらかだという診断が下るはずである。サタンは悪が自らにとっての善になることを望んでいるというのは、ひとつの解釈としてありうる。しかし、仮にそのサタンが、そう望むにとどまらず、もっぱら公平な振る舞いや博愛心に満ちた振る舞いばかりに悪という言葉をあてがうといった奇怪な悪の基準を持っているのだとすれば、そのサタン解釈はやり直したほうがよいだろう。[*2] トラシュマコス自身もこの苦境に直面している。もし彼が、正義とは支配者の利益になることだという見解に固執するならば、[*3] 彼はけっして正義について議論してはいないという理解がおそらくは妥当であろう。さらに彼が、その内容はともあれ自分の考える事柄を軽蔑しているという奇癖を有しているのだとすると、事態はいっそう困難の度合を増してくる。

しかし、たとえ一部の極端な事例はこうした仕方でふるい落とされるとしても、基準の面でも反応の面でも大幅な多様性は残るだろうし、〔そうした多様性の中で〕ひとつの共通内容を見出すという課題も相変わらずそのままである。投影説論者にはもうひとつの手があるのだが、明らかにそちらのほうがもっと望みを持てる。それは、認知の有り様の面では多大な相違があるにもかかわらず、われわれがそこに意味の斉一性を見出そうと決意しているような、別の事例に注目することである。ある単純な信念、例えば、とある木が楡の木であるという信念を考えてもらいたい。いかなる二人の間でも、彼らにこのような考えを促している証拠の面と、彼らがその信念に認めている意義の面とで、何らかの意見の相違が生じている可能性は高い。しかし、われわれは、たとえもっとも風変わりなインプット側（楡の木をブナの木と区別することができない人）ともっとも奇怪なアウトプット側（もしそれが楡の木ならばそこには魔女が宿っているだろうと考えている人）を受け入れたとしても、やはり内容の一致を認めることだろう。かくしてここには、概念の役割の幅広い特異性を背景としながらもそこに成立する信念の一致の正体を突き止めるという、同様の課題が存在するのである。

この問題に対してはよく知られた解決法が存在する。それは、ある言語を話している集団は、パトナムが「言語的分業」と呼び、私が『言葉を広める（*Spreading the Word*）』の中で「恭順的規約」（deferential conventions）と呼んだものによって取り結ばれているというものである。[*4] もっとも明白な事例について言えば、われわれはある権威を制度化しており、ある語を使用する人は誰であれ、その権威によってその語に付与された意味のもとでその語を使用したとみなされてしかるべきである。ありふれた事例を挙げれば、定着した語法や科学の権威、辞書の権威などへの恭順がそれに該当する。それゆえ、ある語を使用している人は誰でも、原理的には、それが何を意味しているのかを教えてもらう余地が残されているのであり、当人に特有の知識や無知がその語の意味を決定するわけではない。この見方では、意味や内容の一致は強いられるものであると言ってもよいだろう――ただしそれを強いられるのは、当の規約を自ら受け入れている人や、その規約の権威を認めている人に限られる。もしある人が本当の意味で異なる社会集団に属しているのであれば、われわれは、その人にもこのような規約が強いられてしかるべきだとは思わないだろうし、方言を解釈する場合のように、われわれはそこでいくぶん柔軟な対応を示すことも可能である。しかし、意味は共通であると考えるだけの明白な理由がある。つまり、われわれは円滑なコミュニケーションのために特異性には目をつぶって、伝達可能な共通の内容をできるだけ数多く取り上げる必要がある。むろん、こうした強制がただの神話だと思われてしまうのも無理はない。同じ時間を共有する小さな集団の内部ですら、その認知様式（cognitive architecture）には果てしないほどの相違が見られるということにわれわれは相変わらず強烈な印象を受け、われわれは正当に共通の意味を強いることができるのだとは考えられなくなってしまう、といった場合もあるだろう。しかし、こうした戸惑いは二つの思考によって追い散らされるだろう。ひとつは、われわれはコミュニケーションのためにそうした強制を必要としているということである。もうひとつは、そもそも思考なるものが成り立つためには、そうした強制やそれに類したものがおそらくは必要とされるということである。もしある人の発言の内容が、当人が実際に語を適用したり差し控えたりするその傾向から逐一解釈されるとすれば、発言の正しさや誤りをめぐるあらゆる基準は消え失せてしまい、それとともに発言の真偽を問う可能性もまた消え失せてしまうのである。*5

　これが意味の一致についての考え方であるとして、それを倫理の領域に当てはめるとどうなるのだろうか。倫理の領域では、われわれはいかなる単一の権威も有しておらず、しかもわれわれが相手にしているのは「本質的に論争可能な概念」――これまで述べられてきたような、インプットやアウトプットの食い違いが予測される概念――である。とはいえ基本的なメカニズムは同じことである。われわれは不一致が存在するところではありのままにそれを認めなければならない。不一致を認めるのは、共通の伝達可能な主題が前提とされるからこそである。あらゆる会話にとって「デフォルト」の状態であるのは、われわれが同一の主題について議論しているということであり、たとえわれわれがその主題について異なる意見を持っているとしても、その事情には変わりがない。そのデフォルトが覆されるのは、途方もないくらいの特異性が見出される場合に限られる。

そこで問題となるのは、投影説論者は単純にこの説を引き継ぐことができるかどうかである。引き継ぐことはできよう。投影説論者は、コミュニケーションや議論の必要上要求される程度の内容の同一性を強いることによって、またそれゆえ、基準や反応の相違にもかかわらず共通の主題が保たれる可能性を尊重することによって、そうすべきなのである。これが意味しているのは、正義に関するあらゆる議論の中で最初に置かれる前提は、二重の量化にさらされていると理解するのが適切だろうということである。われわれは、判断主体は社会構造の何らかの側面に対して、何らかの賛成または不賛成の反応をもって反応しているという前提を置いているのである。〔正義とは何であるのかに関して誰かが〕引き合いに出すことのできる証拠はある一定の範囲内に収まらなければならないだろうが、私が引き合いに出す証拠とそれが同じとは限らない。だからこそ、それはお互いに議論しあう価値のある事柄になるのである。同様に、反応についてもある一定の範囲内に収まらなければならない――その反応は好意や嫌悪、推奨・黙従または拒絶・後悔に関係するものでなければならない――が、やはり私の反応とそれが同じとは限らない。一部の言葉は他の言葉よりも範囲を狭くしている。勇敢な、丁重な、公明正大な、などのいわゆる「厚い」(thick) 倫理語はインプット側の範囲を狭くしているが、反応についてはかなりの多様性を認めている。憤懣やるかたない、我慢ならない、汚らわしい、などのアウトプット志向の語は比較的限られた反応を表現しているものの、幅広い主題に対して適用される余地があるだろう。

多大な労力を要するのは反応の位置づけをめぐる問題である。われわれが価値を認めるものとは、われわれが欲求することを欲求するようなもののことだろうか。*6 それとも、われわれが欲求することを欲求することを…ことを完全にもしくは最終的に欲求するもののことだろうか。それともまったく別の何ものかであろうか。私が主張している見方では、これらの問題が定義上の問題とみなされることはない。おそらくそこで必要とされているのは、アプリオリな境界線を性急に定めてしまうことではなく、欲求、自責、高階の欲求その他、選択や行動へと向かう圧力が全体としてどのような容貌を呈している可能性があるかを、もっとじっくりと探索することであろう。ミルトンのサタンのことは、〔君臨すべき何らかの対象を持つ必要性に迫られて〕そうした選択を強いられていることに起因して実際に生じている自己嫌悪や苦悶ゆえに、悪が自らにとっての善となることを望んでいるのだと言い表すことが可能である。こうした理由から、サタンはその〔善という〕語をただ単に「引用符」付きの意味で使用していると理解するのは馬鹿げたことになろう。サタンは、自分が選んでいるのはあくまでも悪であることを承知しているのである。しかし、もし彼の戦略が奏功し、彼が自責だけなく、自身の苦境を絶望的なものと思わせうるその他すべての要素を追い払うことに成功したとすれば、〔サタンは悪が自らにとって善になることを望んでいるという〕元の解釈はぐらつき始めることになろう。もはや彼は悪を自らにとっての善とは思っておらず、ただ悪事を行ない、かつ、そうすることを善と思っているにすぎないことになろう。

われわれは、一部の欲求——例えば、何らかの普遍化プロセスから発生したもの、そのプロセスを経て残ったものなど——のみを価値あるものとして分離したいという衝動に駆られるかもしれない。しかし、そうだとしてもわれわれは、そのようなプロセスのすべてを拒絶するような人々と対話を行なう必要性に直面する。われわれは、そうした人々が何に対してもまったく価値を認めないと早合点して、対話や議論のための語彙を手放してしまうべきではない。

解釈の不確定性の一例として、囚人のジレンマについて考察してみよう。仮にわれわれが、そうした〔囚人のジレンマ〕状況の中でも最も高度な社会的善を獲得できるよう人々を教育する必要性に直面しており、幼少のころから様々な圧力をかけて人々を教育しているとしよう。また、この教育はある人物に対しては十分な効果をもたらし、その人は協力行動の動機づけを持つに至ったとしよう。しかし、それに加えて、彼は協力したくないという欲求を持つことを欲求している（彼は、抜け駆けしたほうがより実りの多い人生を送ることができると考えている）と仮定してみよう。これに対してわれわれは、彼は自分が持っている協力的な価値観を持つことを欲求していない、と言うのかもしれない。あるいは、彼は自分の実際の（利己主義的な）価値観に基づいて行動できていない、と言う人もいるだろう。私の意見は、そのいずれかを選び出すには及ばないというものである。つまり、どちらの仕方で言い表そうとも、もう一度彼が協力的な選択行動のことを心地よく感じるように（そうした選択行動のほうがよりよいと思うように）させるのが課題であることには、変わりがないのである。反応についてさらなる事柄を述べようとすると、基準についてより多くのことを述べようとする場合とまったく同様に、本来的には第一階の道徳的な議論へと入り込んでしまう。それは、さまざまな種類や設定の欲求その他の圧力に対して与えられるべき正当な重要性を評価するという問題になるだろうし、その問題に対する見解はさまざまでありうる。このことは翻って、感受性の違いについて探究したり、改善や合意を促したりすることを目指して、共通の話題を軸としたものとなるように会話を組み立てることの重要性を際立たせる。「正義」といった言葉は、まさにそうした言葉が立ち現われる必要のある場面においてこそ、探究の焦点として立ち現われてくるのである。

意味の理論はある一定の形式を有しているものだという見方に囚われている人々にしてみれば、上のような単純な物語は奇妙に思われるかもしれない。インプット側によって固定される「記述的意味」と、アウトプット側によって固定される「指令的」もしくは情動的意味について語ることは、もはや当然視されるようになっているかもしれない。しかし、ここではそのどちらも認めないでおこう。このことはまったくの利点であるように私には思われる。意味が適切に語られるのは、われわれの間に規約が成り立っている場面に限られる。しかし、倫理の領域には、基準の選別を取り仕切るような規約は存在しない。不正な物事を是認している人は、言葉を正しく使用していない人と同様の仕方で規約に反しているというわけではない。ある集団が、ある孤立した道徳的見解について、それとは別の物事が善いまたは悪いのは規約によるのだと主張したところで、その孤立した見解に対して圧力をかけられるわけではないのである。また、実際のアウトプットを取り仕切るような規約が存在するわけでもない。ある物事（正義や徳などと言い表される事柄）の重要性について異なる感覚を抱いている人に対して、意味に言及することで同調を促すことはできないのである。こういうわけで、普遍化可能性やさらにはまた功利主義をも倫理語の意味から発現させようとするヘア教授の奮闘は、私の見立てではおよそ現実味を欠いている。その理由は、その奮闘の結果は、とどのつまりはひとつの規約の存在へと行き着かざるをえないというところにある。その規約とは、自分自身の立場から（大まかにでも）離れることなく推論する人は誰一人として「倫理的に」推論していると言い表されるべきではない、というものである。たとえそうした規約が存在するとしても、われわれがそれ以外の推論のあり方を選び取ったりその普及活動を展開したりすることは何ら差し支えないだろう。しかし、まさしくそのことゆえに、すなわち、われわれがそうした選び取りや普及活動との関わり合いをもってしまうものであるがゆえに、そうした規約が存在するとは考えにくいのである。また、そうした選び取りや普及活動を最もうまく進めるためにとるべき観点は明白である。すなわち、一方の側は、普遍化がどの事物が善いかを見つけ出すための手段になると考えているのに対して、もう一方の側は、普遍化以外の何かがそれになると考えている、ということである。この種の観点がいずれか一方の側のみによって（「言葉の定義の問題として」）取り込まれてしまっている理論は、この論争の所在を探し当てる普通の手段をもたない。もし倫理が言葉によって強いられるものであったとすれば事態はもっと簡単であったのだろうが、言葉というものは、理性と同じく、そうなってはいないものだ。

これまで私が行なってきた主張には、しばしば投影説に対して投げかけられてきたある攻撃の威力を削ぐという働きもある。その攻撃の的とされるのは、投影された心的状態を倫理語（是認や罪悪感など）以外の語で定義することの難しさである。これに対して私はこう回答する。上で述べたメカニズムを踏まえるがゆえに、「除外せずにおく」必要のある事例を除外することにしか役立たないような定義をわれわれが求めるようなことはないだろう、と。もし、倫理的反応に見出される豊饒さがどういうわけか明らかに独特（sui generis）なものであったとすれば、それは〔投影説にとって〕破壊的なことであろう。そうなれば、倫理的反応は、欲求、あるいは、圧力に従おうとしたり集団の規則に順応しようとしたりする意思のもたらす、さほど特別とは言えない反応が発達したものとしては説明できないことになる。しかし、倫理の自然史を見るかぎり、ヒトの心理は不可解な飛躍的進化を遂げているはずだ、などと信じる理由はどこにも存在しないのである。

道徳実在論を議論するにあたっては、反実在論者に仕掛けられた罠を実在論者自身はどのようにして逃れられるのかという問題があることを常に強調しておかなければならない。「実在の」道徳的性質があるということが、必ずしも意見の一致しない討論参加者たちの間での意味の一致を取り戻すのにいったいどうして役立つのか。〔実在論者の見解が正しければ、〕トラシュマコスとソクラテスは、そうした実在的な性質と何らかの種類の関係を取り結んでいるはずである。しかし、彼らの間には、基準の相違や議論されている問題の重要性に関する見解の相違が存在しており、そのために実在論者にとっても他の誰にとってもそうした関係の成立は困難となる。例えば、国家の正義は、富の分配を統制する格差原理の存在に実際に付随している（supervene）と仮定しよう。さらに、正義が他のあらゆる実践的な考慮事項に対して絶対的に優越すると考える人にこそ、正しさは存在すると仮定しよう。そのうえで、トラシュマコスのことを考えてもらいたい。彼は、正義とは何であれ最強の人々の利益になるような事柄であるとか、（例えば）とにかくうまくやりおおせる場合には正義からの主張に耳を傾けないことも正しいなどと考えていた。もしくは、自分がそのような考えを持っていると表明していた。彼の言葉がソクラテスの口から発せられるその言葉と同じ意味をもっていることを理解するのに、「実在論」はどのような役に立つだろうか。一見したところ、トラシュマコスは、そこに実在する事物以外の何事か、つまり、正義とは異なった機序によって発生し正義とはまったく異質の事柄を主張している何事かについて語っているということになる。

この問題に対する回答の定石は、自然種名とのアナロジーに頼るというものである。二人の理論家はともに水について語っているのだが、その性質については意見を異にしているということがありうる。とすれば、二人の理論家がともに正義について語りながらも、その性質については意見を異にしているということが、どうしてありえないと言えようか。しかし、自然種名の事例における問題の解決法はまったく別物である。ある人が見当違いの主張を行なっているにもかかわらず水について話しているということが知られうるのは、その因果の連鎖を辿ることができるからにほかならない。つまり、われわれは、彼の見当違いな主張を促したその元にある物質や、彼の行動の先にある物質について承知しているのである。しかし、正義の場合には、それと類比的な手順は成り立たない。そこで注目の的になっているもの（focus）をそれ自体として突き止めることで、彼は何かまったく別の事柄について話しているのではないかという印象を打ち消すことはできないのである。

それでもなお「水＝H_2O」モデルで頑張ろうとする「自然主義的な」実在論者は、われわれは実在する性質とどのように接触しているのかというブラックボックスを埋めることで、この反論に答えなければならない。おそらく、実在論者が善さまたは正義として同定する性質には何らかの説明上の役割が認められ、それを通じてわれわれはみな、他の側面での不一致にもかかわらず、適切な性質に触れているのかもしれない。しかしこの提案は厄介なジレンマへと陥る。〔この自然主義的な実在論者の提案に従えば、〕われわれは道徳的性質と同定されるような自然的性質との接触を通じて道徳的性質と絡み合うことになるのだが、その仕方には二つの可能性がある。すなわち、われわれは認知的に接触する（そうした性質について考える、もしくは、そうした性質を通じて考える）のかもしれないし、あるいは、そうした性質、もっと正確に言えばそれらの性質の例化（instantiation）が、実在論者好みの何らかの仕方で、われわれの思考や実践に対する説明上の役割を果たしているという可能性もある。水とH_2Oの事例から示唆されるのは後者のモデルであるが、そうするとこれは致命的な反論に出くわしてしまう。すなわち、たとえ正義が見出されていない世界の中であっても、誰かが間違いなく正義について考えたり話したりしている可能性は否定できない、というわけである。仮に、社会の正義とはまさしく格差原理の例化であるとしよう。また、いかなる社会も格差原理を例化していないとしよう。すると、そのような例化は私のいかなる思考に対しても因果的またはその他の仕方で原因の役割を果たしていないことになる。また、自然種モデルに基づいて、双子地球の住人たちは水のことをXYZのなかで自分たちがパシャパシャと音を立てていたもののことだとは考えない、と言われていたのとまったく同様に、悪の世界では誰一人として正義について考えたり夢見たりすることはできないと言われなければならなくなるだろう。この議論の要諦は、思考内容とは独立に説明上の役割を果たしうるのは性質そのものではなく、常に性質のトークンまたは個別例（instance）であるというところにある。なるほど私が千角形について考えることで、自らの行動に変容をもたらすことはありうるだろう。しかし、「千角形性」すなわち千角形であるという特性が、例化されることを通じる以外の仕方で私に影響を及ぼすことはありえない。私が「千角形であるという性質のために」自らの振る舞いや思考に変容をもたらすことがありうるとすれば、それは、「千角形であるという性質のために」ということが意味しているのが、突然私はそうした性質を通じて考え始めたということか、あるいは、その個別例の存在によって――例えば、そうした性質の個別例のひとつに出くわしたことによって――影響されたということか、そのいずれかである場合に限られる。

他方、接触がもっと認知的なものと考えられている場合には、一度も見出されていない正義のことを誰かが実際に思考できるということになるので、解釈の問題がまったく未解決のままに残されてしまう。例えば、社会正義とは所有権の移転に関わる問題であり、格差原理を根付かせることとはまったく無関係であるということを熱心に説くノージックのことを考えてもらいたい。このようなノージックの見解にもかかわらず、彼が「本当に」正義（格差原理の例化）について考えたり話したりしていると理解してよいのだ、などという言い草がどうして成り立つだろうか。彼は格差原理を否認しているにもかかわらず、彼は実際にこの〔正義という〕性質に関与しているなどと、どうして理解することができようか。私にはそうした理解を成り立たせるような独立の理由が見当たらない。また、実在論者は、自らそのムーア派・フレーゲ派の祖先を打倒したのと同じ論証――異なる基準からは異なる意味が導き出されるという論証――によって葬られてしまう。要するに、ノージックは実在論者好みの性質について語っているのだと実在論者が考えるためには、反実在論者と同様、基準や概念的役割の相違を看過するという強制や方針がどうしても必要とされるのである。この場面にせよ他のどの場面にせよ、性質の実在はまったく何の役目も果たしていない。それどころか、もしそうした性質が実在するとすれば事態はいっそう悪化する。というのも、反実在論者にとってはわれわれの目的を通じて適切な強制の基準が自動的に与えられるのに対して、実在論者にとっては、判断主体の思考についての説明次第で、隠れた正・不正が存在しうるのである。実在論者の図式のもとでは、私の理解するかぎり、ある人が基準や動機付けの点では見当違いに陥りながらも適切な性質に「絡み合っている」一方で、同様の見当違いに陥った別の人は不適切な性質に「絡み合っている」という可能性がある。そのため、われわれは彼らを等しく処遇し、両者とも正義について見当外れをしていると非難するだろうが、実はわれわれがそのように処遇し非難するのは間違いかもしれないのである。反実在論者にとってはそのような可能性は存在しない。というのも、解釈は、われわれが解釈を必要としているという事実の言わば風下にあり、その影響を被らざるをえないからである。

この種の実在論にとって前記のジレンマは致命的であると私は思うが、それは道徳的性質が出現するような説明をめぐる問題全体を考える取っ掛かりになるので、スタージョン教授による第二の反論へと話題を移してよかろう。彼は、ある状況に見出される道徳的な特徴に説明上の役割が認められるような事例として、貧困〔という自然的性質〕と不正義〔という道徳的性質〕のいずれもが、革命のような人間世界の出来事を説明するものとして同等に言及されうることに注意を促し、また、子どもたちが慈愛や人間味をもって育まれれば健やかな成長を遂げるという、ごもっともな真理に言及する。ところが彼の見解によれば、投影説論者はこれを認められない。というのも、投影説に従えば、そうした因果的な役割を果たすような特徴が世界に実在することはないからである。

私の考えでは、投影説論者は、互いに両立可能な二つの路線を用いることで、こうした〔道徳的特徴が出現するような〕説明について説明することができる。第一の路線は、当該の説明が本当に余分な事柄を省いたものであるかどうかを問いただしてみることである。革命の原因として不正義に言及する人は、社会の人々による不正義の知覚に対して、もしくは、彼らが不正義の犠牲者であるという信念に対して、注意を向けているのが実情かもしれない。そして、これがそうした効果をもつということは何ら驚くに値しない（もし投影説論者が知覚や信念について語ることを避けたいのであれば、社会制度の有り様に対する人々の態度と置き換えてもよい）。革命の事例をこのように再構成することに無理はない。少なくとも、社会の人々による不正義の意識を媒介とするのでなければ、私は不正義が革命を引き起こすそのメカニズムをたやすくは思いつかない。しかし、子どもの事例はそれとは異なる。われわれは、子どもは慈愛や人間味をもって育まれたことを知覚していたはずだなどとわざわざ仮定しなくとも、子どもが育てられたさいの慈愛や人間味に言及することで、子どもの健やかな成長について説明できるだろう。子どもが自らの生育環境を慈愛と人間味にあふれたものとして認識するに足る概念を持ちあわせていないような時期ですら、その子どもはそうした生育環境のおかげで健やかな成長を遂げていたであろう。これは第二の投影説論者の路線にも関係してくる。第二の路線とは、当該の道徳的評価が依拠する性質にまで遡って言及する説明である。

私の見解に従えば、ある生育環境が慈愛や人間味にあふれたものになるのはその他の特徴――子どものニーズを満たしている、子どもの行動やコミュニケーションの試みに関与しているなど――のおかげであり、そうしたいっそう強力な原因力を持つ他の性質をただ指し示すために道徳の表現を用いることはあってもよい。教育が慈愛や人間味にあふれたものになるのはその他の性質のおかげにちがいないだろうし、子どもの健やかな成長を本当に生み出しているのはこれら他の性質だろう（だからこそそれらは〔道徳的表現という〕尊称を獲得しているのであろう）。

この説明は一見したところその場しのぎ（ad hoc）に思われるかもしれないので、同様のパターンが見受けられる別の事例についても少し詳しく検討しておいた方がよかろう。ジャクソンとペティットの言う「プログラム説明」がなされるとき、われわれは、ある状態に付随する（supervening）何らかの特徴に言及することで、他の何らかの基底的な性質が実在するということを指し示している。[*7] そうした性質を例化することは、強い原因力を持つ出来事なのである。例えば、コンサート最中のある時間ある場所でのフレッドによる咳きこみが、指揮者を苛立たせたとしよう。しかし、単に〈誰かが咳をした〉と述べればその指揮者の苛立ちは説明される。これはまったく適切なことである。当該の個別的な出来事を取り上げる必要はなく、それが何らかの種類の出来事であったことを述べるだけで十分と言えるだろう。また、アヘンの効果について説明する際には、あまり役に立たない説明だとしても、〈アヘンには導眠効果がある〉と述べてよいだろうし、別の言い方をすれば、〈睡眠を引き起こす何らかの性質を有している〉と述べてもよいだろう。その原因となる実際の化学的性質については知らなくても、〈そういうことがある〉と述べることにより、少なくともその他の種類の説明を除外している。さらに、キーボードのキーを押すとスクリーン上に文字が現れるということを説明するのに、〈コンピュータがWordというワープロソフトを作動させている〉と述べてよいだろうし、もっと言えば、〈キーストロークと文字に相関関係を与える電子工学的な何らかの性質がある〉と伝えるだけで、この説明がうまくいくということもありそうである。

他人の道徳的発言に内容を帰属させることについて先に述べた事柄を念頭に置けば、上の説明の中に量化表現が現れていることは重要である。あなたが私に対して〈革命を引き起こしたのは不正義だ〉と述べる場合、不正義を生じさせたとあなたが思っている何らかの性質が存在し、それが革命を引き起こした、と私は理解する。私は自分自身で評価を行なうにあたり、あなたの言う因果関係の物語の真偽を、それはつまるところ不正義にほかならないのかどうかについての私自身の裁定から切り離さなければならない。私は、あなたがロールズに心酔していることを知っていたおかげで、因果関係の問題についてはよくわかるかもしれない。例えば、自由の辞書的優先性の不在が実際に革命を引き起こしたのだということに同意するかもしれない。おそらく私自身はそれを不正義とは呼ばないだろうが、それでも、当該の特徴に対してあなたが下した裁定を支持することなく、その説明に対して賛同することはできる。むろん、不正義であることには賛同するが因果関係については否定するというように、まったく反対になる場合もありうるだろう。そして最後に、あなたが当の裁定を正当化するにあたって採用している種類の特徴について私が知らない場合には、誤解が発生する余地もある。われわれはお互いに〈革命を引き起こしたのは不正義だ〉と述べているにもかかわらず、話が完全に食い違っている可能性はある。私は格差原理によって統制された政府が実現されていないことを指し示しているのに対して、右派のあなたは最高税率が過酷にも三〇%だという事態を思い浮かべているのかもしれないのである。

道徳的性質に言及している説明で、以上二つの診断のどちらにも屈服しないような説明は容易に思いつかない。とはいえ、ここではさらに第三の、もっと思弁的な戦略を提示してみたいと思う。もっとも、もはやこの戦略に依拠する必要はないかもしれないが。これは、ある道徳的特徴、例えば不正義が存在するということを許容するというものであり、さらには、それは元来投影による産物であったにもかかわらず、それ自体が因果関係の中の関連要因になりうる（causally relevant）ことすら許容するというものである。投影説論者にとってこの立場が採用可能かどうかは必ずしも明白ではない。しかし、ここでは、そうなりうる道のりを素描しておこう。第一段階は、われわれが道徳的特徴や道徳的性質について語る権利を確立することである。そこでもし投影説論者が準実在論を採用すれば、結局のところ、道徳的述語や道徳的真理との親和性を持つことになる。準実在論を採用する投影説論者は他のあらゆる人々とともに、〈さまざまな社会制度のあり方が正義に反している〉とか、〈それは真である〉などと述べることができる。いったんこのような語りが可能になれば、〈不正義はそうした制度のあり方に見出される特徴である〉とか、〈その制度のあり方には認められるが他の制度のあり方には認められないような特性である〉などと述べたところで、さらなる理論上のリスクを背負うことはない。言い換えれば、この第一段階とは、命題形式の言説を許容することなのであり、いったんそうした言説が許容されてしまえばわれわれは道徳的述語を入手することになり、〔道徳的〕特徴とはただそうした述語の抽象概念にすぎないことになる。

　第二段階は、そうした特徴がどのようにして因果関係の中の関連要因になりうるかを説明することである。これは容易なことではない。なぜなら、われわれは、そもそも何らかの特徴がどのようにして因果関係の中の関連要因になるのかを考え答えようとする際に、深刻な問題を抱え込むからである。厳密に言えば、関連要因になるのはそれら特徴の個別例だと言いたくなるのだが、例化について詳しく考察する場面では、性質それ自体はその個別例の原因力とどのような関連を有しているのかという問題が、往々にして見失われてしまう。これは、ルイスやデイヴィドソンに追従する論者たちが、心的な出来事を物理的な出来事と同一視したり、もっと一般的に、「付随する（supervening）」出来事を、付随のもとにある発現（subvening realizations）と同一視したりするきっかけとなった問題である。この発現は一般に、特定の物理的状態やメカニズムの観点から考えられている。例えばジャクソンとペティットによる例では、強い原因力を持つ出来事とは、フレッドの喉の奥にあるいがらと空気分子、すなわち、フレッドの咳き込みの「発現」であり、誰かの咳きこみの発現もまたそうである。[★1] この事例についての彼らの取り扱い方に従えば、〈誰かが咳きこんだ〉と述べることはわれわれにとって「プログラム説明」となっており、その場合、因果関係の中の関連要因になる特徴とは、ある一連の出来事における当の機会でのその「発現」にほかならない。この考え方に従えば、それが誰かの咳きこみであるというところから覗き見ることで、それが特定の一連の物理的出来事であるということを見出すことになるが、そうした場合に限って原因力が見出されるのである。

私は以上の診断が必ずしも絶対に正しいとは思っていない。[*8] 因果関係の中の関連要因になる特徴はただ誰かが咳きこんだことだけだと言いたくなるのも無理はない。このことがその例化を通じて実際に指揮者を怒らせた性質ではないなどということが、どうしてありえようか、というわけである。このような語りの権利を維持するためのひとつの方法となるのは、誰かの咳き込みという出来事を分子の移動という出来事と同定するといったやり口である。しかしそれ以外にも方法はあるだろう。ここでその問題についての裁定を下す必要はない。われわれの想定では、どのような見解を採ろうが、当の指揮者は誰かが咳きこむと憤激しやすいということには変わりがなく、そのため、誰かを咳きこませることで、われわれは指揮者に対するコントロールを獲得する。それは、その個別の「発現」にかかわりなくわれわれが選び出したり取り上げたりすることができるような聴衆の特徴なのであり、またそうである場合、われわれは、因果関係の中での関連性を語りたいと思うのである。しかもそうした事情は、誰かが咳きこんでいると指揮者が考えたことを通じて因果関係の連鎖が成り立っていようが、あるいは、指揮者がそれを咳として認識したか否かにかかわりなくただ咳き込みが指揮者の情動系に作用したのであろうが、変わるところはない。

道徳の場合でも同じ事情が当てはまるかもしれない。もしわれわれがある状況のある特徴について前記のような仕方で語ることができるのであれば、われわれは出来事に対してコントロールを及ぼす際にその特徴を使用することも可能である。例えば、仮にわれわれの見方では、さまざまな社会制度のあり方が不正義と目されてしかるべき状態にあるとしよう。また、私は革命を促したいと思っているとも仮定しよう。私は、自らの道徳的見解の内側に立っている場合でも、革命を促すためのひとつの手段として、あなたに不正義を生み出すよう指令を発することが可能である。どんな不正義の出来事であっても等しくうまくいくだろうと私が考えているなら、あなたがどのような出来事の発現に手を染めようが、私にとってはおかまいなしである。同様に、私が室温を上げたり誰かを咳きこませたりする際に、分子の運動エネルギーのどのような分布によってその状態が発現するのか、どのような特定の人物によってそうなるのかを気にかける必要はない。となれば、同じように、私はあなたが道徳的反応によってコントロールされ、否認に値するような事態を作り出すことを望むかもしれない。それは、あなたがそうすることで革命が生じるだろう、おそらく他の人々も同じ反応を共有するようになるのでそうなるだろう、と私が信じているからである。そうした命令をまともな仕方で発するためには、あなたの不正義の基準がおよそ私のそれと同じであると想定しなければならない。もしあなたが、社会主義的なユートピアは本来的に正義に反していると考えているのに対して、私はもっと右派寄りの事柄を念頭に置いていたとすれば、あまりうまくはいかないだろう。まったく同じように、セントラルヒーティングをコントロールするために度の狂った温度計を用いても、うまくはいかないのである。

色の場合と比べてみると分かりやすいかもしれない。色の物理的構造については十分な事柄が知られており、われわれの色の分類についての最善の説明は、三つの異なる種類の受容体のエネルギーレベルが複雑に作用し合った結果であることが分かっている。*9 たとえ語の傾向性説（dispositional view of the term）を支持していなくとも、科学に関する限り以下の点は相変わらず真である。すなわち、色付きの事物が共有しているのは、われわれ（に類する被造物）に同一の分類を行なわせるという傾向性のみである。もし視覚系という特殊な機構が存在しなかったとすれば、物理学者は、われわれが赤いと思うあらゆる事物に対して、まとまりもなくバラバラの異なる物理的状態以外には何も見出さなかったことだろう。それにもかかわらず、そのチョウは木とよく似た色をしているので捕食されずに済んでいるとか、その絵は色が明るすぎたので売れなかった等々、因果関係の説明の中で色について言及することは間違いなく可能である。おそらく色は、われわれがある作用をコントロールするために、進化の都合上、使用する必要のあるものなのだろうし、また実際そうである場合、やはりわれわれは何の問題もなく、因果関係の中での関連性について語る。とはいえ、そのような原因力の唯一の直接の例は（前記の第一の種類の事例にならえば）知覚を経、由している、ということには、注意しておかなければならない。

以上からすると、われわれが説明の中で道徳的性質を使用するにあたり、投影説論者の守備範囲を超え出てしまうような事柄は何もないように私には思われる。しかし、そうだとすると投影説に顕著な事柄が何か残るのだろうか、という疑問を多くの読者が抱くことだろう。かつてならばそれは容易な問題であった（と読者は不平をこぼすだろう）。実際、情動主義者や指令主義者がどのような主義主張を擁護していたのかはよく知られている。しかし、この新たな〔実在論と非認知主義との間の〕融和的な立場の正体を突き止めることはいっそう困難であり、また、ひとつの立場として認識することはいっそう困難である。私は以前からずっと次のように考えてきた。すなわち、それは説明をめぐる問題であり、およそ申し分のない自然主義的な人間観の枠組みの内部で、倫理に対するわれわれの性向に「居場所を与える」という問題である、と。そこで私は、あなたが出発点に置く原材料と、最終的にあなたがゴールに至った際に正当に述べることができる事柄を区別する。倫理に居場所を与えるために私は、われわれは道徳的特徴や道徳的説明をもとより好き勝手に利用することができるという見解を拒絶する。われわれは、われわれ自身のことを、もっぱら自然的事実だけを感受し、そうした自然的事実に対する説明可能な反応だけを産出するような装置とみなしたうえで、道徳的特徴のことを構築物として、または、私の呼び方に従えば、投影として理解しなければならないのである。目標となるのは、まったき倫理の生成過程をこうした質素な基盤の上で説明し、嫡出する（make legitimate）ことである。しかし、錯誤説の支持者のように、このまったきシステムがそのままで正常に機能していることを否定する必要はない。また、このシステムの見かけ上の実在論的特徴も、それが余計な贅肉を削ぎ落とされた基盤のもとで獲得できるとなれば、そうした特徴のことを残念に思う必要はまったくない。そうした見かけ上の実在論的特徴のひとつに該当するのは、われわれはこのシステムの内側に立って活動する場合に、スタージョンが強調する[*10]ような仕方で倫理的述語を使用しようとするという傾向である。しかし、繰り返しになるが、われわれが実際そのように倫理的述語を使用しているという事実があるからといって、他の倫理形而上学への寝返りのきっかけがそこに潜んでいることにはならない。

議論を終えるにあたり、この問題に潜むさほど容易には解析されない側面についても、簡単に触れておきたい。道徳上の反実在論がしばしば危険な学説とみなされ、倫理学の重要性や真正な第一階の倫理理論の可能性を陰に陽に否定するものとみなされていることは否めないように思われる。それは、相対主義があらゆる本物のコミットメントを台無しにしてしまうように感じられているのとまったく同様に、本物の真摯さを欠いているかのように考えられている。目下のところ本物の第一階の理論の推進を目論んでいるほとんどすべての著作家たち――パーフィット、フット、ネーゲル、マッキンタイア、ドゥウォーキン、その他大勢――は、反実在論の回避が重要と考えている一方、何らかの形態の反実在論を支持している人々――思い浮かぶのはマッキーやウィリアムズ――は、実質的な倫理理論を構築する可能性についてはさほど執心していない。私が志しているのは、こうした虚偽意識の現れに対する歴史的・文化的診断である。倫理をもっとも好都合なご高説の一部分として吸収合併しようとする衝動は、常に存在するように私には思われる。神学の華やかなりし頃、倫理を定めていたのは神の意志であった。「論理学」が席巻し、哲学者たちが道徳的言説の論理についての探究者を自認していた頃、実質的見解の推進を願っていた人々（その頂点に君臨するのはヘアである）の間では、そうした実質的見解がどうして本当に当該の論理の帰結として導かれるのかを証明することが目標とされていた。論理学が権勢を失って自然主義が上り調子になると、モデルとされたのは科学者のそれであった。分析化学者が水の隠れた性質をこじ開けるのとまったく同じように、哲学者は科学者として善の隠れた性質をこじ開けるのである。すると、哲学者が打ち立てる等式――正義とは格差原理である、善とは幸福である、等々――は、そのモデルとして仰がれた科学的な営みとの類似性から権威を引き出してくる。しかし、もちろんそのようにして引き出された権威なるものは空虚であり、モデルはただ、そうした等式を生み出す際にわれわれは単に道徳的な考察をしているにすぎずそれ以上でもそれ以下でもない、という事実を偽装するのに役立つだけである。もちろんそのやり口には巧拙があるかもしれないが、その判定役となるのは隣接領域の理論的枠組みよりもむしろ、活動それ自体である。

なるほどわれわれが主張したり議論したりしているのは、格差原理を実現しているすべての社会、かつ、そうした社会のみが正義にかなっているとか、幸福を増進するすべての行為、かつ、そうした行為のみが善いといった問題だろう。しかし、以下の点は肝に銘じておかなければならない。すなわち、われわれが営んでいる活動への理解に欠損が生じるとすれば、それはひとえに、われわれは正義にかなった制度や善い行為に備わる諸々の性質を道徳の観点から記述しているのではなく、むしろ科学の精神にのっとって、正義や善といった性質を同定しているのだと考えるところに起因するのである。

(訳　林芳紀)

第六章　注

原注

＊1　Nicholas Sturgeon, 'What Difference Does It Make Whether Moral Realism Is True?', in *Spindel Conference: Moral Realism, Southern Journal of Philosophy Supplement*, 1986. 以下の論文集に対する寄稿者の多くも同様の主張を行なっている。Geoffrey Sayre-McCord ed., *Essays on Moral Realism* (Ithaca: Cornell University Press, 1988).

＊2　ミルトン『失楽園』、第四巻、1・108〔ミルトン作『失楽園（上）』、平井正穂訳、岩波文庫、一九八一年、一六七頁〕。実のところサタンがこの感嘆の叫びを上げているのは、希望や恐怖や悔恨に対して惜別の挨拶を述べている途上であることは注目に値する――その場面で発生しているのは単なる基準上の変化でもなければ、価値観に新たな装いをもたらそうとする一種の実存主義的実験でもないのである。

＊3　『国家』、339a〔プラトン『国家（上）』、藤沢令夫訳、岩波文庫、一九七九年、五一頁〕。

＊4　*Spreading the Word* (Oxford: Oxford University Press, 1984), pp. 130ff.

＊5　この主張の現代における典拠（*locus classicus*）となるのは以下の著作である。Saul Kripke, *Wittgenstein on Rules and Private Language* (Oxford: Blackwell, 1982).〔ソール・A・クリプキ『ウィトゲンシュタインのパラドックス――規則・私的言語・他人の心』、黒崎宏訳、産業図書、一九八三年。〕

＊6　この選択肢の擁護論としては以下参照。David Lewis, 'Dispositional Theories of Value', in *Proceedings of the Aristotelian Society, Supplementary Volume*, 1989.

＊7　F. Jackson and P. Pettit, 'Functionalism and Broad Content', in *Mind*, 1988.

＊8　本書〔原著〕第一三・一四論文参照〔本訳書未収録〕。

＊9　C. L. Hardin, *Color for Philosophers: Unweaving the Rainbow* (Indiana: Hackett, 1986).

＊10　関心のある向きは、本章に対するスタージョン教授による応答と、さらにそれに対する私の回答を通じて繰り広げられた応酬も、ご覧いただきたい。どちらも雑誌 *Philosophical Studies* の一九九〇年の巻に掲載されている。

訳注

★1　この箇所の表記は、注10で指摘されている初出論文（Blackburn 1990, p. 14）と *Essays in Quasi-Realism* 収録版（Blackburn 1993, p. 206）との間で幾分大きく異なっている。後者では、「強い原因力を持つ出来事とはフレッドの呟き込みによる特定の撹乱であり、誰かの呟き込みの発現もまたそうである」となっているが、文脈から判断すればおそらく初出論文の表記が正しく、後者は編集上のミスで文言が欠落した結果によるものと推察される。

第七章　倫理的命題——それは何でないか

「ほら、これらの部屋は高貴な人々の出入りするところでね、」伯爵は言った。「ちょっとした家柄に生まれて、あまりただの人ではありたくない人々のおかげで成り立っているんだよ、わかるかね。」

「よくわかります。」サルティーナ氏は言った。

「私個人としてはただの人たちに少し肩入れするのだがね、」伯爵は言った。「だが、問題なのは、ここでの私たちの訓練にはそれなりの額を払ってもらっていることなんだよ……。」


デイジー・アシュフォード『若い訪問客たち』

《1》　ディオニュソスとアポロン

道徳哲学者が焦点を合わせたいのは、ある種の思考の対象、私たちがよく考えて真と知ることができる何か、つまり、道徳的命題である。*1 自らを客観主義者、絶対主義者、実在論者とみなしたい人々にとって、道徳的命題とは、正真正銘、高貴なものである。それは、高尚で権威ある何かであり、注意を払うべき独立した対象である。彼らにとって何よりも重要なのは、この命題が真のときに、それを真として認識することである。この命題は独自の真理条件を持ち、私たちの意志を引きつける。カントは、ある二つのことについて考えれば考えるほど、私たちはそれらに尊敬と感嘆の念を抱くと書いていた。その二つとは、天上の星空と内なる道徳法則である。道徳的真理が道徳法則を構成する。この法則は、人の法でもなければ神の法ですらない。それは、人の法であれ神の法であれ、作り上げられたあらゆる法に対する判断のなかに存する法則である。というのも、それら作り上げられた法について、基準に達しているかどうか、あるべき姿かどうか、私たちは常に問うことができるからである。道徳的命題に注目するとき、私たちは真の支配者に注目する。この支配者は、絶対的権威を持ち、他の諸権威を評価する。ある事物を正当化できるかどうかと問うとき、私たちが念頭に置くのは、誰か人間である聴き手、たとえば仲間や上司に対し、それを正当化できるかどうかだけかもしれない。だが私たちはまた別の何か、より誤ることの少ない、より偏りの少ない何かを念頭に置くこともできる。私たちは、自らの行為が本当に正当化できるかどうかと、言わば神の見地から思い巡らす。

　こうした理由から、ほとんどの分析哲学者が、「初めに言葉があった」という第四福音書の一節に、そのまま字義どおり同意する。彼らは、自分たちのスタート地点が、倫理的言明の内容であるべきだと考える。それはつまり、私たちが自らの倫理的観点を声に出そうとするときに用いるかもしれない、命題や文のことである。彼らの目的は、こうした命題を理解することであり、その「内容」や「真理条件」に「説明を与える」ことである。ここでは、次のようなことを考えるときに、私たちは一体何を考えているのかが問われている。すなわち、これこれの行為が義務であること、ある事態が別の事態よりも好ましいこと、貞節が徳であること、ピアノがあなたの足の上にのっている事実がそれをどかす理由を与えること、等である。不幸にも確立してしまっている哲学的用法に従い、本章で私はこのアプローチを「認知主義」と呼ぶ。この用法が不幸なのは、前章で述べた構成の観点から倫理的知識について語ることを、何も妨げないからだ。第九章でこの点に立ち戻る。[★1]

二〇世紀の認知主義的立場のデフォルトは、G・E・ムーアの『倫理学原理』により設定された。ムーアは、倫理的・道徳的命題が意味するものをはっきりと明確にする課題に取り組み、行き止まりに突き当たった。そこで彼は、これらの命題が意味するところを述べるには、多かれ少なかれ、同一の用語を使うほかないと結論づけた。つまり、倫理的命題をパラフレーズできることはあるが、私たちが理解したいことを理解するのに、こうしたパラフレーズは役立たない。そうしたパラフレーズによって、倫理学に有用な知識の理論は与えられない。また、価値や義務について語る際に私たちがしていることを理解する方法も与えられない。たとえば、「愛はよい」という文を、「理想的助言者はあなたに愛するよう助言するだろう」や、「愛は選ばれるにふさわしい」や、「愛を欲すべきだ」というふうにパラフレーズできる。だが、これらのパラフレーズは、私たちを倫理的なものの領域の内部に留め置くにすぎない。倫理的なものについては、何も面白いことを教えてくれない。この帰結を確かめるためにムーアのとった手続きが、「未決問題論法」である。これについては、第一章で簡単に触れた。[★2] 倫理的命題を還元しようとするどのような提案についても、その倫理的命題を、その提案とは異なる形で取り扱っていることを示す文脈があると、ムーアは指摘する。その命題は、私たちの思考において異なるニッチを占める。たとえば誰かが、命題「Xはよい」はまさに「Xは幸福を生み出す」と同義だと提案するとしよう。これに対し、幸福を生み出すもののすべてが、そしてそれだけがよいのかどうかを疑うとはどういうことか、私たちは十分よく知っている、とムーアは反論する。この疑問は、命題の個々の要素が意味するものを私たちが十分よく知っているときでさえ、思い巡らすことができる。それは未決の問いである。さらに次のように付け加えて、彼の論点を強めることができる。すなわち、幸福を生み出すもののすべてが、そしてそれだけがよいということを否定し、そのような推断を受け入れていないことを実生活で示している人々〔は非合理であるどころか、そうした人々〕がすることを、私たちは十分よく理解できる。

ムーアの議論は細部に至るまで論じられてきたが、それが重要な洞察を含んでいるのは明らかである。彼の議論が次の事実に依拠しているとみなすこともできる。すなわち、価値づけやその他の倫理的活動が、記述や説明、あるいは純粋な科学的表象とは異なるという事実である。幸福を生み出すものを善の名の下で見ることは、それを単に幸福を生み出すものとして記述することを超えた、特殊な何か、さらなる何かを伴う。このさらなる特殊なものが、幸福を生み出すという性質を価値づけの基準や根拠として用いる人々を特徴づける。ある人々は、この性質をこのように用いるが、別の人々はそのようには用いない。どちらの側も、純粋に意味や意味論を示すだけでは、相手を説得できない。しかしながらムーア自身は、価値づけが記述と異なるとは結論づけなかった。彼の結論は、倫理的命題は独特のもの（*sui generis*）だ、というものだった。つまりそれは、心理学的事実、自然誌的事実、科学的事実などと区別される、特殊な「非自然的」事実の領域を提示する。私たちはこの領域の事物を、幸運にも、「直覚」と呼ばれる能力によって知る。

道徳的命題を異なる用語によって同定することを否定するムーアの議論は、依然として説得力を持つ。*2 道徳的命題の内容に関しては、彼が完全に正しかったと私は信じている。道徳的命題は道徳的命題であって、他のものではない。だがこれは、直覚主義に屈することではない。彼の議論が示すのは、道徳的命題の内容に、別の仕方でアプローチしなければならないということだ。私たちはそれを分析により発見するのではなく、むしろそれを総合しなければならない。言い換えれば、間違っていたのは、倫理に関する彼の議論ではない。間違っていたのは、哲学的方法に開かれた可能性に関する彼の捉え方である。彼のたどり着いた直覚主義が行き止まりなのは確かである。なぜならそれは、どのような認識論とも調和しない（よりよい直覚やよりわるい直覚を識別する手立てがない）からである。特にそれは、直覚している事物に対して、私たちがわずかながらも関心を寄せるべき理由の、どのような説明とも調和しない。たとえばムーアの図式では、根底的事実、たとえば、ある行為が幸福を促進するようなものであることが、それがよい行為であることを「もたらす」のかもしれない。ある人がこの行為を行う（あるいはそれを是認する、あるいはそれを奨励する）よう動機づけられるのは、それが幸福を促進する行為だからかもしれない。だがこのとき別の人は、最初にその行為がよいことを把握し、それからまさにその善性ゆえにそれを行ったりその他の態度をとったりするよう動機づけられる。後者の人が最終的に行き着くところは前者の人と同じだが、そこに至るまでに、二つの余計な段階を経なければならない。すなわち、最初に、追加された価値である善性を把握する。次に、まさにそのことゆえに、その行為に引きつけられる。余計な把握があり、余計な動機づけがある。だが、どうしてこれらの余計な階層の存在を信じるのか。その代わりに、幸福の促進を気にかけるよう動機づけられ、結果として幸福を促進する行為へと動機づけられ、同時に、その行為をよいとみなす傾向にある人がいるだけだと、どうして考えないのか。

もしムーアが還元的な理論の批判に成功しており、そして私が考えるように、右で述べたような議論がムーアの批判に成功しているなら、次のように結論づけてもいいだろう。すなわち、意味や内容、真理条件を経由する認知主義的アプローチにとって、状況はさらに悪い。というのも、道徳的考察や価値づけは、独特の活動なのだから、私たちが道徳や価値を伝える際に用いる言葉が独特の意味を持つことは、最初から明らかだったはずだ。なぜやみくもにこれらの言葉の「真理条件」を解明する「説明」を求めて、不可能事に挑もうとするのか。

とはいえ、哲学者の意欲をそぐのはそれほど簡単ではない。本章の以下の節では、ムーアの行き止まりを突破しようとする三つの試みを比較する。第一のアプローチは、ウィトゲンシュタインによる規則順守の考察に着想を得る。このアプローチの解釈では、この考察は、事実と価値との間に明確で興味深い区別は一切存在しないと示してくれる。それゆえ、道徳的命題に特殊な何かを見出す必要は一切ない。このアプローチの示唆によれば、そこに特殊な何かがあるという考えは、世界の表象をそれに対する反応から明確に区別し、理性を情念から明確に区別した能力心理学、すなわち「一八世紀の心理学」の遺物である。

現代のこのアプローチの擁護者で最も影響力を持つのが、ジョン・マクダウェルである。第二のアプローチは、思考とは何かを分析しようとする。つまりそれは、関連する言葉が「本当に」意味するものを明らかにする方法を求める。このアプローチは、古典的な哲学的分析の直系の子孫に当たり、私たちの思考をより明晰に表現し、その本当の意味を露わにすることで、その思考の本当の構造を明らかにしようと目論む。ここでは、マイケル・スミス、フランク・ジャクソン、マーク・ジョンストン、フィリップ・ペティットらにおおよそ集約される一群の立場を論じる。また異なる第三のアプローチは、倫理について満足いく図式を与えるのに、道徳用語が意味するものを述べる必要はない、という考えに焦点を当てる。これは、もし道徳用語が指示する性質を見出せるなら、それで十分だという考えだ。この立場は、デイヴィッド・ブリンク、リチャード・ボイド、ニック・スタージョン、リチャード・ミラーらと結びつけられる。この立場はコーネル実在論としても知られている。コーネル実在論の考えでは、私たちは倫理的思考を「真とするもの」を同定できる。科学者は、水や金と同定される物質の性質を同定する。同じように私たちは、事物のどの性質が倫理的思考を真とするのかを同定する。こうした企てが成功するなら、私たちが倫理用語で考える際には、事物のあれやこれやの性質を指示しており、その性質は他の用語で同定される、ということが示されるだろう。

このように本章では、道徳的命題に説明を与えようとする現代のアプローチのなかでも、特に重要だと私が考えるこれら三つについて議論する。[★3] これらのどれも、前章で私が導入した表出主義または投影主義という選択肢に劣ると、私は論じる。

ディオニュソス			アポロン
〈感情〉	〈欲求〉	〈態度〉	〈認知〉
動揺	一時的衝動	スタンス	表象
情念	気まぐれ	性向	知識
覚醒	欲望	情緒	真理
興奮	無意識的衝動	構え	理性

だがそもそも、なぜ他の心的状態ではなく、「信念」や命題から始めるべきなのか。そうすることへのきわめて大きな圧力が存在する。それは、日常文化におけるのと同じくらい、哲学的文化においても存在する。この圧力は、上の図式に由来する。

人々が倫理について考えるとき、左側三つの列の要素は招かれざる客のように思える。これらの要素は手に負えない輩であり、人の心において一連の独特のつながりを生み出す。これらの要素は主観的だが、他方、右側の要素は客観的である。左側の要素は偶然的で変化しやすいが、右側の要素は時に流されず、持続的である。左側のものは相対的だが、右側のものは絶対的である。左側の要素はレトリックに対応するが、他方の要素は思考に対応する。左側のものは私たちを〔家畜さながらに〕叩き、チクリと刺し、突き、けしかけ、追い立てる。これらに私たちが呑み込まれることもあり、そのことで私たちは冷静さを失う。しかし、右側のものによって私たちは自身を導き、操縦する。左側のものは急激に訪れて私たちに襲いかかる。だが、私たちは右側でそれらを制御し、それらから自身を守る。右側にいて能動的であるとき、私たちは左側のものを前にして受動的であることを恐れるかもしれない（カントの用語で言えば、左側のものが私たちを動かすとき、私たちは「他律的」であって、外側から動かされている。右側のものが私たちを動かすとき、私たちは「自律的」であって、自らを制御している）。おそらく、左側のものが情念（passions）なのは、私たちがそれを前にして受動的（passive）なことを意味する。[*3]

要するに、左側のものは闇に属し、右側のものは光に属する。左側のものはより低く、右側のものはより高い。古き悪しき時代には、左側のものは女性的であり、他方、理性の働きは男性的だった。あるいは、私たちが生物学に関心を持つなら、左側のものは原始的な皮質下構造と関連づけられ、右側のものは大脳皮質に属すると考えるかもしれない。私たちは左側に肉体とエス、右側に知性と超自我を持つ。

デイジー・アシュフォードの伯爵（本章のエピグラフ参照）と違って、哲学者は伝統的に下層階級に肩入れしない。哲学者は、感情、欲求、態度を、ただの感情、ただの欲求、ただの態度というふうに、さげすんで語る。[*4]ただの知識やただの真理については誰も語らない。ある反応がただ理性的であるにすぎないとか、ある意見をただ理性が語っているだけのことだとは、誰も言わない。そして哲学者は、自らの倫理が「ただの」あれやこれやではないことを望むので――というのも、正しいものや善なるものへの尊敬以上に、高尚で、高貴で、私たちを制御するに値するものがあるだろうか――、倫理はアポロンの側に確立されるべきものとなる。私たちは右側にしか真理を見出さない。そして私たちは、自らの倫理が真であってほしいと思う。倫理は支配する側に属するのであって、支配される必要のある、どちらかというとただの事物に属するのではない。

一部の哲学者は、左側に属する生き物にもう少し肩入れする。なぜなら彼らは、そうした生物には、右側に由来する長所があると考えるからだ。つまり彼らは、感情がそれ自体、本性的に認知的だと考える。

たとえば怒りを、本質的には知覚や認知だと表象し、何らかの脅迫や中傷を受けた自分についての表象だと分類できるなら、それは、知覚の認知的関係が持つ長所を持つ。こうした説明により、右側の権威が左側へと染み出す。だがこれはもちろん、完全にアポロン的な感情の図式である。この図式について直接多くのことを述べようとは思わない。だが第一に、この図式自体、このままではあまり妥当でないと言わざるをえない。なぜなら、自分が脅迫や中傷を受けて、怒らないことも考えられるからである。それを面白がることさえあるかもしれない。第二に、脅迫や中傷という用語で考えることが純粋に表象的かどうかは、それほど明確ではない。それぞれの用語自体が、態度やスタンスを示唆する。第三に、これまで見てきたように、倫理は感情にのみ関わるのではなく、他の実践的スタンスにも関わる。そして、それらすべてが「認知的」、または純粋に表象的だと見出せる見通しは、きわめて暗い。

ムーアはたしかにプラトン的伝統に従っていた。善または善のイデアという非常に特殊な性質が存在し、エリートはそれを識別できる。この性質の引きつける力はかなり強い。この性質は識別されると、それを知った者を否応なしに引きつける。それは彼らの意志を屈服させ、ディオニュソスの影を追い払う。そして、この図式が、権威を主張する人々を魅了する理由、特権階級のレトリックを特徴づける理由を、私たちは理解できる。あなたが、ワシントンやパリやロンドンで大手を振って歩き、政策を立案したり政府に助言を与えたりする立場にあるとしよう。このとき、あなたが一番認めたくないのは、あなたが態度、欲求あるいは感情のかたまりしか持ち合わせていないことだ。ロナルド・ドゥウォーキンが最近の論文で高圧的に非難したのは、倫理を想像力と文化の産物かもしれないと考える人々だった。おそらくその非難の理由は、想像力や文化が左側に影響を与えるだけで、右側の純粋な認知と無関係だからだろう。そうでないなら、私たちは想像力に乏しく非文化的な倫理を称揚すべきことになり、その理由はおよそ理解しがたい。[*5]

「だが、私たちは自らの価値を用いて、自身の欲求や態度さえも、そして自らの文化が持つ欲求や態度までも批判する。」たしかに私たちはそうする──だがそれは、私が前章で論じたように[★4]、私たちが「価値」と呼ぶものが、まさしく他人について熟慮したり他人を変えようと試みたりする際に確立している、欲求や態度のことだからである。自己批判でさえ、どこかに立ち位置を持たねばならない。そして、その最も確かな立ち位置とは、自らの根本的関心、言い換えれば、自らの価値と私たちが呼ぶものである。私たちが持つのは、アポロン的基盤ではなく、ディオニュソス的グループの比較的安定的で持続的なメンバーなのである。

倫理をアポロンの支配下に置き続けることには、ある越えられない障害がある。私たちの倫理が完全に信念に尽きる、と仮定しよう。このとき何が起こるだろうか。最も魅力的な星でさえ、誰も引きつけない。信念は、通常は行為を説明しない。行為を説明するには、加えて、欲求や関心が必要である。信念が何を記述するにしろ、その記述されるものを気にかけることが必要なのである。妻が私のいないときに寝室の壁を黄色に塗ったという情報は、私にとって重要かもしれない。だがそれは、その情報が他の関心、たとえば、黄色への嫌悪や、黄色好きだと知られているのが私ではなくフレッドであることから来る不安と、相互作用する限りにおいてのみである。ピアノがあなたの足の上にのっているという信念は、私にとって重要で、それをどかすよう私に行為させる。なぜなら、それがあなたに苦痛を生じさせていると私は信じ、そのことに関心を持って心配するからである。たとえば、左側の産物をさげすむ哲学者が、果敢にも道徳的信念を同定し、その地位は信念以外の何物でもないと主張するとしよう。このとき――恐ろしい考えだが――、もしその信念が表象する真理を気にかける人が誰もいなかったら（もちろん、ムーア的図式に基づけば十二分にありえそうな帰結だが）どうか。これが非常に残念なのは疑いないが、それは、あなたの足の苦痛を気にかけないことよりも残念だろうか。そして、もし後者の関心がディオニュソスの領域からの野蛮な使者ならば、道徳的信念の真理を気にかけることがまったく同じものでないと、どうして言えるのか。言い換えれば、私たちは以下のジグザグ構造に直面しているようだ。何かわるいこと、たとえば、ピアノがあなたの足の上にのっていることから始めよう。ある主体がそのことを心配する。小説家ならこれで済ますかもしれない。つまり、一片の共感と正しい態度があり、その主体の倫理についての控えめな示唆がそこにある。だが右の哲学者は、これがまさにその主体の側のただの態度や感情ではないかと懸念する。そこでこの哲学者は、倫理の焦点を、自分が助けるべきだとこの主体が信じること――真であり、真理としての権威を持つ信念――に代える。それゆえ、もし主体が、自分が助けるべきだと信じなかったならば、それは単なるディオニュソスの欠陥ではなく、アポロン的欠陥だということになる。だがこのとき残念ながら、この真理を知っていて、それを気にかけない不道徳で無道徳（immoral and amoral）な主体がいる。彼らは、ディオニュソスの側において「ただ」誤っているだけなのか。おそらく私たちは、彼らを揺さぶらずにおかない道徳的信念の性質を見つけた方がいいだろう。それはたとえば、その信念に揺さぶられることが、そしてそれに揺さぶられることだけが理性的だといえるような性質である。こう考えるなら、この無道徳または不道徳な人は、彼らが信ずべき何かを信じることに失敗している（私たちはここでも、彼らの欠陥をアポロン的なものとして表す）。すなわち彼らは、道徳的信念によって関心が喚起されないことが非理性的だということを認識（直覚）できていない。だが、そのことが非理性的だとたしかに知りながら、彼らがただそれを気にかけないのだとしたらどうだろう。このとき私たちは、「不合理」でも「規範的」でも何でもいいが、また別の用語を見つけて、その欠陥を右側へと引きずり戻す。しかし、彼らが合理性も規範性も気にかけないとしたら……。結局私たちは助けを求めて、次のようにディオニュソスに訴えるはめになるだろう。「だが、物事が上手くいくこと、繁栄や社会的協調、平和、契約を、あなたは気にかけないのか。」幸運なことに、ほとんどの主体がこうしたことを気にかける。だがそうだとすると、結局のところ、私たちはピアノを足からどかすよう気にかける人から始めていたのだった。そして、よく機能している社会では、ほとんどの主体がそうするよう気にかける。このジグザグから与えられたのは、引き延ばし戦術にすぎない。というのも、ヒュームが見通していたように、実践的で動的な状態、すなわち、信念を行為へと翻訳することに関与する関心やスタンスや態度が、常にどこかに存在していなければならないのである。

　これは、私たちができる限りアポロン的であろうとしても当てはまる。たとえば、私たちがカント主義者とともに次のように見出したとしよう。道徳的義務は必然的に、自らの行為を支配する格率として、すべての合理的主体により立法されるべきである（これについては、もっと後で見る★5）。私たちは依然として、そのことを気にするよう人々を動機づけなければならない、という事実に直面する。私たちは彼らがその法を愛するよう、あるいは少なくともそれを尊ぶよう、仕向けなければならない。そして、これもまた別のむき出しの気遣いや関心である。それにしても、倫理を完全な光の中に置こうと苦心して、結局はこの夜の生き物、この暗闇の偶然的な蛙、この本能的で肉的なディオニュソスの娘を、アポロンの井戸の底に見出すことの、何と哀れなことか！*6

《2》概念、規則、生の形式

ムーアの行き止まりを乗り越えようとする非常に洗練され、影響力を持つ試みが、ジョン・マクダウェルの倫理学に関する著作で提示されている。これらの著作は、彼が認知主義と呼ぶ立場を一貫して支持する。だが、彼の認知主義はプラトン的でもムーア的でもない。それは、倫理において感情や態度が果たす、統合的な役割を十分に理解した立場として提示される。マクダウェルは、ムーアの行き止まりに導くようなアプローチの危険のみならず、前節のジグザグ構造へと導くようなアプローチの危険も理解している。彼はそうしたアプローチを、神話的な「プラトン主義」に巻き込まれていると切り捨てる。彼の考えでは、この超客観的プラトン主義に対する反動から、多くの人々が不幸な主観主義に陥り、その結果、倫理は単なる「まくし立て」の一種にすぎないものとなっている（これが彼の表出主義に対する考え方だが、その批判に根拠はない）。しかし〔彼によれば〕幸運なことに、ウィトゲンシュタインの業績に由来する「十分に満足いく中間的立場」が存在する。この立場が示すのは、ある種の誤りを回避できるようになることで、倫理や他の事柄を理解する方法である。[*7] その誤りとは、道徳的（そして、たとえば論理的または数学的）要求を知覚できる視座に関する誤りである。これらの要求を知覚できるのは、道徳的、論理的、数学的実践を構成する諸実践、あるいは生の形式、あるいは「有機体の渦（whirls of organism）」の内部からだ、とマクダウェルは論じる。この生の形式の外部から、異星人や宇宙の外部の者の観点からは、これらの要求は知覚できない――が、このことで私たちが不安になることはないはずである。というのも、同様にして物の色も、色覚を持つ者の観点の外部からは知覚できない。だが、このトートロジーゆえに、色が「本当に」そこにあるかどうかを疑ったり、物の色について互いに話し合う際に、真理や事実を伝えているのかどうかを疑ったりはしないはずだ。あるいは、物に色がついていると見ることが純正の受容であること、「いずれにせよそこにある」ものに対する反応であることも、私たちは疑わないはずだ。このように、実在論（認知主義）と真理が、色の判断には伴う。そしてまったく同様に、それらは倫理にも伴う〔とマクダウェルは結論する〕。

ウィトゲンシュタインに訴える際に取り上げられるのが、『哲学探究』第一部の多くを占める「規則順守の考察」である。この考察を導入するため、次のような状況を設定できる。目標は、倫理的命題を理解すること、ケースバイケースで真または偽を示す実在的命題として、それを理解することである。ある対象への評価語の適用という、最も単純な例を取り上げてみよう。たとえば、「Xは親切に振る舞った」といった、かなり具体的な徳が問題となる例を取り上げる。この命題には、Xが行ったことに対する好ましい評価が伴うとしよう。この評価ゆえに、私たちは倫理の領域内にいる。誰が指示されているのかを理解し、「親切に振る舞った」という概念を理解しているなら、私たちはその命題を理解しているとみなそう。では、概念を理解するとはどのようなことだろうか。それは、適用の規則を習得することである。つまりそれは、その概念をどの事物に適用するのが正しく、どの事物に適用するのが誤りなのか（そして、もし適用の是非を決定できない事物が存在するなら、それはどの事物なのか）を決定する規則を習得することである。ここで、こうした規則を習得することが事実上、生の形式の一つに参与するのと同じことだと教えてくれたのが、ウィトゲンシュタインである、と解される。マクダウェルは、スタンリー・カヴェルの次の一節に賛同して、これを引用する。

私たちはある文脈において語を学び、教える。それから、それらの語をさらなる別の文脈へと投げ入れる能力を持つことが期待され、またそのことを他人に期待する。こうした投げ入れが起こることを、何も保証しない（特に、普遍的特性の把握も、数多くの規則の把握も、これを保証しない）。まったく同様に、私たちが同じ投げ入れをなし、理解することを、何も保証しない。私たちが概してそうするのは、利害関心と感情の経路を共有し、ユーモアの、意義の、充足の、何がひどいのかの、何が他の何に似ているのかの、何が非難なのかの、何が許しなのかの、どういうときにある発言は断定であり、どういうときに訴えであり、どういうときに説明であるのかの感覚を――ウィトゲンシュタインが「生の形式」と呼んだ有機体の渦のすべてを――共有しているがゆえである。人間の発話と活動、健全性と共同性は、このこと以上のものには依存しないが、まさにこのことに依存している。この見通しは単純だが、それと同じくらい難しく、難しいが、それと同じくらい恐ろしい（そして恐ろしいがゆえに難しい）ものである。[*8]

この話をそのまま当てはめると、ある規則がどのように「親切に振る舞った」という概念を支配できるかわかる。この規則は、「利害関心と感情の経路」を共有する人々にしか適用できない。だがそれは、すべての規則について当てはまる。だからそのことは、「親切に振る舞った」という概念について特異な何か（特別柔軟だったり主観的だったりすること）を示すわけではない。その概念が評価を含意するとしても、同じである。こうして、倫理的判断を他のあらゆる判断と同化させるものとして、規則順守の考察を理解できる。利害関心や感情の経路を共有する人々にしか倫理的判断が共有されないからといって、それを特殊なものとみなすことは、もはやできない。

ここまでのところ、賞賛すべき点が多々あると私は主張したい。マクダウェルは適切な題材を扱っている。すなわち、人間の情緒や、利害関心と感情の経路、非難、訴え、充足や非道の感覚、想像力や文化などといった要素である。次のことに私たちは同意してよいだろう。すなわち、ある倫理を共有すると適切に言えるのは、こうした要素を共有する人々だけであり、そして、彼らの倫理が声となるのは、彼らが「Xは親切に振る舞った」などと述べるときである。だがそれでは、論争が生じたときには何が起こるのか。私たちには、「待望される人間反応の共同体」に訴えることしかできないように思える。[*9] 私たちは、相手が自分たちと同じように事物を見るよう、あらゆる手段を講ずる。だが、だからといってこれは、私たちの必要にまだ足らないわけではない。なぜなら、どの分野でも、これを超えるものは決して得られないからである。これはたとえば、私たちが証明について語ろうとする諸分野においてさえもそうである。

実際、これには異論がありうる。ウィトゲンシュタインは『探究』の第二四〇節で、倫理と他の分野とを、次のように暗に対照させている。「規則が順守されてきたかどうかの問いをめぐって、(たとえば数学者の間で)論争が生じることはない。人々はたとえば、そのことをめぐって殴り合いになったりはしない。」ここで、有機体はみな同じように渦を巻く。実際おそらく、そもそも彼らが数学に携わるにはそうせざるをえないだろう。ウィトゲンシュタインの考えでは、客観性と証明について語る実践を基礎づけるには、これで十分なのかもしれない。だが、もっと厄介なのは、合意が必要なようにも思えることだ。というのも、さもなければ、単にある仕方で反応する有機体がいて、また別の仕方で反応する有機体がいるにすぎないように見えるからである。たとえば一方の側は、妊娠後かなり初期の胎児を赤ん坊に分類することが、自然で不可避なことだと考える。他方の側は、この時期の胎児をそう分類することがグロテスクだと考え、それを細胞の複合体に分類する。そして、一方が正しいことを行っており、他方が誤ったことを行っているように見えるプラトン的・外在的観点を、私たちは一切放棄した。それゆえ、どちらか一方を支持して受容、認知、真理、客観性を主張しても、ここではむなしく響くだろう(彼らは、これらの語を用いて主張をなすかもしれない。だがそれもまた、彼らがたまたま渦を巻く仕方の別の一部にすぎないだろう)。言い換えると、もし待望される反応の共同体が明らかにまだ手近でないのなら、ウィトゲンシュタイン的な観点から見て、こうした論争の地位は、よくても不明確だ。こうした問題に関して、有機体の大多数が誤った仕方で渦を巻いていると私たちが考えるときには（実際そう考えるかもしれないが）、論争の地位はなお一層劇的に不明確となる。多数が正しいことを決めるというのは、哲学的真理ではない。

以上の点は重要だが、まだ問題の核心を突いてはいない。自己批判が可能でなければならず、もしウィトゲンシュタイン的アプローチがその余地を残していないなら、それはそのまま深刻な難点となるだろう。だがおそらくは、次のように考えることで、ウィトゲンシュタイン的観点を弁護できるだろう。すなわち、私たちの有機体の渦により提示されるいくつかの分類自体について、深く顧みて、懸念を抱き、ときにそれを取り除こうとすることも、その渦の一部だ、と考えることによってである。

ここでより強固な難点が生じるのは、次のように問うときである。すなわち、以上の考慮によって実際のところ、倫理的命題は、純正の思考の対象として同定されたのか。あるいは、倫理的概念は、純正の概念として同定されたのか。あるいは、私たちを何かに対して純正に受容的なものとみなすことは正当化されたのか。これらの問いが未決のままである理由を示すのに、単純な例を一つ取り上げてみる。過度の体脂肪がまったく問題なく、それを欲すべきとさえみなされる文化について考えてみてほしい。ここで、流行が変わり、太った人に嫌悪感を覚え始める人々（おそらくはスリムで、活動的で、しなやかな十代の若者）がいるとしよう。彼らはこうした嫌悪感を、嘲笑するような特徴的な声音で表す。すなわち、「君の弟はどんなだい?」、「ああ、やつはデブ」というように——これを、「やつはデブ↓」と書くことにしたい。この声音でこの用語を使っているのを聞くことができるのは、この嫌悪感を共有する人からだけだとしよう。他の人が異議を唱えるときに、「いや、彼はそんなにデブ↓じゃないよ」と、その声音を繰り返して言うことは、普通はない。というのもそれは、太った人に対する嫌悪感は共有するものの、Xが太っていることは否定するときの言い方だからだ。この感性を拒絶したい人が言うのは、「そんなこと言うなよ！」というようなことだろう。

今や「デブ↓」は使用できる用語であり、嫌悪感を共有する人々は、それを似たように用いる。それは、ウィトゲンシュタイン的な意味での規則と関連づけられ、大まかな合意のもとにいる人々により適用され、保持される（ウィトゲンシュタイン自身、「ある種の語は、イントネーションを掛けておくための釘にすぎないと、あなたは言うかもしれない」と述べていた）。[*10] 私たちはカヴェルのリストを読み、この用語の共有されている用法が、その使用者により共有される特徴にどのように依存するのかを見ることができる。ここでその特徴とは、デブを見出す彼らの能力であり、彼らの嫌悪感である。だがここで私たちは、独特の概念を持ち、真や偽でありうる独特の命題を持つのか。この用語を使う人は、独立に存在する性質に対して「受容的」なのだろうか。表面的には、こうしたことの何ひとつ本当ではない。十代の若者がこの嫌悪感を共有するようになるとき、彼らが概念的進歩を遂げたとは、私たちは考えないだろう。たとえば、デブ↓さという独特の性質が存在し、十代の若者が共有する反応が、今やその性質を見出すことを可能にし、新たな真理が発見されたとは、私たちは間違いなく言いそうにない。表面的には、ただ太った人々がいて、彼らに対する十代の若者の嫌悪感の表出があるにすぎない。

マクダウェルもこれには同意するかもしれない。なぜなら彼は、「倫理の領域」について彼が述べたい事柄から、特に「嫌悪感」を除外しているからである。[*11]「嫌悪感やむかつき」が他と異なるのは、「自足した心理的アイテムであり、嫌悪を催させるとかむかつきを催させるといった、投射された性質に訴える必要なしに概念化されうる」〔訳書一四七頁〕点だという。私としては、これは奇妙な譲歩だと直ちに言わざるをえない。なぜなら第一章で述べたように、★6 嫌悪感は、倫理（と政治）のかなりの部分を構造化可能な感情であり、こうした構造化のため、罪や汚辱などの概念により呼び出される感情だからである。階級制度《カースト》を持つ文化では、道徳的地位の主たる裁定者は、嫌悪感である。『ハムレット』や『リア王』の道徳世界は（そして『オイディプス王』の道徳世界でさえも）、嫌悪感により定義され、支えられている。それゆえ、もしマクダウェルが望むように、物事が上手く運んでいるときには、軽蔑のような道徳感情が、純正に軽蔑すべきものの知覚や感知や認知とみなされるべきであるなら、正当化された嫌悪感が同様に、純正に嫌悪感を催すものの知覚や感知や認知を示すものではない理由を理解するのは難しいだろう（そして、嫌悪感が一般化された不快感ではなく、対象を持つ感情である点において、むかつきとはまったく異なることに注意すべきだ。つまり、私たちは典型的には何かに対して、あるいは、その何かについて考えるだけで、嫌悪感を抱く）。

嫌悪感の地位はどうあれ、いずれにしろ、道徳的概念が存在し、その概念を用いる人々により識別される道徳的性質が存在する、と言えるようになるために、規則順守の考察を他の事例で展開したい、とマクダウェルは考えている。彼によれば、記述を（ただの）態度と関係づけることよりも高貴な何かが、私たちには与えられるべきなのだ。このさらなる一手は、どのように展開するのだろうか。

これがそれほど簡単でないのは確かである。だが、〔彼にとって〕一つの鍵となるアイディアは、深刻な倫理的事例において、事実的なものを評価的なものから「ときほぐす」ことはできない、というものである。「デブ↓」の例において、そしてたしかに侮蔑的な人種差別的中傷の事例においても、その反応がどのようなものかを私たちは知っている。また、その反応を呼び起こす特徴がどのようなものかを知っている。だが、そうは行かない場合がある、とマクダウェルは考える。

さてそうすると……〔つぎのことに〕疑念を抱くのが理に適っていると思われる。〔すなわち、〕どの価値概念についても、それに対応する世界の純正の特徴——いま問題の規準に照らして純正である特徴、つまり、誰のどのような知覚経験からも独立にいずれにせよそこにある特徴——を取り出すことができるのかどうかということであり、しかも、当の価値概念を使いこなせる者たちが実際にそれを使うとき、彼らは世界のそうした純正の特徴に反応しているとみなすべきであって、適切な態度の反映を剥ぎ取ったなら、そうした純正の特徴だけが世界の中に残るということをいつでも示すことができるのか、ということである。*12〔訳書二二五—二二六頁〕

そしてこの論拠となるのは、次のようなことである。すなわち、ある道徳共同体における何らかの具体的な徳の概念を考えるとき、外部の者にその用語の外延を教えるのは不可能かもしれないということである。その用語の将来の適用のされ方を正しく予測するには、外部の者は少なくとも、「彼らの賞賛の念を理解する試みに取りかか」らなくてはならない。外部の者が、内部の者によるその用語の適用のされ方を予測できるようになるのに、その共同体の賞賛の念を共有する必要はない（「そのことに必ずしも困難はない」）と、マクダウェルははっきり述べる。だが外部の者が、内部の者の特殊な見地を理解する必要は、たしかにある。そしてその限りにおいて、彼らとの共同体に足を踏み入れる必要がある。

自分がある評価的実践の外部の者だと考えてみると、この考えの妥当性がわかる。たとえば、私が最先端のファッションショーに誘われたとしよう。多くの服が出品され、私にはどれもほぼ同じに見える。だが、他の観衆は私と異なる仕方で反応する。そして、彼らにとってある服は神々しく、恍惚感を引き出し、他の服は「野暮ったく」、嘲笑を引き出すと、躊躇なく推定できる。これらの反応について、内部の者の間では完全な合意があるのかもしれない。だが、私にはさっぱりわからない。私が彼らの反応に近づくには、ある種のオリエンテーションや文化適応が必要だろう。

マクダウェルがこの現象を指摘したのは、まったくもって正しい。だが、それよりはるかに理解しがたいのは、この現象によって、エリートが純正に反応する認知的地位を持つ性質に対する、何らかの純正の「知覚」や感受性が裏づけられる理由である。今述べたような状況ゆえに、ファッションのエリートが何かを知覚でき、私にはそれができないと考えるのは、実際かなり奇妙である。というのも、その何かとは、神々しさや野暮ったさ、つまりは、いずれにせよただそこにある性質なのだから[*13]。

《3》　一八世紀の心の哲学？[★7]

だが、ここで述べておくべきやや異なった論点がある。というのも、マクダウェルはまた、事実的なものを評価的なものからときほぐすことの不可能性を、「一八世紀の心の哲学」に対する批判と関連づけるからである。この心の哲学は、一方の純正の認知と、他方の情念や感情とを（つまり、アポロンの生物と、ディオニュソスの生物とを）分離する。まさにこの心の哲学が、マクダウェルの勧めにしたがって考えることと、つまり、「われわれの感情的本性や意志（動能）的本性の行使は、それ自体がなんらかの仕方で知覚的であるか、さもなければ少なくとも物事のあり方に対するわれわれの感受力を拡張する」〔訳書二一四頁〕と考えることを妨げる。[*14] この心の哲学によって、私たちは一方に感情的なものを、他方に認知的なものを持つと考えていた。だが、マクダウェルによれば、今や私たちは、統合されて単一の規則に導かれる認知的／感情的状態しか持たない。これは、「信欲（besires）」と呼ばれてきたものである。[*15]

このことを検討するのに、私たちは次の三つを問うべきである。すなわち、(一)事実的なものを評価的なものからときほぐすことの、何が困難なのか、(二)その困難が本当に十八世紀の心の哲学を突き崩すのか、そして、(三)そのことに照らして、私たち自身の動能的本性の働きを、知覚力のあるものとして理解し、あるいは、事物の有り様に対する自らの感受性を拡張するものとして理解することが、有用でありうるのか。その示唆するところが明らかだとは、到底言えない。

ここで、手持ちの基準により、事実的なものを評価的なものからときほぐすことが困難かもしれない状況が、明らかに一つある。すなわち、ある用語の評価面を把握できない人は、その用語の外延を予測できないのである。たとえば、反応が、おそらくは人の持つ「有機体の渦」の他の側面と相互作用しつつ、外延の決定に大きな役割を果たしているとしよう。これが私たちの有り様であり、私たちが面白いと思うものの有り様である。ユーモアの感覚をまったく持たない人は、私たちが面白いと思うものをうまく予測できないだろう。あるいは、例の十代の若者が、もう少し細かく区別を付けるようになると想像してみよう。ここで彼らは、太った人々に一様に嫌悪感を抱くのではない。彼らは太った人々の一部――彼らが嫌悪を感じる人々――だけをデブ↓と呼ぶ。かなり微妙な違いが、異なる評定を引き出す。実際、彼らが自分自身で基準を明確にしようとする試みさえも、挫折しがちである。やはりこれも、「滑稽」に関する私たちの有り様である。私たちは、面白さに関する自身の反応の根拠を、その一部しか理解できない。ここでは、態度や感情が外延を決める。それゆえ、その感情を共有も理解もできない外部の者は、途方に暮れることになる。だがこれは、それだけで一八世紀の区別を突き崩し、これらの態度や感情自体が何らかの認知だと示唆するのだろうか。それがどうしてそうなるのかを理解するのは難しい。ファッションの例に戻ると、それ自体さまざまな特徴（オリジナリティ、コスト、サプライズ要因、非実用性）によって引き起こされる恍惚や嘲笑が、「野暮ったい」や「神々しい」の適用を決めるのは、自明なように思える。だが、野暮ったさや神々しさの知覚という用語でこの状況について考えるのが、有用なのかどうかは、まったく自明でないように思える。

こうした状況が生じる際に反応を引き出す事物の集合は、それが実際に反応を引き出すという事実を除けば、私が「無定形（shapeless）」と名づけたもののようだ。この意味での無定形性は、道徳的なこと、滑稽なこと、神々しいこと等が基底的特徴に付随（supervene）することと、両立すると想定される。マクダウェルは、倫理学における付随性要件の妥当性を認めている。彼はこの要件を、次の要件と区別する。すなわち、付随する側のレベルで同じと判断された事物が、下位レベルまたは基底レベルでも「そうしたものとして同定できる一つの種」を形成すべきだ、という要件である。[*16] ここで浮かび上がってくる問いはこうである。反応を引き出す点を除けば無定形な集合の諸要素が、ある反応を引き出す際、なぜその反応を認知とみなすべきなのか。あるいは、なぜそれを、「ある特定の価値集合の諸要素が、世界の純正の特徴だ」という認識だとみなすべきなのか。それをたとえば、態度や感情、一八世紀的な情念や情緒と、なぜみなすべきでないのか。

私はこの問いに対する答えを見出せない。対立する見解を次のように整理できる。

〈認知主義〉：無定形の基底的集合→有形の性質M→適切な感情性向を持つ人々によるその性質の知覚≡行為の理由の知覚→行為

〈非認知主義〉：無定形の基底的集合→特定の感情性向を持つ人々における態度→行為

ここで矢印は、何らかの説明的物語を示す。だが、もしこうした整理になるなら、道徳レベルで有形の性質に言及し、知覚について語ることで、どのような特別な説明的重みが加わるのか、と問わねばならないだろう。そして、その答えは明らかではない。野暮ったさや神々しさは、ファッションの現象においてどんな説明的役割も果たしていない。（公平を期すなら、ここでもマクダウェルは、これらを嫌悪感という例外的な感情とともに並べることを選ぶかもしれない。だがやはり問題となるのは、彼がそうすることを可能にする原理が、はたして存在するのかどうかだろう。）

非常に似通った理論を、デイヴィッド・ウィギンズが展開している。だが彼の理論は、以下の点でマクダウェルと異なる。すなわちウィギンズは、もっともなことだが、自身の理論の帰結を、倫理学に関するある種の「実在論」に分類することには関心がなく、それが洗練された主観主義だという考えを認めている。[*17] 残酷さという濃密な倫理的概念について語るなかで、ウィギンズもまた、次のような物語を提示する。私たちが行為を残酷なものに分類するのは、それらの行為が、ある特殊な仕方で私たちに影響を与えるからである。行為がそのように私たちに影響を与えるのは、それらの行為の持つ残酷さの「印」、「動機づけ、意図、結果のレベルで残酷さを構成するもの」ゆえである。[*18] ここまでのところ、インプットの側にあるのはおなじみの要素である。だが彼もまた、残酷さという「性質」(「概念」という用語で論じた方がよかったと、彼は述べているが)が、この物語において決定的に重要な役割を果たしてほしいと考える。その役割が示すのは、その性質がアウトプットの「兄弟姉妹」であって、どのような意味においても、アウトプットの産物ではないということである。[★8]

この物語は、私が提示してきた理論を別の言い方で述べたものだと読むのが、そこから収穫を得る最善の読み方ではないかと思う。もしこの物語がそれ以上のことを示唆するなら、それは、その語りにおいて自らを解体しているとみなされるべきだと、私は考える。というのも、たしかにウィギンズは、初期の論文でマクダウェルのように、感受性を持って用語を用いる人々の神秘的な独特の(*sui generis*)反応を重視している(「ほとんどの場合、性質それ自体に直接的あるいは間接的に言及することなしには、ある反応と結びつけられた性質をもった事物がいかなる反応を引き起こすかということについて正確には何も述べることができない」[*19](訳書二四八―二四九頁〕）。だが、彼は続けて、残酷さに対する正しい反応がまさにどのようなものなのかを、かなり気前よく述べている。ラッセルができる限り徹底的かつ鮮明に思い起こすべきだったのは、残酷さについて彼が「嫌い、憎悪し、嫌悪」するものがまさに何なのかだった、とウィギンズは述べる。[20] ここには、特殊な反応という示唆は少しもなく、何かを残酷だと思うことはおそらく、それを面白く思うことや、何かを黄色いものとして見ることと変わらない。そしてこれはもちろん、普通のよくある感覚にすぎない。というのも、恐怖、嫌悪、憎悪とは別の、特殊な反応は存在しないのである。このことが強く示唆するのは、何らかの興味深い意味での特殊な性質あるいは概念の存在ではない。そうではなく、特定の行為や、その動機、意図、結果が合わさったものに対してとるべき態度を議論する際に、焦点となる用語の存在である。

だがおそらく、マクダウェルとウィギンズは説明的物語を意図してはいない。おそらく知覚への言及は、動能（conation）と認知の融合という彼らの主たる論点に、ある意味付帯するものなのだろう。そこで、さらに先に進むために、一八世紀の区別の否定がどれだけ奇妙な主張なのかを強調する価値はある。別の影響力ある論文でマクダウェルは、徳のない人について語る。もしその人が、内気で傷つきやすい人の必要に対し正しい仕方で反応しないなら、その人は、「内気で傷つきやすいということが、どういうことを意味しているのか、分かっていない」〔訳書五八頁〕。だがマクダウェルは、この「どういうことを意味しているのか、分かっていない」にはかなり含みがあることを認める。なぜならそれは、「いかなる日常的な規準にてらし〔た〕、その状況の記述に使用される言語にかん〔する〕能力」〔訳書五九頁〕とも〔「もちろん」）両立可能だからである。[21]

この結果、次のようになる。寄宿学校の男子生徒たちは、通常のテストによれば、ある新入生が内気で傷つきやすいと知っているのかもしれない。つまり彼らは、他の者と同じくらい、内気で傷つきやすい者を上手く選り分けられる。だが彼らがその新入生を、まさに内気で傷つきやすいがゆえに、からかい続けるとしよう。そのときこれは、彼らが、内気で傷つきやすいことの意味を、何らかの特殊な強い意味で知らないことを示す。つまり彼らは、一まとまりの心理状態を構成する完全な融合体を欠いている。そして、この一まとまりの心理状態を知覚と態度とに分けるのは、不適切でしかない。

しかし、なぜ私たちは、この特殊な強い意味を、この特殊な融合状態を信じるべきなのか。この状況を述べる自然な言い方はこうだ。男子生徒たちは、その新入生がどんな感じであるか見てとった。そしてそれが、彼らが彼をからかうことを楽しむ理由である。これが、彼らの残酷さを構成する。彼らは、自分たちが知ったことに対して、徳のある人ならそうするはずのようには、反応しない。だがマクダウェルにとって、彼らは端的に、徳のある人が備えている一まとまりの状態を欠いているのである。

ここで、あたかも、あるイディオムで言えることは何でも、他のイディオムへと過不足なく翻訳可能であるかのように思えるかもしれない。それゆえ、何らかの性向や行為のパターンが、感情的状態を通じてしか持てない特殊な単一の知覚、すなわち「信欲」の結果に分類されるのか、それとも、状況がどのようなものかに関する信念と、その状況に関してあれやこれやを行うことへの動機づけという、二つのベクトルの結果に分類されるのか、そのどちらであるのかに関して、さほど熱心に議論せずともよいのかもしれない。それは、あたかも「北東」が（「それ自体で」、と言っていいかもしれないが）一つの方角なのか、それとも、北と東という二つの方角に由来するベクトルなのか、議論するかのように響くかもしれない。だが実際には、一八世紀の心の哲学が正しく、提案されている代案はそれに劣ると、私は考える。

《4》 かわいいものと卑猥なもの

このことは、「かわいい」や「卑猥」のような「濃密な」用語の例を検討するとわかる。まず、かわいさから見て行こう。ここで、ある男性がこの用語を適切に用い、その用語に相当する知覚／感情融合体を適切に持つと想像しよう。彼とその仲間は、女性をかわいいとみなす。彼らは難なくこの用語を教えることができ、新たな事例について同意できる。彼らはマクダウェルを読む。そして自分たちが、一部の女性のかわいさに対する、新しく、純正に認知的な感受性を持つと考える。もし他の人々、特に女性である友人が世界をそのように見ないなら、促して同じように渦を巻かせようとすることもできる。彼らは成功することもあれば、成功しないこともある。成功するのは、多くの場合、かわいく見えるよう一生懸命努力し、かわいくないときには自分を責めて恥じる女性に対してである。

かわいさがさまざまな感情的反応を引き出し、正当化する、とこの男性は言う。その反応を、かわいさの知覚以外の形で特定するのは困難である。しかし、女性におけるかわいさを知覚することで通常は、男性のあいだでは賞賛の念や興奮などの反応が、あるいは、女性からは嫉妬や賞賛の念などの反応が引き出され、正当化される。実際、濃密な評価的実践には、意見の相違を調整する手続きが伴う。かわいさについて語る人々は、誰もが「普通の」（徳ある）男だ。しかし、知性、年齢、大きな足等、ある特徴が、かわいさと両立不可能かどうかをめぐる応酬がある。だがそれは、倫理の常である。そして、もしそれが投票になったなら、おそらく大多数が自分や友人と同じように見るだろうと、この男性は付け加えるかもしれない。なぜなら、ほとんどの男性が実際にそのように見ており、多くの女性もまたそうだからである。大衆誌に載っているお手本を見てみればいい。

ここで、こうした事例において、インプットをアウトプットから切り離して先に進むことが、道徳的にきわめて重要である。切り離すことを拒絶するなら、批判の持つ本質的な、とりわけ規範的な次元を開きそこなってしまう。いま、これらの人々はかわいさを知覚し、かわいさに対する適切な反応をもってそれに反応するのだが、他方で別の人々はそうしない、というのが、結論だとしよう。そのとき私たちは、彼らのどこが間違いなのかを認識する分析ツールを失ってしまう。彼らが間違っているのは、次のような点である。すなわち彼らは、女性のあどけなくて威圧的でない容姿や自己表現、あるいは、男性に屈従する意志をあからさまに示す徴候に対して、賞賛の念や欲望（男性の場合）、あるいは、嫉妬や競争心（女性の場合）をもって反応する。かわいいものとは、私たちが脅威なしに、偉そうに、侮りさえも感じつつ、愛着を持てるものであり、子どもやペットは、かわいいものの典型である。これが女性に適用されるなら、それは悪いことだ、と私は言おう。インプットをアウトプットから十分に分けることによって、実際に起こっているのがこうしたことだと理解しさえすれば、有機体の渦や単一の「濃密な」規則、あるいは、文化適応した人々にしか手に入れられない特殊な知覚などの話は、ただ空虚に響くだけだろう。それは保守的で、究極的には利己的な、自己満足の隠れ蓑である。

私たちは、徳のある人の何がよく、悪徳のある人の何がわるいのかを言う必要がある。徳のある人はある見方で物事を見るが、悪徳のある人は別の見方で見る、というのが、私たちの結論だとしよう。このとき私たちが失うのは、徳のある人は事物に対して正しい仕方で反応する一方で、悪徳のある人はそうは反応しないと述べるときに開ける、規範的空間である。寄宿学校の男子生徒たちは、何らかの、ほとんど解釈不能な「信欲」融合体に囚われていたのではない。彼らは、ある生徒が内気で傷つきやすいと見て、彼を辱めるよう動機づけられた。それこそが、彼らの間違っているところなのである。

私たちは、かわいさを愛でる人を右に示したような形で非難する。このときおそらくマクダウェルは、生の事実としては、その非難がその人によい影響を与えるかもしれないと、認めることができるだろう。そうした影響を与えうるということは、明白な事実である。だが、「信欲」という用語で考えているかぎり、その人を誤って記述する以外には、そのように非難できない。こうした非難をするときは、その人の心的状態を分解して、その人を記述する。だが、〔マクダウェルの説に基づけば〕そもそもの前提からして、この心的状態は、分解を拒む。それゆえ原理上、かわいさを愛でる人は、こう批判されて実際に当惑しようと当惑すまいと、それとは関係なく、その批判に対して完璧な反論を持つことになる。というのも、この批判は、誤った記述から始まっているのだから、そのようにして始まる批判にどうして耳を貸すべきだろうか。対照的に、この批判は、誤った記述からではなく、本質的な洞察から始まるというのが、私の立場である。[*22]

航法とのアナロジーに戻ると、北東をベクトルとみなすことは実際重要だろう。たとえば（実際そうなのだが）、緯度を決めるのと、経度を決めるのとは別のことであり、それゆえ、北に進む速度を定めるのと、東に進む速度を定めるのとは別のことだと仮定しよう。このとき、北東に進んでいるかどうかを海図から決定する際、航海士は二つの別個の独立した仕方で誤りうる。もし彼が進むべき方向へと向かっていないなら、北に進む速度と東に進む速度、どちらが誤っているのかを問わねばならない。これは、右の寄宿学校の男子生徒や、女性に対する男性とその反応について、まさに言えることである。

そして実際に、私たちは一八世紀の区別に完全に馴染んでいる。「濃密な」用語があるときにはいつでも、その記述的方向と、実践的・態度提供的方向との両方を大まかに見て取るのは容易である。これはまさに、ウィギンズが残酷さについて、表向きは否定しつつも認めざるをえなかったことである。勇気あると記述される人が、他人ならひるむような困難や危険を乗り越えることで通常は是認を得ること、けちだと記述される人が、金銭に執着しすぎることで悪評を得ること等々を、私たちは知っている。インプットとアウトプットの境界は、はっきりしている。そしてこれは、そうでなければならない。というのも、行為の進むべき道を定める際に、事物が「基礎的な」レベルでどのような種類であると語るべきなのかを知らなければ、人の意志を引きつけることはできない。たとえば、勇気を持つように子どもを教育する理由を知らなければならず、これには、関係する特徴について注意を向けることと、他の態度についてももちろん考慮しながら、勇気を持つという価値へのコミットメントを強めたり弱めたりすることを伴う。

だがこれは、インプットやアウトプットが、何らかの定義や純粋に言語的な規約により固定されるということではない。それらは可塑的であり、事物あるいはその事物への反応に私たちが付与する重要性とともに、それらは変化する。アラン・ギバードがこの文脈で用いる別の例を取り上げよう。あるものが、通常許容される性的な表現や言述の境界を、何らかの形で踏み越える場合、そして、結果として人々がそれに衝撃を受けるか、それを否認する場合、彼らがそれを「卑猥」と呼ぶ傾向にあるだろうことを、私たちは認識している。だが、個々の要素はさまざまな形で組み合わせることができる。ティツィアーノが素肌の上に直接毛皮を重ねたことや、現代の十代の若者の服装を、私は卑猥とは思わないかもしれないし、それらを卑猥と思うあなたを否認するかもしれない。あるいは私は、それらを卑猥と思い――どうやら意図的に境界を試しているらしいことを認識して――、まさにそのことゆえにそれらに喜びを感じるかもしれない。口やかましい批判など、私の思いもよらないことかもしれない。性とそれを笑いものにすることとは重要すぎて、ただ一つの態度を呼び起こすだけでは済まない。[*23]

このことは、マクダウェルの思考のまた別の糸と結びつく。もし一八世紀の区別を支持するなら、私たちは次のことを忘れてしまっていると、彼は示唆する。すなわち、共有される評価的枠組の内側からしか、あるいは少なくとも、彼らの枠組を「理解する試み」とマクダウェルが右で述べていたものを伴う立場からしか、人の持つ欲求やその他の態度の対象は特定できないかもしれない、ということである。これこそが、マクダウェルが純正に倫理的なものの語彙から「嫌悪感」を除いた理由だった。なぜならそれは、むかつきのように非志向的で自立的な感覚だと（私が論じたように、誤って）みなされたからである。だが、卑猥さの例は、こうした考えに含まれる誤りを示す。卑猥さに関連する態度は、他の用語で同定されることを拒む。そこでたしかに、何らかの共有された反応共同体の内部からしかそれは理解できない、と述べたくなる。その共同体とは、「何と卑猥な！」と自然に考える自分を見出す人々の共同体だ。このことで次に、特に捉えがたい「濃密な」状態がここにはあり、その要素を個別に拾い上げることはできないと、私たちは述べたくなるかもしれない。だが、これは誤りだろう。何かを卑猥とみなすことと関連づけられる、特定の態度のようなものの同定が困難な理由は、特定の態度のようなものが存在しないからだ。〔卑猥という〕評定は、意図や欲求や行為とあらゆる仕方で相互作用し、人や場面によって異なりうる。「それ」が同定されることを拒むのは、個々の使用の場面で同定すべき「それ」が存在しないからだ。ときに口やかましさがあり、ときに面白さがあり、ときに激しい不快感がある。私たちはちょっとした卑猥さに、自分たちを笑いものにできることを感謝しつつ、不遜な祝福を捧げたくなることもある。また、私室のプライバシーの中で、そうした卑猥さにもっと密やかな祝福を捧げたいと思うこともある。そしてこれらの反応が、めまぐるしく私たちの表情に現れては消えるだろう。

　本節で私は、マクダウェルが強調したことのうち、あることについては賞賛し、別のことについては反論した。よいことの方——感情的な性向の強調、そして私たちの道徳的な声が本質的に、共有される実践の内部からの声であるという有り方——は、また表出主義の異なる道筋がたどり着いた終着点とみなすのがよい。これは、道徳的命題を理解するという課題が実行されるべき方法を、より多くの確実性とより少ない神秘性とをもって捉える立場のヴァリエーションである。わるいことの方には、「受容性」や、ある種の認知主義が確立されたという信念の不当な強調、そして、私たちの評価的実践のインプットとアウトプットの要素を個別に拾い上げる本質的な作業に対する不幸な敵意が含まれる。ところで、この他にも検討すべきアプローチが存在する。

《5》 反応依存的説明[*24]

私たちが話題にしてきた素材のうちのいくつかを料理する、また別の方法がある。もし私たちの課題が、真または偽でありうる倫理的命題を見つけることにあるのなら、感情や態度がこれほど前面に出てくるときには、少なくともある事物が私たちの態度を引き出し、別の事物は引き出さない、と考えることができる。これは少なくとも、かなり自然な真理のように思える。それならどうして、倫理の真理をただそこに求めないのか。すなわち、ある種の事物が、私たちや私たちの一部に何らかの形で影響を与えるという事実のうちに、それを求めないのか。このとき道徳的命題は、世界に対する私たち自身の動機づけ反応や態度に関する命題となる。そのようなものとして道徳的命題は、信念でありうる。なぜなら、私たち自身の反応や態度に関して信じられている、真なる物事や偽なる物事が存在するからである。たとえば、実際にはほとんどの人々がアイスクリームを好むのに、彼らがそれを嫌っていると、私は信じるかもしれない。あるいは、実際には私が野心により動機づけられているのに、そうではないと、私は信じるかもしれない。

〔道徳的命題が私たちの反応についての命題だと考えるときの〕核となるアイディアは、どこか人間中心的なように思える概念、私たちが特定の感覚系や感情系を持つからこそ使用され理解される概念に、ある種の分析を適用しよう、というものである。こうした概念の標準的な例には、以下のものが含まれる。すなわち、色やその他の二次性質の概念。流行とかしゃれているとかの概念、つまり、ある同定可能な集団の嗜好を主に反映する概念。あるいは、退屈とか滑稽とかの概念、つまり、その適用が何らかの仕方で人々（または、ある特定の人々）の反応に明らかに依存する概念だ。このアイディアは、すぐに価値それ自体へと一般化される。

倫理的概念を「反応依存的」観点から、すなわち、たとえば態度や欲求など、現実の人間が持つ反応の観点から分析するのが、このアプローチの出発点である。この提案は、以下のよく知られた形の同値、または「双条件法」を検討することにより展開される。

Xはよい／正しい／正当化できる ≡ ［人］が［状況］下で［反応］する性向を持つ。

この等式のヴァリエーションの一つは、たとえば次のようなものである。

Xはよい／正しい／正当化できる ≡ Xは［状況C］下で［人P］から［反応R］を引き出す傾向にある。

角括弧は、そこに選択肢のどれかが入ることを示す。それはどのような選択肢だろうか。手持ちの可能性のなかには、次のものがある。

［人］：私自身、私たち皆、正常な人々、専門家、現実にあるがままの私たち、ある一定の状況にいると仮定したときの、または、ある特定の経験プロセスを経たあとだと仮定したときの、私たち。あるいは、何らかの形で向上し、たとえば合理的または理想的になったと仮定したときの私たち。

［反応］：非認知的反応、認知的反応、何かがよい／正しい／正当化できるという判断、他の用語で表現した判断、態度や感情や心の構え、経験、振るまい。

［状況］：知られている通常の条件、標準条件、特にXに適した条件、ある特定の種類の適切な注意をXに払うか、または、Xを「志向的」対象や思考の対象として持つという条件、理想的条件、ありとあらゆる必要な条件。

反応依存的説明は、近年最も人気を博してきた説明の一つである。そして、その理由を見出すのはそれほど難しくない。第一に、この説明は、非認知主義者の関心を正当に扱うことが見込まれる。すなわちこの説明は、「反応」に一定の重要性を与える。この反応は、命題的態度に限られず、欲求や他のスタンス、あるいは感情を含んでいてもよい。しかしながら第二に、この説明は、〔道徳的命題を口にするときに〕私たちが自らを記述するとみなす限りにおいて、完全に認知主義的であり続け、評価的所見の真理条件をもたらすことが原理上可能である。第三に、この説明には明らかな柔軟性がある。角括弧で囲われた部分の選択肢があるだけでなく、関連する双条件法の地位の扱い方にも余地を残している。すなわち双条件法は、分析的だったり、アプリオリだったり、還元主義的だったりすることが意図されていてもよく、あるいは、これらのどれでなくてもよい。第四に、この説明は多くの領域で妥当するように思える。たとえば、赤いものとは、少なくとも適切な条件下で私たちが赤いと知覚するものである。これとまったく同じように、退屈なものとは、私たちを退屈させるものだと考え、滑稽なものとは、私たちを愉快にさせるものだと考えることには、どこか正しいところがあるに違いない。そして最後に私たちは、日常言語にも注意を向けることができる。たとえば、教室で教師が「この詩を評価しなさい」と指示することと、「この詩に対するあなたの反応を記述しなさい」と指示することとの間には、大した差はない。

このすべてを考慮しても、こうした説明全体に何かひどい間違いがあると、私は論じようと思う。あらかじめ私の反論を要約しておこう。反応依存的な説明は、次のうちのいずれかである。すなわち、この説明は、倫理的命題に関する本当の理論を提供することはなく、その命題のある言い方を、単に別の言い方に置き換えるだけであるか、または、この説明は、道徳的見地の内部で語ることと、その内部で語っている人々を記述することとを混同している。最終的には、倫理を根底において自己記述とみなすことには何か深刻な誤りがあると、私は論じる。とはいえ、まずは回避しなくてはならない問題の導入から始めよう。たとえば、次の式を検討してみよう。

（I）　Xはよい≡Xは、理想的状況（すなわち、どのようなものであれ、人々がよい事物を是認するのに必要な状況）下で、善良な人々から是認を引き出すものである。

これ自体反論すべきものではない。実際、これは真である。よいことが、理想的状況において善良な人々から是認を引き出すものだというのは、トリヴィアルに〔些末な意味で〕真である（理想的状況が、どのようなものであれ、善良な人々がよい事物に価値を見出すのに必要な状況である場合には、特にそうである）。だが問題は、まさにこれがトリヴィアルだということである。こう置き換えたとしても、自然主義的な試みを一歩たりとも前進させられない。私たちはただ、倫理的なものの領域の内部における等式を持つにとどまる。私たちは、倫理的なものを自然界とつなぐ方法を持たない。この試みに関する限り、私たちはただ、その場で足踏みをしているだけである。私たちはゴールラインどころか、スタートラインさえまたいでいない。

さしあたり私としては、（I）によって示される境界の形をさらに正確に探究するよりは、それを恐るべき警鐘としておきたい。というのも、自然主義的な試みに背くことなしに私たちがどれだけ（I）に近づけるのかを知るには、細心の注意を要するかもしれないからである。とはいえ、下辺における評価的語彙のあからさまな再導入ゆえにトリヴィアルさが生じる、ということは明白である。どの人々が善良なのか、あるいは、どの状況が理想的なのかを知るために、私たち自身、価値を用いなければならない。言い換えれば、まさに上辺で目標にしている種類の判断を、私たちは下辺で下さなければならない。それゆえ、倫理的なものを、何か別の種類の判断と関係づけたとは言えない。

評価はいろいろな形で、これらの等式の下辺へと忍び込みうる。

（M）　Xはよい／正しい／正当化できる≡Xは、［C］において［P］から肯定的評価を引き出すに値する／にふさわしい／べきだ。

これもまた、多様な［C］と［P］について真であることは疑いない。何かがよい、正しい、正当化できると述べることは、それが肯定的評価にふさわしいと述べることに等しいのは確かだ——おそらくはどのような状況でも、誰からの肯定的評価だとしてもそうだろう。だが、ここでやはり問題なのは、この等式が私たちをスタートラインまでしか連れて行ってくれないことである。一つの評価が、別の若干異なった用語で提示されているにすぎない。もし私たちが倫理を理解しようとしているなら、こうした同値式は無益である。それは、倫理的領域の外部のどこへも連れて行ってくれない。それはただ、同じことを別の形で述べる方法を与えるだけである。特に非認知主義者は、特定の命題に関する信念という用語で上辺が理解されることを否定し、下辺についてもただ同じことを言うだけだろう。

前進するには、次の二つの試みの間の重要な区別に気づく必要がある。私たちは、評価的判断の本性を理解しようとしているのか。それとも、私たちはただ、「Xはよい／正しい／正当化できる」という評価的述語に「真理条件を与える」ことだけに関心があるのか。ここで、例を挙げてこの違いを説明してみたい。ある演劇が退屈だ、という評定について見てみよう。これは何を意味するのか。次の式を与えることもできよう。

Xは退屈だ≡Xは、通常の条件下で、私たちのほとんどから、それが退屈だという判断を引き出すものだ。

これは正しいかもしれないし、いい線行っているように思える。また、「退屈だ」の適用を支配する条件が、Xは退屈だ≡通常の条件下で私たちのほとんどがXを退屈だと判断する、だと教えられることで、「退屈だ」の真理条件について、私たちは何か学ぶところがあるかもしれない。これが実質的主張であることは、それが現実に偽であることにより証明される（通常の条件とは、Xがまったく退屈でなく、想像力にあふれ、注意を要するものだと気づくのが難しい、やかましく混雑した劇場の環境かもしれない）。[*25]

他方、仮に私たちが、何かを退屈だと判断するとはどのようなことか、理解したいなら、この提案はまったく役に立たない。たとえば、退屈なことを、哲学的に探究する価値のある奇妙な人間の反応だと私たちが考えるなら、この等式は何の役にも立たない。この式は、退屈だという判断を、何の不思議もないものとみなす。

下辺で真理条件を代入すれば、真理条件と判断の両方を理解できると考えるかもしれない。だが、それはできない。次の式を得るだけだ。

Xは退屈だ≡Xは、それが……ものだという判断を引き出すものだという判断を引き出すものだ。

私たちはこのループから永遠に抜け出せないだろう。

私たちは倫理に関して、真理条件を理解したいと考えるが、また自身を、価値と責務、義務と権利という用語で考える主体として理解したいとも考える。それゆえ、リチャード・ホルトンの便利な用語を使うなら、退屈だという判断を何の不思議もないものとみなすときの「こだま」では不適格なようだ。[*26]

だがもちろん、反応依存論者は他の反応を導入できる。他の反応とはつまり、他の仕方で理解される、あるいは価値を理解するという目的にとって原初的とさえ捉えられる、欲求や態度である。こうすれば当面の退行問題は回避できる。反応依存論者は、態度、性向、感情、欲求という用語で、反応について得られる最善の説明につなげることができる。ここで、それがなされたと仮定して、この説明が示す〔それらの用語が入れられる〕場所をただ［価値反応］と表す。依然として私たちは、(I)と(M)によって示された問題を乗り越えなければならない。

右で提起された問題は、二つの破局の間をすり抜けるという問題であり、これを私はスキュラとカリュブディスと呼ぶ。スキュラとは、「Xはよい」と述べることで下される種類の判断を、経験的・社会学的言述として描写して、それをゆがめてしまうことである。他方、カリュブディスとはこうだ。私たちはこの種の判断を正しく理解する代わりに、下辺のなかのどこかで同種の判断を下す。そしてそのことにより、ちょうど(I)や(M)で足踏みしてしまうときのように、前進したと主張する権利を失ってしまう。

このとき、スキュラとは、私たちが自然主義的・経験的になることである。カリュブディスとは、私たちが下辺で倫理的判断を下し、そのことによって、この種の判断それ自体を理解するという興味深い哲学的試みの前進に失敗することである。対照させてみよう。

Xはよい≡Xは、現実にあるがままの私たちがそれに出会ったときに、私たちから欲求を引き出すものだ。

Xはよい≡Xは、善良な人々がそれに出会ったときに、彼らから欲求を引き出すものだ。

第一の等式を倫理的判断の理解のための試みとみなすなら、それは失敗に終わらざるをえない。なぜならそれは、〔Xはよいという判断と、〕経験的手段で確証可能な、Xに関する自然的判断との等式しか与えてくれないからだ。その等式は、Xが私たちの欲する何かだとは教えてくれるが、それが欲すべき何かだとは教えてくれない。このような双条件法のいくつかは真かもしれない。だが、それらが真のときに持つのは、メタ倫理的地位ではなく倫理的地位である。善に関する単純な基準を伴う倫理を、私は持つかもしれない。たとえば、功利主義者は次のように提案するかもしれない。

Xはよい≡Xは、欲求を満足させるものであるこのとき、これが倫理の一部かどうかは議論の余地がある。だが、これがたとえそうした吟味に耐えるものだったとしても（実際はそうではないが）、依然として倫理的判断を自然化する試みの助けとはならない。なぜならこの等式は、善という名の下で欲求の充足を見るとはどういうことなのかについて、何も言わないからだ。この等式をこのように捉えると、それは倫理の一部を与えてはくれるが、倫理的観点から考えるとはどのようなことなのかについては、何も教えてくれない。

［P］、［C］、［R］をいかに自然的に決定しようとも、そのようにして決まる人々、状況、反応が、適切なものであることを疑ったり否定したりすることは、十分可能だろう。たとえば、私たちがある集団や条件に特権を与えるとしよう。

Xはよい／正しい／正当化できる≡Xは、中産階級の神学教授たちが頭を明晰にして事実を知ったという条件において、彼らから好ましい反応を引き出す傾向にある。

これが、たとえ私たちの現実の手続きを反映したものだとしても（一九世紀スコットランドの大学を想像してほしい）、上辺が何を意味するのかを述べるやり方としてひどい当て推量なのは、かなり明白である。こうしたことを誰が提案しようとも、それは、この人が明晰で知識ある頭脳を持った神学教授に特権を与えていることを示す。だが、この人がそうするのが正しいかどうかは、未決の問いである。そして、仮にこの人が正しいとしても、それはまさに事実、神学教授が善を正しく判断するからだろう。これが、善性の性質や概念について何か教えてくれるとは信じられない。私たちはまた、この真理条件それ自体が、神学教授たちが思考する際の真理条件たりえないことに気づくかもしれない。彼らは、評価を働かせるという過程を経なければならない。そして、こうした評価の働きは、彼ら自身の反応を予測したり記述したりすることにのみ関わるのではない。[*27] こうしてスキュラが現れる。

下辺において、事物の評価ではなく、事物の記述や、私たちあるいはある集団から反応を引き出す事物の力の記述に固執するなら、私たちはスキュラに囚われる。評価的判断は、ある想定状況下におけるある集団（たとえ私たち自身の集団であっても）の反応だと推測されるものに関する仮説ではなく、評定である。たとえば私が、ある絵画が美しかったかどうか、あるいは、ある演劇が面白かったかどうかと尋ねられたとしよう。このとき、私個人としてはそれにうんざりしたにもかかわらず、ほとんどの人がかくかくの状況でそれを美しい、または面白いと思うという仮説を立てるがゆえに、それは美しかったとか面白かったとか述べるなら、私は本心を隠している。[*28] 期待されているのは、私自身の評定を下すことだ。「ああ、それは面白かったよ」というのは、私がそれについてどう思ったのかを表出する。もちろん、私の評定に反論することはできる。だが、その反論はそれ自体、［P］や［C］に関する別の仮説ではなく、私の感情に根拠がなかったこと、私がそれを美しい、または面白いと思うべきではなかったことを示そうとする試みである。また、次のことに注意してほしい。たとえば私がこのとき、（おそらくはむっとして）「だけど、それが面白かったと私は思ったよ」と述べて譲歩するとしよう。それでも私は、それがある状況［C］においてある集団［P］から［R］を引き出すものだというのが私の仮説だった、と述べるところまでは譲歩していない。私は、自身の評定を繰り返している、あるいは、自身の反応を表出しているのである。評価的見地の外部からそれを記述しているのではなく、その内部に立っている。

こうしたとき私たちは、反応と、それについて案出される双条件法を真とする事物との間の調和を欠いている。私が自身の評定を下す際に入り込む論理空間は、ある同定可能な集団の人の反応に関する経験的仮説が属する論理空間ではない。カントは、この点について非常に明快だった。彼は、美的判断、すなわち美の判断や趣味の判断の事例を取り上げ、こうした判断は万人の同意を「要請する」ものではないが、それを「あえて要求する」、あるいは「必然として他のすべての人からそれを求める」ものだと主張した。*[29]「その主張は、万人が私たちの判断に同意するだろうということではなく、万人がそれに同意すべきだということである。*[30]」

もちろん私たちは、評価的用語が「機能停止」し、むしろ一般的意見を受け売りする社会学的言述として用いられる事例をすでに見た。だがこうした用法は、実際に私たち自身の口から評価を下すという実践に寄生している。

カントの洞察は、これらの事例において顕著な別の現象により確証される。Xが［C］において［P］から［R］を引き出すものだと、私は経験的に知っているかもしれない。だが、私にはXに関する経験がないので、「Xは美しい／退屈である／面白い……か？」という問いに答えるときには、どうしても虚偽の陳述を伴う。私に答えられるのは、他人はそのように考える、あるいは、私はそれを見たいと望んでいる、などといったことだけである。それはああだった、あるいはこうだった、と端的に語るならば、私自身が判断する立場にあって、実際に判断したのだという度を越した印象を与えてしまう。もし、こうした判断は、ある同定される集団の、ある同定される状況における反応に関する直截な記述として機能する、という仮説に立つとしたら、このことは、まったくもって不可解である。他方、あるものが通常の状況において通常の人々を毒するものだと知っていれば、それを摂取したことがなくても、私は無条件に、かつ、十分な権威をもって、それが有毒だと言える。興味深いことに、ウィトゲンシュタインが色の判断についてもまったく同じことを言っている。

もし誰かが私に「この本は何色だろうか」と尋ねるなら、私は「それは緑色（green）だ」と答える――私は「英語圏の大多数の人は、それを『緑色』と呼ぶ」と答えた方が良かっただろうか。彼は「それで、あなたはそれを何と呼ぶのだ」と尋ねないだろうか。というのも、彼は私の反応を知りたかったのだ。[*31]

(I)と(M)で見たように、次のように、規範的要素をあからさまに下辺に含めることができる。

(O)　XはΦである ≡ Xは、［P］が［C］において［R］を与えるべきものである。

そして例によって、この限りでこれは十分正しい。ある事物が退屈だ ≡ 人々はそれに退屈させられるべきだ。だが、ここでカリュブディスの脅威が現れる。下辺はそれ自体が直截な評価である。それゆえこれは、同じことをなすための、二つの類似した言語形式の間の等式でしかない。下辺は、私たちが理解したいと望んでいたかもしれない種類の判断の、また別の例である。趣味判断に関心のあったカントにとっては、次のことが特に問題だった。すなわち、美学が、規則に従って概念を適用することよりも、快を感じることに関わるとき、いかにしてそうした判断が存在しうるのか。そして、カントの問題は現代倫理学の世界に再び姿を現す。というのも、評価と結び付けられる反応は、ヒューム主義者がもたらし、また同時に反応依存理論がもたらす種類の理解に堪えうる、ということを否定する人々がいるからである。彼らは誤っているが、彼らの誤りは、この種の「真理条件」について検討することでは示されない。もし私たちがカントの基準を心に留めるなら、(O)や(I)や(M)のような提案が、今後も私たちを魅惑し続けることもないだろう。

これらの提案では、ある倫理的判断が別の倫理的判断と等価に扱われている。つまり、これらの提案によれば、あるものが善良な人々から欲求を引き出すものかどうかを決定するのに必要なのは、観察ではなく、倫理的判断である。なぜなら、誰が善良な人々なのかを判断しなければならないからである。なるほど、誰が善良な人々なのかの判断の方が、Xに関する判断のようなものよりも、どこかしら容易なのかもしれない。それゆえ、原理上はこうして倫理の内部での前進がもたらされるかもしれない。だがこれは、倫理的判断それ自体に関する私たちの理解にとって、前進ではないだろう。それは、第一階の道徳理論における、きわめて局地的な前進でしかないだろう。

〔分析的実在論★9〕

スキュラとカリュブディスの間をすり抜ける試みのなかで、私の知る限り最も独創的なのは、キャンベラ・プラン（the Canberra plan）と呼ばれるものである。フィリップ・ペティット、マイケル・スミス、フランク・ジャクソンらが、いくつかの論文でこれを支持している。*32 キャンベラ・プランは、評価語と結びつけられる常套句または「決まり文句（platitude）」を列挙することで、スキュラとカリュブディスの間をすり抜けることを目指す。ここで言う決まり文句とは、推論その他に関わる性向、場合によっては暗黙の性向の表出である。これらの性向は、評価語を使いこなす能力のある者なら誰もがそれを持っていると期待される。この意味で、下辺に入る事柄は、それが評価を使いこなす能力のある人々の言動から読み取れるという点において、評価の使用とアプリオリに関連づけられるよう意図されている。そして、キャンベラ・プランの論者によれば、そうしてかなり多くのことを読み取れる。たとえば、ある取り決めが公正だという判断を検討するなかで、ジャクソンとペティットは次のように述べる。「何かが公正だということは、以下の常套句の例に現れる種類の条件が満たされることを意味する」――それから彼らは、以下の例を提示する。

一．適用に関する常套句（ここで私たちは、公正な手続きや取り決めの典型、たとえば、状況をわきまえた合理的契約者が合意しうる取り決めを見出すだろう）

二．真理条件に関する常套句（ここでは、ある取り決めの公正さはその取り決めに関する他の記述に付随

する、というものが主に挙げられる）

三．正当化に関する常套句（ある取り決めの公正さは、他の条件が同じなら、その取り決めを選好することや選択することを正当化する）

四．正当化の力に関する常套句（ここで言及されるのは、考慮の順序づけにおける公正さの位置であり、公正さは重要だが、常に優越するものではない）

五．動機づけに関する常套句（ある選択肢を公正であることだけのために信じる人は誰でも、他の条件が同じなら、その選択肢を選好するだろう）

六．動機づけの力に関する常套句（考慮の順序づけにおけるこの動機づけの位置——それは強力だが、他の動機づけによって覆されうる）

七．公正さの徳との結びつきに関する常套句。何かが公正だという事実は、徳のある人に一層はっきりとわかる可能性が高い。*33

ここに集められているものは、見るからに互いにかなり異質である。たとえば、これらの常套句のうちのいくつかは、判断される事物の内容と直接関係すると考えられる。他のものはもっとメタ理論的であり、判断を下すことの自然な帰結や、蓋然性の高い帰結について語っている。たとえば、公正さの判断は動機づける、という常套句は、判断が何をしているのかに関する言述のようである。それは、判断のこの内容、すなわち、判断が動機づけを達成するとは何なのかという問題への取り組みではない。再びカントの問題を思い起こしてみよう。「美しいということは、対象に関する真理であり（あるいは、美とは対象の性質であり）、それを把握することで、あなたはそれを追求するよう動機づけられる」と述べる美の判断へのアプローチは、カントの基準、あるいは実際のところ、あらゆる非認知主義者の基準に照らすと、次の重要な哲学的問題を完全に素通りしてしまっている。すなわち、いかにしてそうした真理や性質が存在しうるのか、という問題である。

これらすべての決まり文句に照らして、何かが公正だと述べることは何を意味するのか。ジャクソンとペティットの説明によれば、この用語はその意味をホーリスティックに得る。道徳用語（公正である、正当である、徳がある、……）のネットワークがあり、このネットワークの個々のメンバーは、他のメンバーとの結びつきによりその意味の一部を与えられる。ジャクソンとペティットは、彼らの論文の導入部の第一段落でこのことについていくつか主張している[*34]。第一の主張は次のとおりである。「道徳用語は、一般に受け入れられた道徳理論——素朴道徳理論（folk moral theory）——におけるそれらの用語の役割により特定される」。第二に、素朴道徳理論は「純粋に記述的な内容」を持つ。したがってどうやら、「道徳用語は少なくとも原理上、記述的用語に還元可能だが、ここでの還元はホーリスティックであり、アトミスティックではない」ということらしい。「どの主張の内容も、他の主張の内容が同時に決定される限りにおいてのみ、決定される」というのである。

二つのやや異なった関心がここにはあるように思われる。一つは、ホーリズムを確立することへの関心であり、もう一つは、ある種の記述主義を確立することへの関心である。この記述主義は、道徳的な判断や概念を、自然的・記述的な判断や概念と同定することにより、地上へと引き降ろすことを伴うが、もちろんそのことによって、スキュラの怒りを買う危険を冒すことになる。だが、ホーリズムへの関心と自然主義への関心とがどのように関係するのか。これはまったく明らかではない。私たちの考えを定めるのに、すでに浮かび上がっているように思える四種類の問題を列挙することから始めたい。

（一）　先にカントを思い起こして述べたように、道徳判断が動機づけをなすという決まり文句は、その判断の内容が純粋に記述的であることを示そうとする理論にとって、危険な要素である。カントにとって重要なのは、趣味判断が快と結び付くのは偶然ではなく、倫理的判断が動機づけをなすのも同じくらい偶然ではない、ということだ。つまり、私がすでに説明したように、倫理は本質的に実践的なのである。だがそうなると問題は、純粋に記述的であると同時に、本質的に実践的な内容――それが把握されるときにはたいてい、ただ肩をすくめるだけでは済まない内容、と言ってもいいかもしれない――が、いかにして存在しうるのか、ということである（これは、マクダウェルが一八世紀の心理学を否定することで適切に直面し、勇敢にも立ち向かっていた問題である）。寝室の壁が黄色いという発見は、その色を変えるように、誰かをただたまたま動機づけるかもしれない。それと同じように、もし倫理的判断が私たちを「ただたまたま」動機づけるだけであるなら、それは結構なことかもしれないが、実際の動機づけ方とは違う。

（二）　いずれにしろ、常套句を列挙することで私たちは、素朴理論が「純粋に記述的な内容を持つ」と、あるいは、素朴理論が何らかの倫理用語について純粋に記述的な内容を同定すると、信じる気になるだろうか。これらの決まり文句のファミリーのうちの少なくとも三つ（三、四、七）の調子は、あからさまに道徳的観点をとっている。すなわち、これらの決まり文句は、公正さが何を正当化するのか、あるいは、善良な人々が公正さに気づくかどうかという観点から、公正さを記述する。他の決まり文句は、あからさまに道徳的観点をとりはしないものの、何らかの実践的スタンスをとる人々にしか受け入れられないだろう。適用に関する常套句が、こうした決まり文句だ。「男子と女子にまったく同じ教育を受けさせること」は、私の見解では、公正さの典型的事例だ。だが、それは常にそうみなされていたわけではない（そして不幸なことに、現在もそうだ）。一六四八年のカルヴァン派ウェストミンスター信仰告白の起草者によれば、「主はその最も自由で、正当で、神聖なる意志により、他の者が永遠に断罪されることを定めた」。これは、この起草者にとっては結構なことのようだが、私たちの多くにとっては、不正義の典型のように思える。あれこれのことが公正だと思うようになることには、道徳的変化を伴う。常套句がこのように評価的である限り、なぜ素朴理論が「純粋に記述的な内容」を持つと言えるのか、きわめて不明瞭なままである。

（三）　これに続いて私たちは、これらの決まり文句のうちのどれだけ多くが、アプリオリと呼ぶに本当にふさわしいのか、という問いを提起しなければならない。ジャクソンとペティットの論文において、この問いはきわめて重要である。キャンベラ・プランの論者にとって、その作業は次のように分担される。哲学者は、ある概念が持つアプリオリなコミットメントを明らかにできる。しかしその後、その内容によって特定される役割を、どの性質が満たすのかを決定するのは、世界に、そしてそれを研究する者に、任される。私たちが分担するのは、何かが公正だという判断の分析である。どのような性質がその役割を「実現する」のかについて書かれるべき、さらなる一章があるのかもしれない。それはあたかも、私たちがまず職務内容説明書を書き、それからその役割を満たす人がいるとすれば誰が最適なのかは、他の事物によって決まるかのようである。

たとえば、「正当化の順序づけ」における公正さの位置に関する思考を検討してみよう。公正さは重要だが、何よりも重要なわけではない。たとえば、「誰か無辜の者を死なせるよりは、不公正である方がよい」。たしかに私はそう思うし、ほとんどの人がそう思うことを期待しもする。だが、そうでない人々もいる。すなわち、*fit justitia et ruat caelum*（天が落ちようとも正義を果たせ）と彼らは言う。彼らは、自らが決して不正義や不公正を行わないことを何よりも気にかけ、そのことで無辜の人々を死なせるかもしれないという考えにも、諦念をもって耐える。他の「濃密な」用語を見れば、論点がもっとはっきりするだろう。たとえば、ある行為が勇気を示すものだったという事実によって、それを賞賛することが正当化されるかどうかは、明らかに道徳的に議論を呼ぶところである。それは、ある行為が卑猥だという事実によって、それを非難することが正当化されるのかどうか、道徳的に議論を呼ぶのとまったく同様である。

実際のところ、もし道徳的観点を示唆するように思えるコミットメントを取り去ったなら、残されるのは、公正さの知覚が人々を動機づける傾向にあるという、動機づけに関するメタ理論的な決まり文句だけだと、私は考える。これは真だと、私は考える。だがこれは、判断が、それ自体引きつける内容や真理条件をどのようにして持つのかを示す方法ではない。

一見して、私が今述べたような論点は――決まり文句が道徳的主張に満ちている限り――「記述的用語への還元」の障害となるように思える。だがおそらくは、ホーリズムがすぐ助けに駆けつける。この障害が途方もないように思えるのは、これらの決まり文句が、「動機づけるべき」や「正当化する」といった用語を含むか、あるいはそうでなくとも、ある種の道徳を信じる人々にしか受け入れられないからである。だが、キャンベラ・プランが約束するところによれば、この堂々巡りを繰り返すことで、最終的にそれぞれの道徳用語の役割と関連づけられる「記述的性質」を特定するところまで辿り着けるという（ジャクソンとペティットは彼らの論文の次の段落で、「正しさの役割と関連づけられる記述的性質」について語っている）。したがって、私の第四の問いは次のようになる。

（四）この約束は本当に果たされるのか。というのも、この約束によれば、多くの倫理的語彙の概念的な相関を分析することから出発することになるが、私たちが必要とする倫理全体を生み出すのに必要な用語は、かなり少ないからである。おそらく、「正しい」と「よい」は必要だろう。あるいは、「理由がある」や「正当化できる」等の用語一つだけで乗り切ろうとしてもいいかもしれない。すなわち、Xがよいとは、Xを行うことやXを促進することやXを賞賛することに、理由があること、あるいは、これらを正当化できることを意味する。Xが正しいまたは義務であるとは、Xを行う理由があり、他のいかなることを行う理由も存在しないこと、あるいは、X以外に正当化できるものはないことを意味する。Xが許されないとは、Xを禁止するのが正しいことを意味する、等々。「公正な」のような例は、〔大まかに言って〕「共通の観点から合意可能であり、それゆえ正当化できる手続きに従う」ものとして扱われる。「勇気ある」は、「求めることが正当化できる以上の、困難や危険に直面する能力がある」ことを意味する、等々。これらの「濃密な」用語の評価的観点から興味深い部分は、「正当化できる」という用語が道徳全般にわたって果たす役割に帰着させられる。こうした説明が次のような現象を予告していることに注意してほしい。すなわち、私たちの態度や、私たちが重要だと考える境界を共有できない人々、あるいは少なくとも、それらを理解したり模倣したりできない人には、私たちが特定の「濃密な」用語を何に適用するのか、わからないかもしれない、という現象である。なぜなら彼らは、正当化できる仕方がどういったものなのかわからないだろうからである。こうした説明に基づけば、〔キャンベラ・プランにおいて想定されているような〕さまざまな「濃密な」用語の豊かな絡み合いはまったく存在しないし、まして、それぞれの濃密な用語が、自然的・記述的なものへと向かって触手を伸ばしながら関係しあい、「正当化できる」という内容を記述的用語で決定するのに寄与するということもない。

スキュラ／カリュブディス問題を、評価的言述の内容にかんする反応依存的アプローチに適用すると、次のようになる。Xを公正だと判断することは、Xが私たちから何らかの反応を引き出す、と述べることだろうか――だが、そちらにはスキュラがいる。それは、Xがこうした反応を正当化する、と述べることだろうか――だが、そちらにはカリュブディスがいる。ジャクソンとペティットは、これらの両方に向けて多くを捧げることで、その罠を巧みに切り抜ける。つまり彼らは、一方では、判断によってどのような反応が引き出されるのか、に関して述べており（これはメタ理論側の話であり、そこでは判断の典型的な結果が示される）、他方では、どのような取り決めが記述を公正なものとして正当化するのか、に関して述べる。こうして私たちは言わば、スキュラとカリュブディスが守る海峡で左右に揺さぶられる。だがこれは、その海峡をまっすぐ通り抜けることと同じではない。

反応依存的理論は、これと関連した別の仕方でも展開できる。それは、マイケル・スミスの著作に最もよく示されている。スミスの説明は、問題となる反応として「欲求」を扱う。そしてこの反応を、真の価値を保証するものとして、いつ用いるのが適切なのかを示そうとする。これは、色の場合とまったく同様である。色の場合、何かが赤く見えることが、いつ実際にそれが赤いことの保証となるのかは、「標準」または「正常」とみなされるものの選択によって示されるはずである。それが赤いのはまさに、標準的状況において正常な人々にとって事物が赤く見えるときである。スミスは彼の説明を、ある主体は状況CにおいてΦを行うことを欲すべきだ、という判断に適用する。

CにおいてΦすることを欲すべきだ≡もし仮に私たちが完全に合理的なら、私たちはCにおいてΦすることを欲するだろう。*35

これは、完全に合理的な自己であれば（所与の利害関心と欲求とを持ち合わせた）日常的自己に行わせたいだろうこと、という観点からの、もう少し長い説明を省略したものである。とはいえこの省略は、ここでの目的には差し障りなく、その完全な説明については第八章で論じる。★10 他のキャンベラ・プランの論者と同様、スミスは、こうした分析の課題とは、「評価的概念に熟達しているおかげで知ってはいるけれども、分析を加えなければせいぜい暗黙知にとどまっていることを、明示的にする」ことだと考える。この分析での「完全に合理的」への言及は、たとえば、欲求を選り分ける手続きを分類したり、要約したりするのに役立つ。この手続きにより、欲求が、欲すべきものの指標とみなされるか否か、あるいは、実際に何らかの意味で欲すべきものを構成するか否かが、ふるい分けられる。欲求をよいものとわるいものとにふるい分けるプロセスに関して、アプリオリな「決まり文句」が十分に積み重なれば、スキュラとカリュブディスのジレンマを逃れられると、スミスは考える。すでにジャクソンとペティットにつきまとう困難を見たので、この主張がうまくいくのは主に、海峡の一方から他方へと揺れ動くことによってではないか、気をつけて見極めることにしよう。あるいはもっと直接的に、この主張がうまくいくのは、他人を欺く航海旗、この場合には合理性の規範の旗を掲げるという、昔ながらの船乗りの知恵によってではないのか、気をつけて見極めよう。

私たちはたしかに、よりよい自己へと向上することについて語る。そして、このプロセスの想像上の目的を表すのに適した言葉がすでにある。すなわち、「理想」や「完璧」である。もし私たちが完璧だったならやりたいと欲することや、あるいは、(I)にあるように、理想的自己が私たちにさせたいことが、欲すべきことでないわけがない。もちろん、理想的自己が私たちにさせたいことと、完全に合理的な自己が私たちにさせたいことが、もし一致しないなら、倫理は、理想的自己がさせたいことと一致する必要があると考えられるだろう。そしてこれは、スミスにとって真の脅威となりそうである。たとえば、完全に合理的な自己は、欲求を一切持たないことで心の平安を保つと仮定しよう。つまりこの自己は、ストア派の平静または仏教の涅槃を達成し、人間のあらゆるあがきの愚かさを知っている。このとき、この自己が私たちにさせたいことは何もない。なぜならこの自己は、私たちがあれをするか、これをするかに関して、もはや何の選好ももっていないからである。だがこのことは（私に言わせれば）、これが事物を欲すべきかどうかを評価する際にとる観点ではないということを、まさに示している。

スミスの著作における「完全に合理的」は、つるつるとよく滑る魚だ。それは、少なくとも三つの異なる方向を向いているように見える。

（一）それは、「理想的」や「完璧」などのヴァリエーションの一つに過ぎない。つまり、どんな欠点も欠陥もないということである。ストア派や仏教徒は、ほとんどの道徳規準に照らしてそうはみなされないだろう。なぜなら彼らは、あれやこれやの点で不十分だからだ。たとえば、共感的であること、関心を寄せること、気づかうことについて、彼らは不十分である。

（二）それは、自然的用語でのある特殊な心理の記述である。スミスは、合理的自己をよくこのように記述する。この記述によれば、合理的自己は、十分に状況をわきまえ、「最大限に統合された整合的な欲求の集合」を持つ（これが当てはまる心理をＭＵＣＫと呼ぼう。つまり、最大限に統合された整合的な種類（a Maximally Unified and Coherent Kind）の欲求の集合を持つということだ）。

（三）それは、道徳規範とは異なる規範の集合をいつのまにか導入する。その規範とはすなわち、合理性の規範である。道徳規範を支えるためにそれを用いることができる。

第一の選択肢はもちろん、すぐにカリュブディスの餌食となる。何かに対して、それを欲すべきだと私が反応するとしよう。もちろん私は、理想的観点からならそれが欲せられるだろう、あるいは、理想的自己ならそれを欲するだろうと述べて、そのことを表出できる。これは、たんに倫理的パラフレーズにすぎない。

（二）の選択肢はもう少し見込みがあるようだ。だが、どのようにしてスキュラの牙を逃れるのか。欲求の「統合性と整合性」を得るための努力と呼ばれるものがある。つまり、ロールズが「反省的均衡」と呼んだものを達成するための努力である。もちろん、現実には逆向きの流れもある。たとえば、誠実な結婚を欲してはいるが、複数の異なる女性との結婚を欲している主体を、私たちはよく理解できるし、おそらく暗黙のうちに彼に共感しさえするだろう。[*36] だが、そうだとするとスミスは、あるものに価値があるということを、「Xはよい＝Xは幸福を最大化する」という線に沿って提示しているだけではないのか。ただそれが、スミスでは「Xはよい＝MUCKを持つ自己が助言したり願ったりするとおりの欲求を持つ人々によって、Xが欲せられる」となっているだけである。そうだとすると、たとえMUCKを、ある心理に適用され、他の心理には適用されない記述として決定できるとしても（それはまったく自明ではないが）、ムーアの未決問題論法の餌食となるように思える。MUCKを持つ監督者によってある事物が推奨されると認めることと、それに価値を認めることとは、別のことである。MUCKの何がよく、それが少し変わると何がわるいのかは、それほど明らかではない。結局のところ、私たちの知る限りでは、ストア派や仏教徒はMUCKの心理を持っている。だが、私に言わせれば、そのことにより彼らは、誰かに助言を与える資格を失う。人類の有り様を見るならば、私たちが何を欲していようが、静かに消え失せろというのがMUCKの助言かもしれないと、意地悪な疑念を抱く人がいるかもしれない。

（三）の選択肢については第七章と第八章で、実践理性へのカント的アプローチとの関連で論じる。[★11] 当面は、以下の所見で留めておいてよいだろう。私たちはみな、実際にどこからか始める、つまり現実に今ここで持っている欲求から始める。それゆえ、たとえ可能性の話であっても、均衡を得るプロセスが、整合性と統合性だけのために欲求を取り除くプロセス（欲するものが少ないほど、物事はより容易に得られる）だ、とみなされるべきでない。こう指摘すれば、スミスは、仏教とストア主義に基づく反論をかわせるのではないかと、考える人がいるかもしれない。だが実際のところ、この道はスミスには開かれていない。なぜなら彼は、あらゆる合理的な自己が一致すると考えているからである。現実の人間が持つ差異は、理想的合理性をもたらすプロセスによって洗い流されている。あなたがどこから始めるかに関係なく、完全に合理的なあなたは、他のあらゆる完全に合理的な自己と同一である。それゆえ、完全に合理的な自己が、あるいは言うなれば、一つの合理的観点が、ただ存在するだけである。そうだとすると、この観点から推奨される何かが果たしてあるのかどうかということは、スミスにとって真の脅威となる。この観点を占める主体は一体何を気にかけるのか——そして私たちもその何かを、それが何であれ気にかけるべきなのか。合理的観点とは、どこからでもない観点、神の眼の観点のようである。そして私たちの知るとおり、神の自然（God's nature）は、神が創造した自然という一方の意味において無分別かつ無情であり、それはおそらく、神の本性というもう一方の意味においてもそうである。

価値語に関する反応依存的説明は、多くの形を取ることができる。そして、海峡を抜けようとする船団の大きさを考えると、スキュラとカリュブディスがそのすべてを阻むと私が考えるとすれば、それは楽観的かもしれない。だが本章で、これらの説明が本質的な欠点を共有することが明らかになったと、私は考えている。その欠点は、次のように最もうまく要約できる。すなわち、これらの説明は、道徳的見地の内部から語ることと、その内部から語っている人々に関する真理を記述することとを、ないまぜにしている。それはつまり、主題を変えている（スキュラ）のか、さもなければもちろん、道徳的見地の内部から語るそれらの語り手を評価しているのであり、言い換えれば、そもそも私たちが理解しようと試みていたのと同じ種類のことをさらにやっている（カリュブディス）のである。

《6》 コーネル実在論

ここで私が言及する最後のアプローチは、ゆるく「実在論」と呼ばれる。それゆえ多くの場合、「反実在論」や「非認知主義」——私がさしあたり、自身の見解に貼られるレッテルとして受け入れることに同意したもの――と対置されると考えられる。このアプローチがこの呼び名にふさわしいと考えられるのは、それがある学説を信奉しており、その学説を倫理的実在論の特徴とみなしているからである。その学説とは、倫理的述語は事物の実在的で自然的な性質を指示する、というものである。

これは一見、自然主義のように思えるが、自然主義は、私が論じたように、ムーアの未決問題論法により反駁されている。だがコーネル実在論は、パトナムとクリプキによる区別を持ち出すことで、この批判をかわす。コーネル実在論によれば、（たとえば）善性という性質を（たとえば）幸福を生み出すという性質と同一のものとみなす際、何かがよいという命題や考えを、それが幸福を生み出すという考えと同一視する必要はない。何かがよいという考えを、それが幸福を生み出すという考えから切り離そうとした点において、ムーアは正しかったのかもしれない。だが、コーネル実在論によれば、だからといって、それら二つの性質が別々のものだということにはならない。言い換えれば、性質と概念の区別が存在し、異なる概念であっても、同一の性質を指示する述語で表現されうる。ところで、「よい」という述語は自然性質を指示するのだから、このことだけで、この述語を含む文の「真理条件」を定めるのに十分である。そして、引き合いに出される性質は自然性質であり、それらの性質は十分に実在的であり、それらの性質について私たちは知っているのだから、これだけで、自然主義、実在論、認知主義のそれぞれを維持するのに十分だ、というのである。

これほど少ないものからこれほど多くのものがもたらされることには、落ち着かなさを感じさせられる。性質と概念の区別は、これほど多くのものをこれほど迅速にもたらすのか。私はそうは思わない。「デブ↓」を使う十代の若者について振り返ってみよう。コーネル実在論が「よい」について示唆したことを、すべてここに反映できる。「デブ↓」という用語は、大きさと体格というきわめて自然的な性質を指示する。それゆえ、実在論、自然主義、認知主義だと結論づけられるのか。誰かがデブ↓かどうかは、純粋に認知的な事柄なのか。もちろんそうではない。この議論で無視されているのは、大きさと体格について、十代の若者が示す特定の見方である。まさにこの特定の見方ゆえに、私たちは評価の世界の内部に置かれる。この十代の若者を特徴づけるのは、特殊な認知的才能、特殊な知識ではない。彼らを特徴づけるのは、太った人々に対する特殊な反応、態度、感情的スタンスである。

実在論、自然主義、認知主義は、哲学者がかなり意のままに定義できる専門用語である。だが、倫理学理論においてこれらの用語は、ある約束をする。それは、(世界についての真なる自然記述が持つ権威をモデルとして) 倫理の権威を理解するという約束である。したがってそれは、倫理的論争において客観的な何かが問題になっているという見かけを理解するという約束であり、結果として、適切な条件下では、当事者のうち一方が正しいと示されることになるかもしれない。だが今や、評価的述語が自然性質を指示するという提案によって、こうしたことの何も果たされない、ということがわかる。というのも、「デブ↓」の事例にあっては、こうしたことが何ら居場所を持たないからだ。デブ↓論者が誤っていると証明するいかなる方法も示されていない。彼らの立場や彼らの反対者の立場に何らかの権威があることもまったく示されていない。特殊な認知が関与していることもまったく示されていない。つまり、実際この例には、こうしたことのどれひとつも示されていないのである。

また別の事例を検討してみよう。ある業界で次のような基準が定められているとしよう。よい決定とは、期待利益を最大化するよう下される決定であり、それ以外の何物でもない。その業界の人が商売事での決定に適用される「よい」を述べるとき、それは単に期待利益の最大化のみを意味する、あるいは表象する、あるいは指示すると述べるのは、適切だろうか。「意味する」や「指示する」のような意味論的用語は専門用語であり、そう述べることが正しくなるよう、これらの用語を用いることもできる。だが、そうするとしても、この業界に関する固有の事実を隠してはならない。それは、この業界がこの性質を指示するという事実ではない。そうではなく、この業界がこの性質を、まさしく評価の基準として用いている、という事実である。私たちを評価の領域へと、そして究極的には倫理の領域へと至らせるのは、この性質に与えられている実践的役割にほかならない。

「指示」について、こうした事例と他の事例との間には、重要な非対称もある。通常の事例では、指示は真理と密接に結びつく。ある人の述べる用語「X」がXを指示し、「P」が性質Pを指示し、そしてその人が「XはPである」と言うとしよう。その人の言うことが真なのは、Xが性質Pを持つ場合、そしてその場合に限られる。だが、私が右の業界の人と異なる基準を持つとしよう。このとき、「Xがよい」のは、Xが利益を最大化する性質を持つ場合、そしてその場合に限られると、右の業界の人が述べるとしても、私は彼らの言うことが真だとは認めないだろう。基準が袂を分かつときには（この業界が未亡人と孤児を食い物にして利益を最大化するときには）、私はそれを否定する。それゆえ、彼らが利益の最大化を指示していると、私は述べるわけにはいかない。〔通常の記述的な事例での〕指示と真理の結びつきに倣えば、彼らが指示しているのは、どのような性質であれ、私自身がよい決定の基準とみなす性質だと、私は解釈しなければならない。これは、たとえば、彼らがその性質について聞いたことがないとか、あるいはその性質がどのようなものかを理解できない場合には、きわめておかしな話になるだろう。

なるほど、私たちがこのおかしさを受け入れることもあるかもしれないし、あるいは勇敢にも、指示と真理のつながりを放棄することもあるかもしれない。もし仮にそうしたなら、最終的に、評価的述語は、どんな性質であれ、評価を正当化すると主張されている自然性質を指示する、という考えを付け加えることも許されるかもしれない。この業界の人たちが、ある決定を最善の決定だとか正しい決定だとか言うときには、利益の最大化を指示していると考えることもできよう。こうした性質と私たちの価値づけとの間にある自然的な関係を、納得いくまでに濃密なものにできる場合には、特にそう考えがちになるかもしれない。たとえば、私たちは、アリストテレスが語ったような物語に期待するかもしれない。彼によれば、人間の生にはテロスすなわち自然的目的があり、そして、人間の評価は、いかによくこの目的が促進されているかにのみ関わる。あるいは、人類にとって何が適応的なのかを記述し、こうした物語を進化的観点から妥当なものにできると考えるかもしれない。さらに、私たちの価値づけの習慣それ自体が、繁栄のためのこうした性質を識別し、促進するための適応だと考えるかもしれない。これらすべてのことをよく検討したなら（途方もなく困難なことだが）、価値づけが存在するのは、こうした自然性質の集合を識別する目的のためであり、これは、それらの自然性質を指示するという彼らの主張を支持すると、私たちは考えるかもしれない。*37

　こうした物語が、右の業界と利益の最大化について、あるいはさらに言えば、十代の若者による太った人々への侮辱についても語られるかもしれない。だが、こうした物語は語っても語らなくてもよく、それを語ることには（大きな）コストが伴う。すなわち、人々はときに、ある述語である性質を指示し、その性質を持つ事物にその述語を適用していると解釈されながらも、言っていることは偽だと（彼らと基準を共有しない他人から）言われることになる、という事態である。しかしながら、ある性質を指示することと、その性質を評価することとが、まったく別のことだという真理を、こうした物語によって隠すべきではない。したがって必要なのは、評価的述語が、価値に根拠を与える性質であればどんな性質でも指示する、という提案ではない。私たちが理解する必要があるのは、そうした性質に何らかの形で価値を見出す人が、その性質に対して持つ特殊な見方である。この見方に関する理論を手に入れるまでは、倫理的思考について、倫理的命題の内容について、その動機づけの力について、その権威について、そして、異なった価値づけの間の論争が認知的論争なのか、それとも他の何かなのかという問いについて、私たちは何も理解できない。これらすべてのことが、本章で検討したどのアプローチよりも、表出主義によってよりよく理解できるのである。

（訳　矢島壮平）

原注

＊1　誤解を避けるために言っておくと、私が「道徳的命題」について語る際には、カントが「趣味判断」について語ったのと同じ趣旨で語っている。つまりこのレッテルは、私たちが倫理的・道徳的意見を提示しているときに述べるあらゆることを包含する。これら道徳的命題の内部での差異やニュアンスを無視しているわけではない。そうした差異やニュアンスが重要なこととして持ち上がった際には、それに言及する。

＊2　この議論に反論する唯一のまともな方法は、人々が実際にはある用語で何か複雑なものを意味しているが、そのことに気づいていないという、隠れた分析構造の可能性を主張することだ。人々がその複雑なものを意味しているという事実は、彼らの「暗黙の」推論性向により示される。だが、ムーアは次のように応答できるし、そう応答すべきである。すなわち、価値の観点で考えることが自然的記述に対するスタンスや態度をとることではなく、まさにその記述の観点で考えることだと示す暗黙の推論性向は、一切働いていない。それどころか、私たちの暗黙の性向、たとえば誰を倫理的会話の相手とみなすかは、そのような記述とのきわめて緩い関係しか明らかにしない。

＊3　ロックの用法で言えば、たとえば次のようになる。「なぜなら、ビリヤードの球がキューの動きに従うとき、それは球の能動（action）ではまったくなく、単なる受動（passion）にすぎないからである。」『人間知性論』、II. xxi. 4. 邦訳：『人間知性論 2』、大槻春彦訳、岩波文庫、一九七八年、p. 129

＊4　たとえば、G. Harman and J. J. Thomson, *Moral Relativism and Moral Objectivity* (Oxford: Blackwell, 1996) におけるジュディス・ジャーヴィス・トムソンの執筆分を参照。態度、態度の表明、山ほどの態度さえも、ほぼすべての箇所、たとえば九七、九九、一〇二、二〇〇、二〇一、二〇二、二〇六頁で「ただの」ものである。こうした軽蔑はもちろん、「道徳法則の拘束力」が「ただ感覚されるだけの刺激」に打ち克つよう戦うと述べるカントにまで遡る。ただの感情に対するカント的反感については、〔原著〕第七章〔「善、正、一般的観点」〕でさらに述べる。

＊5　Ronald Dworkin, 'Objectivity and Truth: You'd Better Believe It', *Philosophy and Public Affairs*, 25 (1996), 87–139.

＊6　このパラグラフには、拙論 'Practical Tortoise Raising', *Mind*, 104 (1995), 695–711と、*Philosophy and Phenomenological Research*, 58 (1998), 195–8における G. Harman and J. J. Thomson, *Moral Relativism and Moral Objectivity* の拙評とにおいて、やや異なる形で提示した論述を組み込ん

だ。

*7　'Non-Cognitivism and Rule-Following', in S. Holtzman and C. Leich, eds., *Wittgenstein: To Follow a Rule* (London: Routledge, 1981).

*8　Stanley Cavell, *Must we Mean what We Say?* (New York, Scribner's, 1969), 52; John McDowell, 'Non-Cognitivism and Rule-Following', 149（邦訳：『徳と理性：マクダウェル倫理学論文集』、大庭健編・監訳、勁草書房、二〇一六年、二三四頁）に引用。

*9　McDowell, 'Non-Cognitivism and Rule-Following', 153. 邦訳：同右、二四一頁。

*10　Wittgenstein, *Philosophical Grammar* (Berkeley, Calif.: University of California Press, 1974), 66. 邦訳：『ウィトゲンシュタイン全集 3：哲学的文法 1』、山本信訳、大修館書店、一九七五年、八一頁。

*11　'Projection and Truth in Ethics', in S. Darwall, A. Gibbard, and P. Railton, eds., *Moral Discourse and Practice* (New York: Oxford University Press, 1997), 215, 218 参照。邦訳：『徳と理性』、一四七頁。

*12　'Non-Cognitivism and Rule-Following', 144. 邦訳：『徳と理性』、二二五—二二六頁。

*13　Simon Blackburn, 'Reply: Rule-Following and Moral Realism', in Holtzman and Leich, *Wittgenstein: To Follow a Rule*.

*14　'Non-Cognitivism and Rule-Following', 143. 邦訳：『徳と理性』、二二四頁。

*15　J. E. J. Altham, 'The Legacy of Emotivism', in Graham McDonald and Crispin Wright, eds., *Fact, Science and Morality: Essays on A. J. Ayer's* Language, Truth and Logic (Oxford: Blackwell, 1986).

*16　'Non-Cognitivism and Rule-Following', 145. 邦訳：『徳と理性』、二二七頁。

*17　David Wiggins, 'Towards a Sensible Subjectivism', in Darwall, Gibbard and Railton, *Moral Discourse and Practice*.

*18　Ibid. 240. 邦訳：『ニーズ・価値・真理：ウィギンズ倫理学論文集』、大庭健・奥田太郎編・監訳、勁草書房、二〇一四年、二七四頁。

*19　Ibid. 232. 邦訳：同右、二四八—二四九頁。

*20　Ibid. 240. 邦訳：同右、二七四頁。

*21　McDowell, 'Are Moral Requirements Hypothetical Imperatives?', 22. 邦訳：『徳と理性』、五八—五九頁。

*22　この点について、ショーン・マキーヴァーの意見に感謝したい。

*23　Allan Gibbard と Simon Blackburn による対になった論文、'Morality and Thick Concepts', *Proceedings of the*

Aristotelian Society, supp. vol. 66 (1992), 267-83 and 285-99参照。

＊24　本節及び次節は、拙論 'Circles, Finks, Smells, and Biconditionals', *Philosophical Perspectives*, 7 (1993): *Language and Logic*, 259-79での論述による。

＊25　Mark Johnston, 'Dispositional Theories of Value', *Proceedings of the Aristotelian Society*, supp. vol. 63 (1989), 147-8も参照。

＊26　Richard Holton, 'Intentions, Response-Dependence and Immunity from Error', in Peter Menzies, ed., *Response-Dependent Concepts* (Canberra: Philosophy Program, Research School of Social Sciences, 1993).

＊27　私は第九章でこの問題に立ち返る。〔訳注1参照〕

＊28　ジェーン・フェアファクスの例に示される二面性（本書第三章参照〔そこでは、ジェーン・オースティンの小説の登場人物フェアファクスなどをも素材として、価値言明がいわばカッコつきで引用のように語られる事例が分析されている〕）が示すのは、これに留保を付ける必要があるかもしれないということだが、それはここでの問題に影響を与える方向のものではない。

＊29　Immanuel Kant, *The Critique of Judgement*, trans. James Meredith (Oxford: Oxford University Press, 1952), 52-59. 邦訳：『判断力批判』、熊野純彦訳、作品社、二〇一五年、一三七―一四〇頁。

＊30　Ibid. 84. 邦訳：同右、一七二頁。

＊31　Ludwig Wittgenstein, *Remarks on the Foundations of Mathematics* (Oxford: Blackwell, 1964), II. 71, p. 96. 邦訳：『ウィトゲンシュタイン全集　7：数学の基礎』、中村秀吉・藤田晋吾訳、大修館書店、一九七六年、一九四頁。

＊32　この名前を考え出したのはヒュー・プライスである。これらの論者が研究の拠点とするキャンベラが、二〇世紀前半に建築家のバーリー・グリフィンにより、合理的都市として注意深く設計されたというのがその趣意である。Frank Jackson and Philip Pettit, 'Moral Functionalism and Moral Motivation', *Philosophical Quarterly*, 45 (1995), 20-40参照。

＊33　Ibid. 22-3.

＊34　Ibid. 24.

＊35　この定式化は、Michael Smith, 'Response Dependence without Reduction', *European Review of Philosophy* (1997) からのものである。

＊36　取り扱うべき反応として「欲求」が適切だとは思えない理由の一つは、評価とは整合性の規範を課する活動である一方で、欲求はそのあまり実践性のない発露において、問題なく不整合でありうるからだ。私たちが欲求をきちんと整理しなければならないのは、それについて何か行為することにな

るときだけである。

＊37　表出主義者のアラン・ギバードは、こうした物語の可能性について、私よりもやや楽観的である。

訳注　この論考は、Ruling Passions, 1998, Oxford U. P. の一つの章の翻訳なので、本文中で前後の章が参照されている箇所について最低限の説明を記す。

★1　「相対主義、主観主義、知識」と題した原著の九章においてブラックバーンは、ローティを援用しながら、こんにちの「認知主義者」による道徳判断の「真理値、理由、客観性」の主張を詳しく検討している。

★2　「組織立てる実践：倫理の諸要素」と題した原著の一章においてブラックバーンは、ムーアの「未決問題論法」が、自然主義を批判したことよりも、むしろ倫理判断の実践性を際立たせたことを強調している。

★3　「規範を自然化する」という原著の三章で、評価することと記述することの違いが詳論されているが、その内容は、本書の各章で展開されている。

★4　原著三章では、価値（づけ）は、そのつどの顕在的な欲求・感情等とは違って、「相対的に安定した傾向性」だと論じられている。

★5　「自己制御、理性、自由」という原著八章においてブラックバーンは、「理解可能・共感可能」という緩い「ヒュームに友好的な（Hume friendly）合理性」と対比しながら、カント主義が掲げる「合理性」に辛辣な批判を加えている。

★6　原著一章においては、人間の共同生活が、各人の個々の嫌悪感や憤りにかんして、そう反応するのも当然である・ない、という形で「社会的協調（coordination）」された反応によって支えられていることが強調され、倫理の原点もそこにあると説かれているが、政治との連関は主題的には論じられていない。

★7　本書第一章の「規則順守」をめぐってブラックバーンと議論するときにマクダウェルは、このような暗示的な表現を用いているので、ブラックバーンも故意にそれを復唱しているが、念頭におかれているのは、もちろんヒュームである。

★8　ブラックバーンによれば、倫理的主体（ethical agent）とは、表象という入力を、態度という出力へ変換する装置であり（RP, p. 5）、事物の道徳的特徴の報告とされるのは実は態度の表出なのだから、道徳的特徴は「私たちの心情から産まれる子供だ」（本書第一章四頁）。それに対してマクダウェルは、特徴と態度の相関というウィギンズの示唆をうけて、両項は親子の関係より「兄弟姉妹」に準えられると主張する。

★9　ここから扱われるのは、反応依存的な分析の一種ではあるが、道徳的述語を使用するためには理解していなければならないことの分析をつうじて、最終的には、それらの述語が『徳と理性』、一五〇頁。

自然的述語と外延を等しくすることを示そうとする立場なので、今日では「キャンベラ・プラン」といったニックネームでなく、「分析的実在論」「分析的な道徳的機能主義」などと呼ばれている。

★10　M・スミスは、「ヒュームに友好的な合理性」の貧弱性を指摘し、自分の掲げる「合理的な自己」がそれを超えていると主張しているが、原著八章でブラックバーンはこの主張を否定する。

★11　合理性という規範的な要請は、そのときの欲求その他による動機づけと、どこまで独立なのかという問題は、それこそプラトンの昔から問われてきたが、二〇世紀の後半には、B・ウィリアムズの「外在的理由」批判をきっかけに改めて大きな論争になった（『徳と理性』、二七八頁以下参照）。原著七章、八章でブラックバーンは、コースガード、スミスらを題材に、欲求による動機づけと切断する議論を批判している。

補遺　態度と内容（抄）

ここで「補遺」のかたちで抄訳したのは、原書第一〇章「態度と内容（Attitudes and Contents）」（1988）の一部である。この論考は、非認知主義の倫理学に淵源する「態度意味論（attitudinal semantics）」と呼びならわされている意味の理論の展開において、一大画期をなす論文であり、準実在論をめざしてきたブラックバーンの倫理学にとって、さらには反実在論的な意味理論・真理論にとって、きわめて重要な意義をもっており、こんにちでもしばしば参照される。

したがって本来なら、この論考は全訳して本書に収録されるべきだが、多少困ったことに、この論考は、論理学での「タブロー」の方法および「モデル集合」の技法をつかって議論が展開されている。これらの方法・技法は、そのルールを知りさえすれば整数の足し算・引き算より単純だが、馴染みのない人にとっては、とりつく島がないかもしれない。さりとて技法についての註を付すと、この章のためだけに、形式的な事柄の叙述にかなりの頁数を宛てねばならない。それやこれやを考えた末に、この論考のエッセンスは巻末の解説でまとめ、直接に関係するハイライト部分だけを抄訳することにした（以下「……」は続く部分が省略されていることを表す）。読者諸賢におかれても事情を了承してくださるようお願いしたい（編者）

私は、これまで私が「準実在論」と呼んできた立場を貫くために、間接的文脈[1]のある扱い方を提唱したが、G・F・シューラーは、この扱い方について、強力な仕方で、諸種の懸念を表明した。彼が表明している反対は、私が思うに、このうえなく徹底的である。すなわち私の扱い方は、私も喜んで認めるが、不完全であり、もしくは、その定式化は、私もそう考える用意があるが、欠陥をもっているというだけでなく、私がめざしたような扱い方が上首尾に終わることはありえない、というのである。………。

問題となっているは、埋め込みの問題である。〔たとえば「彼は……と知っている」という知識報告文のように、文中の空欄に〕登場できるのは、命題を表わす文だけのように思える構文があるが、しかし命題を表すのとは対照的に、第一義的には態度を表出する文も、そうした構文へと埋め込まれる。問題は、これである。ある文は第一義的には態度を表出する、と私がいうとき、それらの文が信念あるいは命題を表すと理解されうることを否定するつもりはない。そのように〔二種類の文を〕対立させることは、まったく私の考えるところではない。しかし、それらの文について理論化するときには、そうした文のことを、まず第一には世界について何かしら表象するのとは違う機能をはたす心的状態を表出している、と規定するのが正しいやり方だ、と私は言いたい。それらの文は、〔命題や信念よりも、むしろ〕態度、実践、情動、あるいは行動について熟慮しているときに生じる感情や、目標の探索や、あるいは行動の規範的な評価への固執に、より密接にかかわることがらを表出しており、世界を表象することにかかわることは何一つ表してはいない。お馴染みの比喩的な言い方でいえば、それらの文の世界との「適合の向き」は――世界をそれらに合わせるという――能動的な方向であって、記述的・表象的な方向ではない。これらの対比と理論化の方向とをともに承認する人を、私は投影主義者と呼ぶ。

あることは善い（など）と語るとき、私たちは、そのものごとについての実在的な信念を言い表していると考える人もいるが、投影主義者は自動的にそうした考えと対立するように見えるし、実際（「非認知主義」というラベルが示唆するように）、そのように紹介されてきた。しかし、この対立は、自動的に生じるのではない。信念という概念、真理あるいは事実という概念のひだを伸ばしていけば、表出主義者（expressivist）も、この対立を緩和することができよう。理論化しだいによっては、心の状態の主観的決定の表出を核とするコミットメントが、どのように同時にまた信念の表明としても機能することができ、真理述語を担うことができる――「真」である「偽」であると適切に呼ばれうる――か、ということを私たちも理解できるようになろう。私は以前、『道徳的実在論』という論文〔本書第一章〕で、「命題的反映」という概念をつかって、このことを展開したし、それが『ことばを塗りつける』〔という私の著書〕の第六章の末尾と第七章すべての眼目であった。これが意味するのは、真理を（このように〔道徳文に〕適用したときには少なくとも）「表象」やその同類から切り離すことであるが、誰一人としてそうすることの害毒を指摘したひとはいなかった。

しかしながら同時にまた、こうした幸せな結末が確保されうるには、なお達成されねばならないことがある、と私には思われた。こうした〔態度や情動の表出という〕機能をもつ文は、どうして倫理的文章が機能する仕方で適切に機能しうるのか――どうしてそれらの文が十全に命題としての役割をもてるのか。このことが示されねばならなかったのである。……。

第一義的には態度の表出である文を、ある構文に埋め込んだとき、私たちは何をやっているのか。これにかんする私の当初の示唆は[★2]、その態度が他の態度を伴うということを、あるいは他の信念を伴うということを、引き受けることを含んでいた。こうした「二階のスタンス」は、それ自体としても必要だし、評価的な要素をもった条件文の内容の候補として説得力がある、と私には思えたのであった。もし、ここで〔あることxを是認する態度の表出を「*H*!x」と書き、否認の態度の表出を「*B*!x」と書き、〕ある心的態度が別の態度を伴うこと（involvement）を表すのに「⇓」を用いるならば、つぎのような結果になる。

もし嘘をつくのが悪いのなら、弟に嘘をつかせるのも悪い

という単純な条件文は、

H!（／*B*!嘘をつく／⇓／*B*!弟に嘘をつかせる／）

と表される。ここに出てくる／……／という表記は、この条件文での話題が態度や信念であって、カッコで括られた部分には、それら態度・信念の通常の表現が登場することを示している。伴うという、この関係は、論理的な概念ではないが、しかし不可解なものでもない。私は以前、〔道徳的〕感受性とは、信念から態度への、態度から態度への等々といった関数であるというアイディアを導入して、伴うという関係を説明しようと試みた。たとえば「ある行為への是認が、行為の帰結に連動していることを、私は実際に是認する」とか「こう考えることは、これに対するあなたの是認を強めてくれるはずだ」といった類のことを私たちが語るとき、そうすることによって明示的に話し合いたいと思っていることは、まさしく〔態度・信念が他の態度を〕伴うという関係である。このように、一方へのコミットメントが他方へのコミット

メントを伴うことを推奨し、あるいは拒否することは、大切なことである。したがって、そう推奨したり拒否するための単純な日本語の形式があったとしても、なんら驚くべきことではない。

さて〔以前のこのアイディアにしたがって〕、前件肯定式〔での推論〕を考えてみよう。いま私たちの前にあるのは、

B! 嘘をつく

H!（／B! 嘘をつく／⇓／B! 弟に嘘をつかせる／）

ゆえに、B! 弟に嘘をつかせる

〔という推論である〕。ここで上の二つの〔前提にある〕態度を肯定しておきながら、結論〔として出てくる態度〕の推奨を拒否したならば、そのときには、果たしていかなる種類の不整合があるのか。このことについて、シューラーおよびその他の哲学者は疑義を提出したが、彼らの疑いは正当であった[*1]……。

では、態度は、どのようにして、推論の理論において問題となる論理的な関係を織りなす項になるのか。よく知られているように、複数の命令文のあいだの論理的な関係は、それらをすべて充足する可能性を考えることによって確かめることができる——それぞれの命令文がみな遂行される整合的な世界が存在するかを考えることによって確かめることができる。同じように、複数の規範のあいだの演繹的な関係もまた、それらの規範がそれぞれ遵守される、理想的あるいは相対的に理想的な世界を考えることによって確かめることができる。もし、ここ〔つまり命令文や規範文の充足可能性〕に論理の基盤があるのなら、それは、態度へも拡張される。というのも、H!p は、p は目標とされるべきであって、このコミットメントにした

がえば、それはいかなる完全な世界でも――この、～pが理想的というのではない世界で――実現さるべきだ、という見解を表出している、とみなされうるからである。それと対照をなす態度*B*!pは、いかなる完全的な世界でもpを排除するであろう。また、許容の態度と対応して、私たちは*T*!pを考えることができるが、この態度は、～*H*!～p〔～pを是認しない〕と同値であり、すなわち～*B*!p〔pを否認しない〕と同値である。[★3] ………。

〔態度のあいだの〕整合性の最終テストとして目標あるいは理想の実現をもちいることは、なんら驚くべきことではない。複数の推奨が整合的かどうかを見るためのつうじょうの方法は、それらが実現されたと想像して、不整合なしに推奨の実現が可能であるかを見ることである。しかしシューラーは正当にも、態度の拡張にかかわりうる問題を提起している。すなわち態度の整合性は、〔規範的評価にかかわる〕徳目ではない、という問題である。私がpを願いつつ、～pを願ってもいるとしても、私は格段に恥じるところはないかもしれない。私はpを欲しており、またqをも欲しているのだが、pかつqを欲しないこともあろう〔が、この場合にも不整合を恥じるには及ぶまい〕。私は劇場で夜をすごすことを欲しており、また自分の本を読むことをも欲しているが、私は劇場で本を読むことを欲していない。ある意味では、私の目標は不整合ではある――すべてをみたすことはできない――が、しかし、このことは問題にならないとしたら、この意味での態度の整合性は、論理の基盤を形作るにあたって、命題にかんする不整合という悪徳には、十分に似てはいない。………。

それでは、推論の理論が原初的なのだと、想定してみよう。〔第一義的には態度の表出であるものを間接的な文脈に〕そのように埋め込むことは、何を目的にしているのだろう。もし、こう問うならば、その直接の答えは、こうである。すなわち、そうした埋め込みは、推論を媒介してくれる。埋め込むことによって、私たちのさまざまなコミットメントのあいだの、またコミットメントと信念とのあいだの演繹的な関係が示されてくる。したがって……私たちは、〔マタハ、ナラバといった〕論理的結合子を保存して、演繹システムが扱うべき文脈の中への、したがって第一義的には、真理関数の結合子がつくる文脈への、態度の埋め込みを解釈しようと試みるほうがよかろう。

つうじょうの命題にかんしては、否定、選言、連言とは何かを、私たちは知っている、あるいは知っていると思っている。しかし私たちは、否定、選言、連言という考えを、〔命題とは〕異なった種類の表出をもカバーできるように拡大する権利をもっている、ということが示されねばならない。たとえば構築されるべき言語においては、H!pは、まっとうに綴られた論理式であり、pと全く同じ仕方で〔複合的な文脈に〕埋め込まれうる、と扱われることになる。仮に、こうすることによって、形式的には使える言語が構築できるとしても、しかしなお、その言語が解釈可能であること——そこにおいてはH!pが基本的に態度の表出だと見なされうること——が示されねばならない。

まず、否定を考えてみよう。~H!Aは、何を意味しうるだろう。シューラーならば、真あるいは偽と関係するようなことは何も意味していない、と答えるかもしれない。否定の基本的な効果は、真理値を逆転させることなのだから、~H!Aは、否定という概念を適用すべき何ごとも意味しない、というわけである。しかし、すでに私が記しておいたように、この論理式が、別の道を迂回することもありえよう。すなわち、pが偽だということは、pの否定が真だという道である。通常の〔論理学が扱う〕否定は、打ち消し（denial）の表出である。つまり~pはひとつの命題であり、これを表出したらpを打ち消すことになる。態度のあいだにも、これときれいに対応する関係が存在する。すなわち、pを目標ないし目的とするのを「打ち消す」あるいは拒絶する、という態度が存在する。*H*!pが目標pを推奨する態度を表出するとしたら、~*H*!pは、それと対立する態度を表出する。すなわち、~pを容認（tolerate）する、つまり~pが理想的世界状態と整合的なものとして~pを許容する態度である。したがって、〔容認の態度の表出〕*T*!Aは、~*H*!Aと置換可能であり、*H*!Aは、~*T*!Aと置換可能だ、と私たちは語ってよい。こうした変換によって、態度の外的な「否定」は、内的になる。したがって、たとえ当初の外的な否定の出現に面して〔何を意味しうるのかと〕不安になったとしても、この不安は形式的には、この〔*H*!の式と*T*!の式との〕変換によって解消できるし、哲学的にも、信念の葛藤と態度の葛藤との十分なアナロジーを認識することによって解消できる。

では、否定以外の真理関数の構文はどうだろうか。〔ナイ、カツ、ナラバなどの論理結合子によって作られる構文のなかへ命題を入れていく操作すなわち〕命題論理形式への埋め込みを用いる推論の重要な特徴のひとつは、それらはすべて選言と連言だけから成る標準的形式で表せるということである。〔標準的形式で推論をフローチャートのように描いていく〕タブローの展開では、推論のそれぞれの手は、〔AカツBの下に縦に線を引いてA、Bの二つを縦に書き連ねるように〕新たな綴りを書き加えるか、あるいは〔AマタハBの下に向かう縦の線を枝分かれさせて、一方の枝にAを、他方の枝にBを書き加えるように〕綴りを分割するか、そのいずれかになる。さて、いま私たちは、$H!A$ あるいは $T!A$ という評価的コミットメントが命題論理の演算に埋め込まれている、としよう。もし、それらが登場する線を解釈できるなら、私たちは、そう埋め込まれた複合文が何を意味しているかを理解できる。そして、それらの縦線を解釈することは、〔タブローの〕樹構造に出てくる二つの要素を解釈するという問題に帰着する。しかし、もし、（たとえばpカツ $H!p$ の下の縦線に、$H!p$ が出てくるときのように）、その複合文の下に $H!p$ だけが出てきたなら、その縦線が表していることを理解するのはたやすい。それが意味するのは、問題の複合文が、私たちをその〔$H!p$ という〕態度へとコミットさせる、ということであり、これを解釈することはなんら難しくない。聖職者に反対しカツ自由恋愛に賛成することは、聖職者に反対することへコミットさせ、複数の目的あるいはゴールの整合的な実現という概念は、私たちに、その理由を示す。

残っているのは、複合文の下の縦線が枝分かれしており、分岐した一方の線に $H!p$ が出てくるケースである。これは、つぎのように解釈される。すなわち、その複合文の論理的帰結を引き出すとき、ひとつの引き出し方は $H!p$ にコミットさせるけれども、他方の引き出し方ではそうならない。こうしてpマタハ $H!q$ は、私が樹に拘束された（tied to a tree）と呼ぶであろう状態にいる人のコミットメントを表す——すなわち、〈pを受容するか、qを推奨するか、そのどちらかか〉へと拘束された状態へのコミットメントであるが、このコミットメントが、〈pを受容するよう拘束されている〉か、あるいは〈qを推奨するよう拘束されている〉、というのとは違うということを、この〈 〉は示している。〔特定の選択肢にではなく〕樹に拘束されているということは、むしろ、一方の枝が維持できないと判明したなら他方の枝を受け入れること、へのコミットメントなのである。ここで本質的なのは、こうした状態にいるということが完璧に理解できる、ということである。こうした手続きは、哲学的に言えば、同様に可能性の樹へと人を拘束する〔「マタハ」という〕選言を受容するという通常の観念との類比によって正当化できるし、形式的に言えば、言語には、同じ演繹的な手続きの余地がある。

では、こうしたことは、条件文を取り扱う当初の提案と、どう関係するだろうか。AナラバBという真理関数的な条件文の下には、〔今やタブローの方法にしたがって〕一方の縦線に～Aが書かれ、他方の縦線にはBが書かれた樹が加わる。では、「自分で嘘をつくのが悪いなら、弟に嘘をつかせることも悪い」というギーチの〔真理関数ではない〕条件文を、このやり方で考えてみよう。この条件文を主張するひとは、〈「自分で嘘をつくのは悪くない」に同意するか、あるいは「弟に嘘をつかせるのは悪い」に同意するか、そのいずれか〉という樹に拘束される。そのように拘束されるのは、いまの場合でいえば、特定の価値体系あるいは態度のシステムに特有のことだという点では、〔高階の態度の表明という〕当初の提案で私が述べたことは正しかった。〔自分で〕直接なにかを行うことと、〔他人をつうじて〕間接的にそうすることとの関係について、一定の見解をもっているひとだけが、その条件文に同意する構えをもっている。しかし今思うと、このことを、条件文そのものに読み込んで、それが条件文の内容だとしたのは、当初の私の提案の不手際であった。その条件文に同意すること、それ自体は、ひとがどうして自分自身をその樹に拘束させるのかを告げない。それが告げているのは、たんに、そのひとがそのように拘束されており、この事実を私たちは、そのひとの立場の整合性を測るために活用できる、ということにとどまる。……。

そうすると、私の当初の提案によれば、前件肯定式〔三段論法〕の大前提をふくみながら、その結論の否定をふくむ集合にも、なんら不整合はないことになる、とシューラーは論じたが、彼は正しいだろうか。すでに述べたように、条件文についての私の当初の提案は、この条件文が、間接的な文脈を作る――通常なら表出を行う命題や態度が、ある意味では、発話の主題として指示対象になるような文脈――を作る、という考えを真剣に受け取りすぎていた。しかし、目下の展開においては、〔ナラバという〕条件文は、〔～でナイか、マタハという〕選言として扱われて分解され、タブローの方法の一事例へと開かれる。このことに何か本質的な抵抗があるだろうか。必ずしも存在しない。〈A／⇒／C／〉という推奨――すなわち当初の解釈――は、〈～AマタハC〉――条件法がいまや論理においてもっている位置――と、〔論理的な〕強さにおいて同値だ、と私たちは解釈できるだろうか。問題はこれである。そう解釈するには、「推奨する」および「伴う〔⇒〕」という観念を少し拡げさえすればいい。すなわち、真理関数的な含意は、条件文をつくると通常考えられているが、そう考えられていいという権利を、真理関数的な含意に与えている程度の余裕を与えればよい。たとえば、こうである。伴うことを推奨するということは、自分自身を当該の樹へと拘束すること、言いかえれば、許容しうる選択肢を、～Aが登場する選択肢とCが登場する選択肢だけへと限定することに自分を拘束すること、である。あなたにあるのは、一方か、あるいは他方だけである。AとCのいずれか、または両方が評価的なものであるときに、そのことによる推論の理論への影響は、〔訳出しなかった箇所で論じられている〕モデル理論によって明らかになる。

原注

＊1　Bob Hale, 'The Complete Projectivist', in *Philosophical Quarterly*, Spring 1986, pp. 65-85は、この難点を妥当なやり方で先取りしている。

訳注

★1　単文で発語されれば主張（断定）を行うことになる文が、その構文に埋め込まれると主張という効力をもたなくなるような構文。本書八二頁。他、解説三五四頁参照。

★2　当初ブラックバーンは、こうした構文の発話において態度についての態度が表出されると示唆していた。解説三五五頁参照。

解説　ブラックバーンの準実在論の射程

サイモン・ブラックバーンは、現代倫理学の主要な潮流を牽引し続けるかたわら、一般読書人にむけて倫理のみならず、思考や真理ひいては肉欲にいたるまで、わかりやすい入門書を著しており、英米の読書人のあいだでの知名度は高い。本書は、彼が準実在論（quasi-realism）」という独自の立場を築いていったときの、現代の倫理学にとって重要な論考の邦訳である。

しかし、新たな立場を築こうとする議論がしばしばそうであるように、本書の論考のいくつかは、背景が分からないと読みにくい。そこで解説では、まず準実在論という構想の全体像を粗く概観し（《1》）、その後、彼の議論の眼目を、個々の論考ごとにではなく論題別に確認したい（《2》以下）。

＊解説では、各章の標題を以下のように略記する（どの章も、それぞれに複数の主題にわたっており、解説での論題と必ずしも一意的には対応しないので、それを示すことは省かせていただく）。

1　規則順守と道徳実在論……『規則にしたがう』
2　道徳実在論……『実在論』
3　付随性、再考……『再考』

4　錯誤と価値の現れ方……『錯誤と現れ方』
5　倫理的反実在論者になる方法……『反実在論』
6　投影主義を採る正当な理由……『正当な理由』
7　倫理的命題——それは何でないか……『倫理命題』

《1》　準実在論

道徳判断の食い違いは、料理や絵の評価の違いとは異なって、そのままにしておくのが難しい。そこでは、当該ケースでの善悪の規準が問われると同時に、「同じ事態についての判断が、どうして違ってくるのか?」という問も立ち上がってくる。まえがきにも記したように「実在論vs反実在論」という対立は、この問を前にして生じる。こうしたなかで「反実在論から出発しながら、徐々に、実在論の定義と思われている知的実践を模倣(mimic)できるということに気づく」人を、ブラックバーンは「準実在論者」と名づけ[*1]、この立場にたって、実在論vs反実在論の対立を解消しようとする。

1　実在論vs反実在論

実在論(realism)によれば、善・悪は、「酸性」「良導体」といった性質と種類が違うが、ものごとに備わった性質であり、あるものごとが善・悪という性質を帯びていることは、れっきとした事実である。したがって道徳判断は、道徳的事実の認知であって、その食い違いは、事実をどう認知したかによる。こうして、実在論は、道徳判断・道徳言明について認知主義（cognitivism）の立場に立つ。ものごとの善し悪しは、料理の好き嫌いのような、たんなる好みの問題ではない。こうした日々の実感からすると、実在論は説得力をもつ。

ところが「善悪は、ものごとに備わった性質であって、人がどう反応するかによって左右されない」と実在論が主張するとき、「人の反応に依存しない」という言い方は、時として、善悪は「知覚をはじめとして、人の認識とは独立に実在する性質」であるかのように響く。実在論は、歴史的には善悪の根拠を神の掟やイデア界に求める形而上学と密接につながっているので、時代を溯れば溯るほど、この傾向は強い。しかし、「知覚できる世界を超越した善悪」といった考えは、奇異に響くし、科学的な世界像ときわめて折り合いが悪い。科学的な自然主義によれば、実在するのは、科学によって反証しうるものごとだけである。ブラックバーンも、この潮流に棹さして倫理学では反実在論に与する。世界は「粒子・諸種の力の空間的位置」であって、善し悪しを語るときも「われわれは、価値・義務・権利といったものを何一つ含んでいない実在にたいして反応している」（本書、四頁）[*2]。したがってわれわれは、自分たちのことを「自然的事実に対してのみ感応し、自然的事実に対する・説明可能な反応だけを生み出す装置」ととらえる「自然主義的な見方の枠内で」、「倫理の生成（emergence〔創発〕）を説明し、正当化して」「倫理学に居場所を与え」ねばならない、という（本書二四七頁）[*3]。

しかしながら同時にまた、「実在論 vs 反実在論」という論争軸そのものが、彼によれば賞味期限を過ぎている。「科学の成功、世界の本性といったグローバルな事柄を考えるときには、自然主義が勝つ」のだから、世界は「われわれによる構成物」だとみる反実在論も、「われわれから独立している」とする実在論も、もはや「過去の論敵」同士でしかない。にもかかわらず、心の哲学や倫理学といった「ローカルな領域では」、科学的な自然主義に抗して、信念や善悪にかんする実在論がなお影響力をもっている。よって、そうした領域では、心や価値が「われわれによる構成物」であることを示す「ローカルな反実在論」がなお意義をもつ、というのである（本書一八五―一八六頁）。

したがって、倫理学でローカルな反実在論に与する際にも、「隣接領域に対して帝国主義的な視線を向けて」「自然主義を撤回」してはならない、と彼は強調する（一八六頁）。倫理学での反実在論が「グローバルな反実在論」に成り上がるのを防ぐために、倫理学での「実在論 vs 反実在論」という二項対立そのものを克服しなければならない。そうするには、「日々の道徳的思考の、明らかに実在論的な現象」を、反実在論の立場から説明し正当化して、反実在論者も「実在論の定義だと思われる知的実践を採用できる」ことを示せばよい。そして、それを示すプログラムが「準実在論」だ、という（本書、四頁、一五〇頁他）[*4]。しかし、準実在論を提唱するには、反実在論の弱点の克服が必要であった。というのも、実在論が影響力をもったのは、日々の実践に合致する面をもっていたからであると同時に、反実在論に弱点があったからでもある。

2 道徳言語の非認知的な意味

反実在論によれば、そもそも善悪という性質は実在しない。したがって「善い・悪い」という語が性質を描く述語であったなら、善し悪しを語ったところで、「でこい・ぼこい」というのと同じく、何の意味ももちえまい。それゆえ、「善い・悪い」という語は、対象の性質を認知して描くのとは違って、「非認知的な意味」をもたねばならない。こうして、反実在論は、道徳の思考・言語にかんしては非認知主義(non-cognitivism)の立場に立つ。

道徳言語の「非認知的な意味」という示唆を与えたのは、「語の情動的な用法」という、二〇世紀前半の言語学者のアイディアであった。すなわち、「善い」という述語は「何も指していない」が、「態度を表出する情動的記号の役割を果たす」というのである。[*5] この着想をいち早く敷衍したC・L・スティーヴンソンは、道徳言語が、事態を描くのには寄与していないが、話者の心的態度を表出するかぎり「非認知的な意味」をもつ、と主張した。彼の考え方は、情動主義(emotivism)と呼びならわされ、ブラックバーンも「ローカルな反実在論」を展開するにあたって、この「情動主義を出発点にする」(EQR, p. 19)。

しかし、道徳言明の意味が心的態度の表出に尽きるのなら、語られるのは、内容的には感嘆文か命令文にすぎず、感嘆文や命令文は、その真偽を問いえない。そうすると、語られた道徳言明に同意できないとしても、そこでの不一致は「感じ方の違い」として片付けられ、およそ善悪をめぐる議論は不可能になろう……。これが、非認知主義の倫理学への疑義であった。[*6] したがって、反実在論から進んで準実在論を打ち立てるには、まずもってこの疑義に答えねばならない。

そのためにブラックバーンの打った手が、「命題的反映(propositional reflection)」、すなわち「事実的主張をしているように見えながらも、態度にかんする〔評価的な〕主張がなされる」という概念の導入である（本書八七頁）[*7]。「日々の道徳的思考」は、道徳的事実を述べる命題の真偽をめぐって営まれる。しかし、こうした「実在論的にみえる」特質も、「命題的反映」という概念を使って反実在論の立場から説明し正当化できるなら、もはや実在論の出番はなくなる……。これが準実在論を目指す彼の目論見であった。

3　投影主義

ブラックバーンは、この目論見のための道具立てを、ヒュームの着想に見出す。ヒュームによれば我々は、「世界に含まれている事態について判断することに加えて、事態にたいして反応する」のだが、「あたかも、そうした反応に相応する事態が世界に含まれているかのように語り・考えることによって、そうした反応が、世界に〝塗りつけ〟られる（spread on）」。彼は、ヒュームのこの所見を継承する立場を「投影主義（projectivism）」と呼んで、自らの拠点とする（本書二頁以下）[*8]。

しかし投影主義は、見られるごとく、あからさまに反実在論に傾いている。日々の思考においては道徳命題が語られ、その真偽が問われる。果たして投影主義は、この事実を説明し、正当化できるのだろうか。ここですでに、少なくとも二つのことが懸念されよう。ひとつは、こうである。1　投影主義にしたがえば、世界には自然性質しか存在しない。そうすると、道徳命題が語られ・その真偽が問われるのなら、その命題は世界のものごとについて語っており、道徳的述語は自然性質を表していることになる。したがって「準実在論」と称する立場も、自然主義的実在論に帰着するのではないか……。もうひとつは、逆にこうである。2　道徳的思考が命題のかたちで表出されるとき、どういう道徳的述語が用いられるかは、投影主義によれば、世界からの入力によっては決まらず、それに対する反応によってはじめて定まる。そうすると、それらの述語があらわす道徳的性質は、思考者の心のありように依存しており、したがって「準実在論」を名乗りつつ、その立場は、実際には「擬似（似非）（pseudo-）実在論」にすぎまい。

前者は、自然性質と道徳的概念の関係という存在論の問題であり、後者は、道徳言語の意味・真理という意味論での問題であるが、ともに一筋縄ではいかない。ブラックバーンは投影主義に依拠して、この両面に跨って準実在論を打ち立てようとするのだが、その道のりは、さほど平坦ではなかった。

《2》　自然性質と道徳的性質――スーパーヴェニエンス

ブラックバーンは、もっとも初期の論考、『実在論』（一九七一）において、倫理学での実在論を批判する。彼はまず、道徳言明への同意がもっている特徴に注目した、従来の実在論批判の不十分性を指摘したのち（本書五五頁以下）、「スーパーヴェニエンス（付随性）」に焦点を絞って実在論を批判する。こうした実在論批判は、さらに彫琢され（『再考』）、準実在論を展開する起点となる。しかし、『実在論』も『再考』も、肝心の「スーパーヴェニエンス（付随性）」概念が学界全体で未だ茫漠としていた時期に書かれたせいもあって、読みづらいところもある。そこで、この論考の核を簡単に確認することからはじめたい。

4　スーパーヴェニエンス――実在論の批判へ

よく似た二つのものごとがあり、一方は善くて、他方はそうでない、とする。その場合、それら二つは、善いか否かという以外の点でも、どこか違うはずである。そうでないとしたら、あたかも二つの絵があって、絵具の配色はじめ何から何まで二つは同じであるときに「一方は美しいが、他方はそうではない」と言われるのと同様、当惑するしかない。そこでR・M・ヘアは、こう主張した。

　二つのものの道徳的評価が異なるときには、その二つは、道徳的特性以外の何らかの性質にかんしても異なっている、

あるいは逆に、道徳以外のいかなる性質にかんして識別できない二つのものごとは、道徳的性質にかんしても識別できない。こうした「識別可能性の連動」とでも呼べる関係があるときには、道徳的性質は、道徳的特性以外の性質に「スーパーヴィーン（supervene）」している。[*9]

（この語は「付随」と訳されることが多いが、「super（うえに）＋venio（到来する）」という語源が示すように、ある種類の性質がヨリ基礎的な（物理的）性質に「上乗り」している、と訳すほうが分かりやすい。したがって、この解説ではこう記す）。しかし、この着想はヘアの独創ではなく、遡ればシジックが既に指摘しており、続いてムーアもまた同様の指摘をしている。[*10] こう見てくると、「上乗り（スーパーヴェニエンス）」の原生地は倫理学のようにも見える。しかし、この概念は、〝心の状態は、脳神経系の状態と別個に実在しはしないが、

あくまで「創発」した高次の状態であって、脳神経系の物理的性質には還元できない〟と主張する、心についての創発主義（emergentism）によって、一九二〇年代に提唱されたものであった。[*11]

〝道徳的性質は、自然性質で定義・説明できる〟とする還元主義者にとっては、上乗り（スーパーヴェニエンス）は自明かもしれない。しかしブラックバーンは、自然主義に依拠しつつも、還元主義を斥けてこう述べる。「自然的諸性質は、道徳的性質を含意しない」とする原理(E)は、「上乗り（スーパーヴェニエンス）よりも、さらに一般的に信じられている」（本書六五頁）。そのうえで、道徳性質の・自然性質への上乗りは、実在論では説明がつかない、と彼は主張しようとする。

しかしヘアの提案では、「識別可能性の連動」が示唆されているだけで、上乗りの定式化は定かではない。いま、うり二つ個人aとbが、善良さという点で違っており、cとdもよく似ているが、やはり善良さの点で違う、とする。しかし、善良さの違いの説明として、a、bについては病人への態度の相違が挙げられ、c、dにかんしては投票行動の相違が持ち出される……というように、全く種類の異なる相違が、そのつど持ち出されるだけならば、「識別可能性の連動」といっても、ほとんど空虚に近かろう。[*12]

では、上乗りをいうためには、どの程度の体系的な連動が必要なのだろう。[*13] これについてブラックバーンの論考は、当時の学界の事情もあって、未だ過渡的で読みにくい面もある。[*14] しかし大筋では、『実在論』での定式化（本書六一頁以下）と、『再考』での定式(S)（本書一〇二頁）は同じだとも読めるし、その場合には、彼の考える上乗りは、今日の定式化のひとつのバージョンとも読める。[*15] 例えば、こうである。

〈S〉何であれ、ものごとxが道徳性質Mをもつなら、そのxは、ある自然性質Nを備えており、

Nを備えたどんなyも、その世界では道徳性質Mを必ずもつ。これが成り立つなら、道徳性質は、自然性質に上乗り（スーパーヴィーン）している。

この定式は、特定のN以外の自然性質をもつものも、道徳性質Mをもちうるのだから（本書一〇二頁）、いわゆる多重的実現にも似て、還元可能性と同じではない。[16] さてブラックバーンは、この上乗りの概念を武器に、実在論の批判を繰り出そうとする。

5　上乗り（スーパーヴェニエンス）にもとづく実在論批判

右の〈S〉は、〝目下の世界ではそう連動している〟という以上の必然性をもたないので、今日では「弱い上乗り」と呼ばれ、あらゆる可能世界で成り立つ「強い上乗り」と区別される。ブラックバーンでは、関係「(?·)」（本書一〇四頁）が、後者に該当するが、強い上乗りについて、彼はきわめて慎重である。というのも、自然性質からの含意の否定（E）が示すように、「上乗りと還元」とのギャップは彼にとって無視できないにもかかわらず、「強い上乗り」は、「コストを払わずに」還元を手にするのを可能にするからである（本書一〇八頁）。彼にとっての問題は、むしろ、「広範に受け入れられている」弱い上乗りが、実在論ではうまく説明できない、という点にある。

それを示そうとする議論は、とりわけ『再考』の場合、様相論理の表記の多用もあって辟易するかもしれないが、その大筋は、つぎのようにまとめうる。

1．道徳的性質Mを備えているものが、基底として自然性質Fをもつなら、その世界では、Fであるものは、〈S〉ゆえにみなMである。
2. 強い上乗りは仮定していないので、別の世界では、FなのだがMでないものがある。
3. しかし、どの世界であろうと、あるMなるものはFだが、べつのMなるものはFでない、ということは、〈S〉ゆえにありえない。

つまり、『再考』の言い方でいえば、「混合世界」はありえない（本書一〇九頁）。このことを、実在論はうまく説明できない、とブラックバーンは示そうとしたのであった。

「混合世界」の不可能性という着想は、さほど無理なものでもない。視覚中枢の状態と、色の見え方との対応を考えてみよう。ある生体の視覚中枢状態がNのとき、その生体には必ず真紅が見えているが（右の1）、別の生体にあっては真紅でなく、ピンクが見えている（右の2）。しかし、どんな生体にあっても、同じN状態でありながら、ある時は真紅、べつの時はピンクというように、個体内的なばらつきはない（右の3）。こうした〝混合主体〟の不可能性は、経験的にはともかく、十分に考えられる。

しかし、倫理学的に重要なのは、
1. 道徳的性質が自然性質に上乗りしていることは、道徳の概念からして必然的であり、
2. この必然的な上乗りは、反実在論でなければ説明できない、

というブラックバーンの主張の論証である。もちろん、上乗りの概念・その定式化にもよるが、目下の彼の論証が成功しているとも言い難い。

たしかに彼の論証は、不可解ではない。主張1について、彼はこう論ずる。いわく、道徳的思考の眼目

は、「世界の自然的特徴の狭間で、欲求や選択を導く」ことであり、われわれは「ものごとを、その自然的特性ゆえに選択・賛美・称賛する」のだから、自然性質にかんして違いがないのに、一方を是認し他方を否認するなら、それは「気紛れ」であって「道徳的見解」ではない（本書、七九頁）。ゆえに、上乗り〈S〉は、道徳の概念に由来する「メタ倫理の公理」たりうる（本書七九頁）のであって、道徳的に思考する「能力（competence）」にかかわる「概念的真理」である（本書、一一二頁他）。

主張2にかんする彼の議論は、こうである。実在論に立って、自然性質による含意を拒否するなら、つまり『実在論』での原理（E）を認めて強い上乗りを否定するなら、ものごとは、その自然性質がどうあろうと・それとは独立に道徳性質を帯びうる。よって「混合世界」の不可能性は、実在論では説明できない（本書一一六頁他）。それとは対照的に反実在論によれば、善悪の別も、ものごとの自然性質への我々の反応に由来する。したがって、上乗り〈S〉は、反実在論からすれば当然である、云々。[17]

しかし、多くの論者も批判しているように、彼の議論が成功しているとも思いがたいし、[18]上乗りという論点そのものが賞味期限切れの感もある。しかし異なる種類の性質のあいだの存在論的な関係は、なお謎を秘めており、[19]少なくとも倫理学にあっては「還元と上乗りとのギャップ」（本書一〇八頁）は、たんなる思想史資料館の展示物ではない。[20]

《3》 意味と真理——道徳言語の場合

さて、投影主義から出発して準実在論を目指すブラックバーンの手持ちは、目下、二つである。ひとつは上乗り（スーパーヴェニエンス）である。すなわち、善い・正しいといった道徳的性質は、自然性質に上乗りしてはいるが、硬い・酸性といった自然性質のように実在するのではない、とする存在論である。もうひとつは、非認知的意味、すなわち道徳言語は、発話者の心的態度を表出するのに用いられる、とする意味論である。この二つの持ち駒を駆使して、〝道徳的思考は、道徳的事実にかんする命題の形成・真偽の吟味として営まれる〟という日々の事実を説明すること、これが準実在論の課題となる。

6　真理を紡ぎ出す――投影主義

「ローカルな反実在論」に立つブラックバーンとしても、「道徳的な真理という概念なしではやっていけない」（本書二八頁）。その際、真理とは「命題と事態との対応」だとする伝統的な真理観にしたがうなら、実在論を採るしかない。そこで、反実在論の立場でも道徳的真理を語れることを示すためには、真理を「事態との対応」から切り離さねばならず、これが冒頭の『実在論』の課題の一つであった（本書五四頁）。そのように「対応」と切り離して、道徳文は、事態と対応していないが真理値をもつ、というための道具立てが、先にふれた「命題的反映」であった（解説三四三頁）[*21]。

この着想の源は先に見たように、われわれの「反応が世界へと〝塗りつけ〟られる」というヒュームの所見であるが、ブラックバーンは、この「メカニズム」を「ヒューム的投影（Humean Projection）」と名づけて[*22]、世界から態度表出への関数として敷衍する。すなわち道徳的思考とは、ものごとの自然性質にかんする「入力を用いて、反応〔ものごとへの態度〕という出力を定める」関数だ、というのである（本書二六頁）。

この関数は、具体的には「道徳的感受性（moral sensibility）」とでも称すべき複雑な回路であり、その作動は、「鈍感さ・恐怖・盲目的伝統・知識や想像あるいは共感の不足」にも左右される。このように態度は、感情のようにたんに当人において生じるのでなく、世界からの入力をもとに、本人によって形作られるのだから、本人が「コミットメントを負う」（本書、二六頁）。したがって、この出力については、その理由も問えるし、その適否も判定できる。これが、ブラックバーンの基本的所見である。

この所見からすれば、態度の適否の判定次第で、態度を表出している道徳言明が受容可能かどうも定まる。したがって「態度が与えられ、態度に課される制約が与えられ、任意の〔道徳的〕感受性の改善・ありうる欠損の概念が与えられるなら」、それらを素材にして「道徳的真理の概念を構築できる」[*23]。これが、準実在論の眼目である。「実在論が論破されたら、道徳的真理、道徳的属性・道徳命題という諸概念も消失する、と考えるのは間違っている」。彼は、最も初期の『実在論』（一九七三）で、こう断言していた（本書、九六頁）。彼は、そこでは「準実在論」という語こそ用いていないが、当初から反実在論の立場に立って「道徳的真理の概念を構築する」ことを目指していたのである。

しかも彼によれば、準実在論の構築された真理概念のほうが、実在論の真理概念よりも優れている。実在論のいう道徳的真理は、〝事実そうなのだから〟といった仕方で「労せず与えられ」、しかもその認識論は、〝直覚〟をはじめとして擬似的な知覚に訴える以外に何も語れない。そのように知覚をモデルとした道徳判断を批判することにおいては、彼はきわめて手厳しい（本書一六八頁以下、一九三頁以下）。それとは対照的に、準実在論では、道徳的真理は、「道徳的感受性の欠損という概念」をもとに「手順をふんで獲得（earn）される」（本書四七頁）、という。こうして彼は、対応説に典型的な、真理の実在論を斥け、真理をある種の主張可能性、すなわち「出力にいたる過程に瑕疵がなく」「コミットメントの撤回にいたる訂正が不可能」なことへと切り詰めて、真理の反実在論をとる。[*24]

もちろん、「真」はもっと実質的な性質だ、という反駁があろう。しかし、ここではその問は棚上げし、道徳言明は、ブラックバーンのいう仕方で真理値をもつ、としよう。すると道徳言明の真偽を画定するには、世界からの入力を変換した道徳的感受性に、歪みがないかを点検することになる。しかし、そうした点検は、それじしん道徳的な思考である。すると事態は、物指しの狂いの有無を点検するのに、その物差しのレプリカをあててみるのと同じではないか……。この懸念に対してブラックバーンは、航海しながら部分的に修繕するしかない「ノイラートの舟」という比喩を用いて、こう説明する。いわく、道徳的思考を外部から「客観的に」検証するという発想は、幻想であって、「我々の評価を評価するのに我々自身の評価を用いることには、何の循環もない」（本書二七頁）。このようにホーリズムに立てば、反実在論による真理概念にも何の問題もない、云々。

しかし彼は他方で、「科学の成功といったグローバルな事柄を考えるときには、自然主義が勝つ」として、反実在論は、ローカルな領域を超えれば過去の亡霊にすぎない、と宣言していた。では、真理についての多元主義を持ち出すのでないとしたら、彼は、グローバルな自然主義が引き合いに出す科学的真理も、道徳的真理と同列だとみなすのだろうか。[*25] しかし、この問はもはや解説の域を超えてしまうのでここでは触れず、本書で繰返し論じられている、道徳的真理にかかわるもう一つの重要な論点について確認しておきたい。

7 「フレーゲ・ギーチ問題」――道徳言語の意味論

いまや反実在論者は、道徳的性質の実在を否定しても、道徳言明の有意味性も確保できるし、道徳的真理の概念も構築できる。しかし、これだけでは道徳言語の意味論には足りない。われわれは、〃個体×性質〃という形の単文を、「かつ」「ならば」といった接続語を用いて組み合わせて、あるいは「思っている」「信じている」といった語に続く従属節の中に埋め込んで、複合文を次々に作り出せる。したがって言語の意味論は、そうした無限の文について、その意味と真理値がどのように定まるかを示さねばならない。

しかし非認知主義では、意味論の出発点は、道徳言語によって心的状態が表出されることにある（解説2節）。しかし、それが表出されるのは、文を用いて主張（断定）がなされるときであるが、道徳文が用いられるときに主張がなされる、とは限らない。「Aが善いか、または……である」という選言文や、「もしAが善いのならば、……である」という条件文では、Aについて何も主張されていない。冒頭の『実在論』での用語で言えば、それらの構文は、何も主張しない「間接的な文脈」を形作る。したがって非認知主義の意味論は、「間接的な文脈で何が起こっているのか、何も知らせてくれない」（本書八二頁）。このままなら、道徳言明は、主張として単文で語られたときにのみ有意味だ、ということになる。これは、意味論にとって致命的である。

間接的文脈での表現の意味・真理値にかんする問題群は、今日「フレーゲ・ギーチ問題」と呼ばれる。[*26] ブラックバーンはすでに『実在論』において、この問題がすべての間接的な文脈に共通であることを指摘しているが（本書八九頁）、その後、主として条件文に即して、こう論じる。二つのものごとA、B（たとえば勇敢さと、闘争的競技の奨励）にかんして「もしAが善いのならBも善い」と語っても、A、Bについて何の主張もなされていない。しかしA、Bそれぞれへの態度にかんして、「一方への態度が、他方への態度を伴う（involve）」という関係があれば、語る際にも「態度の整合性への論理的な制約」が課される。その制約下では、Aを是認する態度をとりつつBを否認するのは、論理的に不整合であり、その場合には「Aが善いならばBも善い」という条件文は、拒否できない（九〇頁）。

七〇年代初頭のこの提案は、『規則にしたがう』では、もう少し一般化してこう述べられる。「判断を表出する文、コミットメントを表出する文」のいずれも、他の文との論理的な整合性が問われるのであって、「道徳的に考える（moralize）」とは、「判断の含意と同じく、コミットメントの含意を突きとめる」ことである（本書三二一頁）。こう考えるなら、ある文を主張すれば態度の表出になるとき、その文が「もし……ならば」という文脈に埋め込まれて条件文が作られたなら、その条件文は、

Aを是認していながらBを是認しないような態度を、是認しない

という対象への態度への態度（つまり高階の態度）を表出するのに用いられる、というのである（本書九一頁、

一五三頁、他)。たしかに、これは卓抜な着眼であり、こうすれば道徳文も事実言明と同等に扱いうる。この着想はさらに彫琢されて、[*27]「態度意味論(attitudinal semantics)」とも総称される、非認知主義に立つ意味論の武器となった。それだけではない。ヒュームの投影の概念は、反実在論に強く傾いており(解説、三四四頁)、そのゆえにまた投影主義に対しても、意味論上での異論が突きつけられていたが、態度意味論は、そうした論難に応ずる格好の武器となったのである。

《4》 心と実在——主観的反応と、ものごとの性質

冒頭で見たように、料理のうまい・まずいは私次第だが、ものごとの道徳的な善し悪しは、私次第とはいかない。道徳のこうした「客観的な感触ないし現れ」と、道徳の「主観的な源泉」という投影主義の主張のあいだには、「緊張関係」があり(本書一五三頁)、この緊張関係は、実在論を否定することの咎めになるようにも見える。これは、準実在論を貫徹するには、一連の障害となって立ちふさがってくる。

8 心依存と統合失調——「客観的現れ」との緊張

この緊張は、第一に、投影主義によると、道徳的性質は判断者の心次第で決まる主観的事柄になってしまう、という「心への依存性(mind-dependent)」への懸念として登場する。いま、次の条件文を考えてみよう。

（M）　もし、われわれが今とは違う態度をもっていたなら、犬を蹴ることも悪くはなかろう。

この条件文は、ブラックバーンによれば、道徳の「客観的な現れ」にしたがう日々の思考においては、偽である。というのも、犬を蹴ることが悪いのは、われわれの態度ゆえではなく、徒に犬に苦痛を与えるからである（本書二二三頁）。しかし、もし「悪い」というのが、われわれの心次第であるのなら、この条件文は真になる。したがって、〝善悪は心次第だ〟という主張を拒否するためには、投影主義者も、この条件文が偽であることを示さねばならない。では、どのようにして、それを示せるのだろう。

態度意味論によれば、道徳文が埋め込まれた複合文は、〝態度への態度〟、〝感受性への態度〟という高階の態度の表出に用いられる。そう見るなら、条件文（M）の発話で表出されるのは、自分たちの態度を入力とするような、独善的感受性の是認にすぎない。よって、この条件文は、受容できないがゆえに、偽である（本書二二三頁）。このように、投影主義は、〝善いも悪いもその人の心もち次第〟とする極端な「心への依存性」を主張しはしない。これが、ブラックバーンの主張である。

しかし、これには疑義もあろう。われわれの態度と、ものごとの善悪との関係を描写するときには、〝反応を塗りつける〟とする投影主義からすれば、条件文（M）は真のはずである。すると同一の文が、態度への態度を表出する文としては偽となり、態度と善悪の関係を描写する文としては真となる、というおかしな話になる。[*28]

これにたいして、ブラックバーンはこう応じる。いわく、たんに道徳文に言及するのでなく、複合文の一部としてであっても、道徳文を「使用するなら、その人はすでに倫理的見解を表明し・討議する実践の営みの中にいる」のであって、その場合、条件文（M）は、態度への態度の表出となる。しかし、道徳現象について、いわば人類学的に「外的（external）に問う」ときには、「自然主義」にしたがって事態を描写するだけなのだから、その場合には「人々の態度は、些末かつ無害な仕方で心に依存している」（本書二〇一頁）。したがって、議論の文脈がどちらであるかによって、同じ文が真にもなり偽にもなるということには、何の問題もない、というわけである。

なるほど、そこに論理的な矛盾は、ないかもしれない。しかし、善し悪しを論じる場面では、「わたしの態度が違っていたとしても、Aすることは悪い」と語りつつ、他方、道徳について「外的に」描く場面では、「わたしの態度が違っていたら、Aすることも悪くない」と語るとしたら、「客観的な感触」と「主観的な源泉」との緊張を無視できまい[*29]。これが、「心への依存性」の問題から派生する、投影主義の第二の問題である。

この問題にかんしても、ブラックバーンは楽観的である。たとえば恋慕の情や悲哀の感情を抱くとき、「それは私の情念だ」と自覚したからといって、それら感情が減じることはないように、道徳的態度にかんしても「それは私の欲求あるいはその他の意欲的圧力にすぎない」と考えたからといって、その「道徳的な〝べし〟の強固さ」が弱められはしない、と彼は応じる（本書一五六頁以下、二〇六頁以下）。しかし、恋慕や悲哀の情は、好き嫌いと同様、彼自身が「議論の枠外」と認めるような出力の典型例であろう。そうだとしたら、道徳判断をこれと同列に論じて「客観的な現れ方」との緊張を否定するのには無理があろう。

ところが、彼によれば、そう思えるのは、「状況の特徴に照らして〔ことの善し悪しを〕熟慮するときには、同時に自分自身の意欲的な機能について熟慮している」と誤って想定してしまうから、である（強調は原著者）。しかし「目が視覚風景を呈示するとき、目は風景の一部でないように、ものごとの情動的なインパクトの元となった〔道徳的〕感受性は、感受性が素材として取り入れる状況風景の一部ではない」。したがって、「〔外的な〕理論的視点と〔道徳実践に内在的な〕熟慮の視点の不調和」という懸念はない（本書二〇八頁以下）。にもかかわらず、投影主義による説明が「道徳的な〝すべし〟の強固さを破壊する」という脅威を感じるとしたら、それは、たとえば道徳が神の定めであるかのように、「道徳には超越的な絶対的根拠がある」と信じてきた人にとって、つまり「欠陥ある感受性によって誤った事柄を尊重するようになっていた場合だけ」だ、というのである（本書訳一五八頁）。

9　投影――まず主観側の反応ありき

道徳の「客観的な現れ」と投影主義との緊張は、しかしながら、これで尽きたわけではない。投影主義によれば、道徳的思考は、〝自然性質から成る入力‐心的反応‐対象への投影〟という過程だとされる。しかし、もしそうなら、いかなる道徳判断も「記述的な入力・主観の側の反応」という二つの因子に分解できるはずだし、主観の側の反応は、投影の結果である道徳的性質を引き合いに出さずに、特定できるはずである。しかし、本当にそう特定できるのか。これが、投影主義への第三の疑義である。[*30]

なるほど、「むかつく」と言われれば、それだけで主観の側の反応を特定できよう。しかし、「善い」

「誠実だ」といった述語を聞いただけで、主観の側のどういう反応が投影されたかを特定できるだろうか。時としては、とりわけ込み入ったケースでは、結局「善さ／誠実さに気づいた」という仕方で、投影の結果とされる性質を引き合いに出すしかなかろう。このように主観の側の反応は「説明上の先行性」をみたさない、とマクダウエルは指摘し、ウィギンズの示唆にもとづいて「先行項不在説」つまり道徳的特徴の認知と、対象への反応とが「連動する複合体」をなす、と提唱した。[*31]

これに対してブラックバーンは、『正当な理由』において、右の疑念を「意味にもとづく論証」と名付け、「投影された心的状態を、倫理語を用いずに定義」できないことを認める（本書二三四頁）。[*32] しかし彼によれば、そう定義できないのは、ものごとの、どの特徴にたいして・どういう反応が生じたのかが一通りには定まらないからであり、これは（彼は言及してはいないが）クワイン、デイヴィッドソンによって指摘された解釈の非決定性の一事例にすぎない。つまり、互いの言い分が食い違っているとき、二人が、同じことについて・違った意見をもっているのか、それとも、それぞれ違うことについて考えているのか、そのどちらなのかが観察による証拠からは定まらず、「意味の一致」が確保できない、という事態である。もしここで実在論者が自然主義に立って、指示の因果説によって意味の一致を確保しようとするなら、道徳的性質について考えるためにはその物理的な例化に接していなければならない、という酷く狭隘な制限を甘受するはめになる（本書二二七頁以下）。いずれにせよ、実在論を採れば「意味の一致」が確保できるわけではない、と彼は応じる。

しかし、投影された反応を定義して「意味の一致」を確保することはできない、という応答にたいして

は、次のような疑義もありえよう。いわく、道徳的性質はわれわれの反応の投影だ、と主張するのなら、

（R） x は善い ⇕ ……な人は、x にたいして、……と反応する傾向にある／あるであろう

という形式で、ものごとの善し悪しと人間の反応との関係を体系的に示さねばならず、結果的には道徳語の定義を与えることになるはずである、云々。これについてブラックバーンはすでに、道徳文を使用するなら、ひとは道徳実践の内部にいる、と指摘していたが（本書二〇〇頁）、『正当な理由』では、このことに僅かに言及するだけで（本書二三〇頁以下）、詳細な応答は、『倫理命題』の5節で展開される。一言で言えば、（R）の形式の条件文は、1. 現実のわれわれの反応傾向を経験的に描写するか、あるいは、2. たんに左辺の道徳文を別の言葉で言い直して右辺に置いただけであるか、そのいずれかに帰着し、そのどちらも、道徳命題を用いることによってわれわれが何をしているかを解明するのには失敗している、というのである（本書二八八頁以下）。

10 「投影」と「あたかも」の存在論

こうして、自然主義の枠内で「倫理に居場所を与え」ようとするブラックバーンにとって、道徳の「客観的な現れ方」は、説明し正当化すべき事実であって、たんなる「錯誤」ではない。さればこそ彼は、当初から「道徳命題・道徳的に真」という概念を構築しようと努め、マッキーを厳しく批判した（本書一四二頁以下）。しかし道徳文が、真偽を問いうる命題なら、その「適合の方向」は、「世界から心へ」という向き、つまり世界の事実に合わせて信念を変えるという向きであるはずである。しかし投影主義によれば、

道徳的事実は実際には存在しないのだから、たんに「あたかも（as if）存在するかのように語る」にすぎまい（本書二頁、EQR, p. 55）。これが投影主義の、より根本的な・第四の問題である。

これにたいしてブラックバーンは、「真正の責務」が「あたかも存在するかのように考え・語っているだけなのではなく、実際に存在する」と「準実在論者は答えうる」し、「実際に存在するとわれわれが考えるのは正しい」、と答える（EQR, p. 56–57）。彼はこう楽観的に対応するが、当初の投影主義と、彼が構想する準実在論のあいだには、微妙な軋みが感じられよう。実際、本書の主要論文を執筆した後になると、彼自身、「投影するという態度には、自分たちの気分を天候に投影するといった誤りが含まれているかのような、誤解を与える」という理由で、「投影主義」という呼称を批判し、代わって自分の立場を「表出主義」「非認知的な機能主義」と呼ぶ。[*33] それでもなお「命題的構造と実践的状態との同形対応」が「命題的反映」の眼目だ、という基本的な立場には何の問題も変更もない、という。

しかし、こうした応答は、さらに絡み合った問へとつながっていく。一方では、道徳的事態が、たんに「あたかもではなく」実在するのなら、それらはものごとの因果連鎖を織りなす項になるはずだが、実際にはどうなのか、と問われよう。他方では、準実在論を支える意味論における「命題的構造と実践的状態との同形対応」が、厄介な問を抱え込んでいることが露わになってくる。後者については、次節以降にまわし、ここでは実在と因果について確認する。

先に九節で見たようにブラックバーンは、道徳判断への入力の特定にかんする実在論からの異論を、解釈の非決定性を論拠にして斥けたが、その返す刀で、実在論からのもう一つの異論に立ち向かう。すなわち、ものごとの因果的説明において、道徳的性質は因果連鎖を織りなす項となるが、このことは実在論を採らないと理解できない、という「説明力に基づく論証」である。実在するなら因果関係の織り目になるはずだ、という伝統的な存在論からすれば、実在論者のこの言い分は、強力な反実在論批判となる。[*34]

これに対してブラックバーンは、こう反論する。いわく、道徳的事態が何ごとかの原因であるように見えるときも、実際の原因は、その事態を知覚したか、あるいは道徳的事態を〝下支え〟している自然事象か、そのいずれかであって、そのどちらであっても道徳的事態は、因果的な説明の項になりうる。道徳的性質そのものが因果的に実効的でなくても、道徳的命題は因果的な説明で用いられうる、というのである（本書二三九頁以下）。

しかし彼はさらに、投影主義と両立可能かどうか微妙だと断ってではあるが、道徳的な性質が「投影に起源をもっているにもかかわらず、因果関係の構成要素たりうる」ことを示唆する（本書、二四二―三頁）。もし、準実在論が、たんなる「あたかも」の哲学を超えて、当初の目論見のように、実在論にできることはすべて同じようにできることを目指すのなら、[*35] この示唆は当然、追求されねばなるまい。しかし、その場合には、そもそも因果とはいかなる関係かという大問題とも絡まって、かなり厄介な議論を余儀なくされよう。

《5》 信念と態度

ブラックバーンが提唱した態度（attitudinal）意味論は、準実在論の展開に大いに貢献してきたが、この意味論の弱点もまた、徐々に明らかになってきた。この意味論によると、主張（断定）として用いられれば態度の表出となる文が、間接的な文脈に埋め込まれると、〝態度に対する態度〟という高階の態度を表出する文の一部となる。しかし、そうすると、道徳言明は、事実言明と同様には扱えない、という問題が浮上してくる。

11　態度表明のコミットメント——フレーゲ・ギーチ問題のもつれ

「この猪口は古九谷だ」という単文が、条件文に埋め込まれて、「この猪口が古九谷なら、これは値打ちものだ」と語られたとしよう。この条件文は、対象について語る一階の文である。事実言明にあっては、「ならば」等の論理的接続語を用いて作られた複合文は、やはり対象について語る一階の文であり、それら接続語は、そのように機能する真理関数であるがゆえに、さまざまな推論の妥当性を支えてもいる。

ところが、高階の態度表明の意味論では、そうはいかない。その意味論によれば、「Aが善いならば、Bも善い」という条件文は、〝Aを是認しておきながら、Bを是認しないような態度を、是認しない〟という、高階の態度を表出する。この場合、なるほど、この条件文を語り、Aを是認していながら、しかし

Bを是認しないなら、その人は、態度の整合性を欠いていよう。しかし、その不整合は、Bを是認しないという自分の態度を、自分で是認していない・是認できない、という不整合ではあっても、妥当な推論を拒む非合理性ではない[*36]。にもかかわらず、ブラックバーンの提案にしたがうと、この両者が同じく非合理性とされてしまう。このことの影響は些少ではない。

そもそも命題間の論理的整合性と、態度同士の実践的整合性は、種類がちがう。ブラックバーン自身、最も初期の『実在論』においてすでに、「論理的に含意する（entail）」という関係と、論理的にではないが「伴う（involve）」という関係を区別していた（本書八九頁以下[*37]）。後者の関係は、論理的な整合性よりも軟弱である。したがって両者を同一視するなら、推論を律する整合性は、論理的矛盾の回避のレベルを超えて水増しされ、妥当ではない推論までもが妥当な推論になりかねない[*38]。

この問題に直面して[*39]ブラックバーンは、一九八八年の『態度と内容（Attitudes and Contents）』という論文（本書では、その最重要部分だけを補論の形で三一七頁以下で訳出した）で、「高階の態度」の表出に代わって「態度表出のコミットメント」という概念を打ち出す。すなわち、さまざまな態度が背負い込む「コミットメントの間の、またコミットメントと信念との間の、演繹的関係」を辿ることによって、間接的な文脈におかれた道徳言明の意味を与えることができ（本書三二三頁）、そのようにして表出主義の立場からでも、推論の妥当性を緩めることなく、複雑な文の意味を定めうる、というのである[*40]。

しかし、事態はさほど単純でもない。コミットメントの不整合といっても、命題の間のそれと、態度の間でのそれは次元が違う。このことは、もっとも単純な否定の演算において、すでに現れる。否定の機能は「〔真理値の〕逆転」なのだから、命題pとその否定〜pは、一方が真ならば他方は偽だという関係にあり、二つを主張すれば矛盾になる。では、Aを推奨する態度（*H*!A）の否定、〜*H*!Aは、どうなのか。この問に対して、ブラックバーンはこう答える。いわく、pを推奨する態度（*H*!p）の否定、すなわち「〜*H*!pは、〜pを許容する態度を表す」と約定（stipulate）すれば、推奨の態度の演算子*H*にかかる「外的な〝否定〟を〔演算子に支配される〕内部へと追い込む」ことができる。したがって、外的な否定にかんする「懸念は、形式的には、〔命題の否定と同様の〕逆転によって消滅するし、哲学的には、態度のあいだの不整合と命題のあいだの不整合との十分なアナロジーを認識することによって消滅する」（本書三三四頁）というのである。

しかし、懸念がそう消滅してくれるとも限らない。「p」と語りかつ「pでない」と語るのは、矛盾する二つの命題を主張するという論理的不整合になる。[*41] 道徳の場合も、Aと非Aとを是認するなら、矛盾する二つをともに是認することになる。それは命題の場合と同じ論理的不整合だ、と仮に言えたとしても、しかしその不整合が生じるのは、「Aは善い」と語り、かつ「非Aは善い」と語るときであって、「Aは善くない」と語るときではない。にもかかわらず、「Aは善くない」は、「Aは善い」と両立不能である。すると、「Aは善くない」という文の発話で表出される態度を新たに画定しなければならず、しかもその態度が、「Aは善い」という発話で表出される態度と論理的に不整合だ、と示さねばならない。ブラックバーンは、「〜の許容」という新たな態度を持ち出して、「外的否定を内部化」させた。しかし、そうなると、演算のたびごとに新たな態度を措定するハメにならないだろうか。解説という性格上、これ以上立ち入れないが、態度表出による道徳言語の意味論の前途は、ブラックバーンが見積もっているほど平坦だとも限らない。[*42]

準実在論の帰趨――結びに代えて

長々しい解説になってしまったが、準実在論を説くブラックバーンの議論は、意欲的である。「グローバルな自然主義」に立ちつつも偏狭な物理主義・還元主義を斥け、ローカルな領域では反実在論から出発して、実在論の強みを併呑するという、その構えはかなり魅力的でもあろう。実際、実在論vs反実在論という対立を掘り崩そうとする彼の営みは、倫理のみならず、様相、因果、あるいは真理といった、すぐれて規範にかかわる論題一般にわたって多大の刺激を与えてもきた。[*43]しかし倫理学におけるその評価は、さほど容易ではない。解説者の評価は差し控え、ごく大きな論点だけを確認しておきたい。

すでに見られたように、準実在論の力点は、徐々にではあるが、かなりシフトしている。当初、投影主義の力点は、あからさまに反実在論的である。実在の世界は「粒子・力の配置」であって、「価値・義務・権利……を何一つ含んでいない」のだから、道徳的性質・道徳的事実にかんしては、〝存在するかのように〟考え・語るという、まさしく「あたかも」の存在論に傾いていた。しかし力点は、徐々にだが確実に、「あたかも」から「実際に」へと（解説三六二頁）、ある論者の言葉で言えば[*44]「控えめな」準実在論から「野心的な」それへと、シフトする。それとともに、道徳言語の意味論の重点も、非認知的な心的状態の表出それ自体よりも、表出された態度をもとに道徳的信念を構成すること、つまり発話者への思考内容の帰属のさせ方、解釈のあり方へと、シフトしてくる。[*45] フレーゲ・ギーチ問題への対応の錯綜は、このことをも物語っていよう。

そうなると、実在論に取って代わろうとする準実在論の問題の相貌も、変わってくる。実在論は、解釈の非決定性をめぐってユーティフロのディレンマに直面する、とブラックバーンは難じたが（本書一九九頁）、準実在論も、このディレンマに直面する。善悪の語りは、是認／否認の感情・態度の表出だ、とする非認知主義の主張で行けば、もっとも直截には、〝1．是認するから善い or 2．善いから是認する〟という二択の前では、2を否定して1を選ぶことになる。しかし、1のような赤裸な「心への依存」は、ブラックバーンの認めうるところではない（本書三三頁、他）。そこで彼は、1は、人類学的な「外的」観点からの描写であるのに対して、2は、道徳実践の「内部」での態度の表明だ、という形で二つの観点を切断し、相対立する二つをそれぞれの観点に振り分けて、ディレンマを逃れようとする。

これは、たしかに分かりやすい対応ではある。しかし、これですべてが解決するとも思いがたい。一つには、二つの観点の分裂‐統合失調の問題は、なお残るかもしれないし、[*46] 一つには、自然主義的な実在論へ吸収される懸念が残っている。「人間の本性には斉一性が備わっていると仮定すれば、情動主義者は、倫理的自然主義者でありうる」というのは、今から四〇年近く昔のハーマンの卓見であるが、[*47] 準実在論も下手すればハーマンの所見どおりになりうる。

この点で、実在論とくに非自然主義的な実在論の対応は、対照的である。先にも見たように、たとえばマクダウエルは、二つの観点を切断するのでなく、むしろウィギンズをうけて、1の是認の反応と、2の善さの識別という、方向を異にする二つが「連動する複合体」を形作っていることに注意を促す（解説三六二頁）。しかし、だからといって、ブラックバーンと、非自然主義的な実在論は、水と油だとも限らない。ブラックバーンが、「内的には」と限定したうえでだが、「是認するから善い」という赤裸な心的依存を否定し、かつ自然主義を拒否している点で、両者の主張は、少なくとも部分的に重なりうる。

その最大の鍵は、多分、ヒュームのいう「塗りつけ」つまり投影が、同時に「創造」でもある、というところにある。対象に〝塗りつけられた〟価値性質・道徳的性質は、無カラノではないにせよ、ひとたび「創造された」からには、なんらかの程度の自立性・対象性を帯びる。実際、ブラックバーン自身、投影が「われわれの創造物に、固有の生命、事実への依存性を与える」ことを認めている。[*48] しかし、創造されたがゆえの自立性は、個的主観レベルで考えているかぎり、無理を伴う。そのためには、ちょうどヒュームが共感を介した「一般的観点」に訴えたように、ウィギンズ流にいえば、「文明」の歴史という集合的・共同主観的な累積に訴えることが求められよう。[*49] この地平を遠望させ、われわれの反応と対象の性質との循環を改めて考えさせるという一点だけでも、ブラックバーンの準実在論の議論は、丹念に辿るに値する。

解説　注

＊ブラックバーンの倫理学関係の主要著書は、以下のように略称する。

SW : *Spreading Words*, Clarendon, Oxford, 1984.

EQR : *Essays in Quasi-Realism*, Oxford U. P., 1993.

RP：*Ruling Passions*, Clarendon, Oxford, 1998.

＊1　Blackburn, S. 'Truth, Realism, and the Regulation of Theory' (1980), in EQR, p. 15.

＊2　SW, p. 39.

＊3　EQR, p. 5をも参照。

＊4　しかも彼は、こうした戦略を、道徳のみならず、確率や様相（必然・可能）などにかんしても適用しようともしてきた（本書の原著の第一部）。このことも与って準実在論という彼の戦略は、倫理学のみならず、諸分野での二〇世紀後半の実在論批判の活力の一つの源ともなった。

＊5　Ogden, C. K. and Richards I. A. *The Meaning of Meaning*, 1923, p. 125. これは突飛な考えではない。むしろ、言明の意味を、事態を記述する働きだけに見るのは、後にオースティンが「記述主義的誤謬」と呼んだように、狭すぎる言語観である。

＊6　そもそもブラックバーンにとっても「感情は議論の範囲外」（RP, p. 10 他）なのだから、道徳文によって、たんなる好悪の感情のような情動が表出されるだけであれば、道徳言明を理性的に吟味する余地はない。これが、非認知主義に立つヘアによるものを含め、情動主義に向けられてきた批判であり、ブラックバーンもこれは継承する。

＊7　ただし、当初に導入した段階では、「高階の態度」が念頭におかれている。この点は、解説の11節で見る事情ゆえに注意を要する。

＊8　今から見ると意外でもあるが、ブラックバーンの議論においてヒュームは、まず因果・様相といった問題圏で言及され、倫理学の文脈ではかなり後になってようやく言及される。

＊9　Hare, R. M. *The Language of Morals*, London, 1952, p. 81, p. 145. 邦訳、小泉・大久保訳『道徳の言語』勁草書房、一九八八、二〇二頁（「なおそこでは「上乗り」は「付加」と訳出されている）。

＊10　二つの行為の「二つの本性（nature）または状況にかんして、何らかの違いを見出せないなら、一方が正しく他方が悪いと判断することはできない」。Moore, G. *Philosophical Studies*, London, 1922, p. 261.「もしあるものが何らかの種類の本有的価値をなんらかの程度にもっているなら、そのものと全く類似したいかなるものも、それと同程度に同じ本有的価値を有する」。Sidgwick, H. *The Method of Ethics*, pp. 208-209.（ともにKim, J. *Supervenience and Mind*, Cambridge U. P., 1993による引用。p. 136n11, p. 137n12.）

＊11　その限りでは彼らは、一九七〇年代以降のデイヴィッドソンに典型的な「非還元主義的（物理）一元論」の先駆でもある（Kim 前掲書、pp. 138-140, 158-160）。ブラックバーンも『再考』のⅢ部（本書二七頁以下）で心的、美的、道徳的という異なった種類の非物理的性質について、還元不能性

を論じている。

*12 道徳的思考が成文化不能（uncodifiable）であることを重視するマクダウエルによれば、これは上乗りにかんして一般的な事態である。McDowell, J. *Mind, Value, and Reality*, Harvard U. P., 1998, p. 202, 邦訳『徳と理性』、勁草書房、二〇一五、二二七頁（なお、ここでは「上乗り」は「随伴」と訳出されている）。

*13 この点で『実在論』の冒頭で、性質の程度に着目していることは、日常的述語の曖昧性（vagueness）に鑑みるなら注目に値するかもしれない。

*14 とくに『再考』での定式(S)〔本書一〇二頁〕では、「基底にある（underlie）」つまり「下支えしている」という関係が右辺に登場するので、そのままでは悪循環になるように見える。実際、Majorsは、「基底にある」という未定義概念ゆえに、定式(S)では上乗りが些末化される、と批判している。Majors, B. 'The Natural and the Normative', *Oxford Studies in Metaethics*, vol. 4, 2009, p. 43。しかし、G^*は「諸基底状態の集合」（本書訳二頁）とされており、よく似た複数の個体のあるものが善で、他方がそうでないときの識別根拠G'すべての集合がG^*だとも考えられよう。

*15 上乗りの今日の定式化に大きく与ったKimは、そう読んでいる。前掲書、p. 142, n. 24, n. 25.

*16 さらに言えば、言われている物理性質Fは、たんある兆候もしれないし、単一の性質ではなく、たとえばBoydが言うようなクラスター概念、つまり性質の束かもしれない。その場合には、先のアドホックな事態とかなり似てくることもありえよう。

*17 「上乗りは、投影が適正であるための制約条件によって説明されうる」。SW, p. 185-186.

*18 彼の議論の批判にかんしては、かなり早い時期の透徹した批判として、McFetridge, I. G., 'Supervenience, Realism, Necessity', *The Philosophical Quarterly*, vol. 35 No. 140 1985, rep. in *Logical Necessity and Other Essays*, Aristotelian Society, 1990, 最近のものとしてMajors前掲論文を参照。Majorsや他の論者は、ブラックバーンが「強い」「弱い」上乗り、「グローバル」な上乗りとそうでないものを正しく区別し損なっていることを問題化している、前掲論文p. 46以下。しかし、ブラックバーンの議論の大きな問題の一つは、前注14でも触れたように、やはり上乗りの定式化と「基底的」という概念の関係にあるが、この問題は、さらに、果たして道徳的性質・概念は、どこまで曖昧性・状況依存性その他を脱して決定的なのか、という根本問題にかかわる。その点でも、マクダウエルのいう「成文化不能」という論点は、重要である。

*19 心の哲学においても、上乗りをめぐる議論をリードしてきたキムによっても、かつて大森荘蔵が知覚の因果説批判に

おいて駆使した非還元主義的な「共変（covariance）」の概念に光があてられ、「創発」の概念の見直しが唱えられてもいる。Kim, J. 'Supervenience, Emergence, Realization', Loux, M. & Zimmerman, D.（eds.）*Oxford Handbook of Metaphysics*, Oxford, 2003.

＊20　『実在論』『再訪』での批判にたいする、実在論の側からの反批判としては、まずは、Shafer-Landau, *Moral Realism, A Defence*, Clarendon, Oxford, 2003. ch. 4. Sturgeon, N. 'Doubts about the Supervenience of the Evaluative', *Oxford Studies in Metaethics*, vol. 4, 2009 などを見られたい。また前注18でふれたMcFerridge による上乗りの定式化にかんするダイアグラムは、なお検討に値しよう。

＊21　道徳言語に特有の是認／否認といった「主観的な心的決定の表出を中心としたコミットメントは、信念の表出〔命題を述べる言明〕として機能しうるし、適切に〝真〟あるいは〝偽〟と言われうる」（本書三二九頁）。こうした戦略にそって判断や言明を分析する立場は、今日ではひろく「表出主義（expressivism）」と呼ばれ、その射程は一人称の心理言明にまで及んでいるが（Bar-On）、その広袤の複雑さには注意が必要である。表出主義は、かつては非認知主義の別名にすぎず、「道徳言明は、情動や態度といった非認知的なものを表出するだけだ」とする立場であったが、現代の表出主義は、情動や態度が表出されるときには、信念も表出されると主張する。その一方には、道徳言明は、ものごとが規範に照らして許容可能か否かについての信念と、その規範への態度の双方を表出している、とする認知主義的な立場（実在論的表出主義 realist-expressivism）があり、他方には、道徳言明は信念をも表出するが、その信念の真理条件が一通りには定まらない、とする立場（エキュメニカルな表出主義）があって、議論は錯綜している。こうした状況について、簡便には、たとえば Sinclair, N. 'Recent Work in Expressivism', Analysis, vol. 69, No. 1, 2009 などを見られたい。

＊22　EQR, introduction, p. 5.

＊23　SW, p. 198.

＊24　RP, p. 79.

＊25　「科学では、各分野でひとつの真な理論への収束を期待できるが、倫理学では、そうではない」と、ブラックバーンは言う。Blackburn, S. *Truth, A Guide for the Perplexed*, 2005, Penguin Books, p. 63.

＊26　フレーゲ・ギーチ問題とその帰趨については、まずは、Schroeder, M., 'What is the Frege-Geach Problem?', *Philosophy Compass* 3/4, 2008, または *Non-Cognitivism in Ethics*, Abington, Routledge, 2008, ch. 7. を見られたい。

＊27　SW, ch. 6.

＊28　Cassam, Q. 'Necessity and Externality', *Mind*, 1986. p. 452.

＊29　これはミラーが「統合失調的な態度」と呼んだ問題である。Miller, A. *An Introduction to Contemporary Metaethics*, Malden, Polity, 2003, pp. 78-80. かつて私は、「同列には扱えない」と断ったうえでだが、神を「人間の願望の投影」とする無神論の説明を受け入れ、なおそれまでと同じ信仰生活を送れるのかが疑わしいのにも似て、投影主義にも無理があるのではないか、と論じた。（「道徳言明はいかにして真あるいは偽でありうるか」、『思想』、二〇〇四、二〇頁、『善と悪』岩波新書、二〇〇六、九三頁以下。）問題は、ブラックバーンが見つもっているより深刻でありうる。

＊30　これは、マクダウエルによって提起された疑義である。McDowell 前掲書、p. 200 以下。邦訳、『徳と理性』勁草書房、二〇一五、二二四頁以下、他。

＊31　Wiggins, D. *Needs, Values, Truth*, Oxford U. P., 1987（2002）, p. 194, 198 以下。邦訳、『ニーズ・価値・真理』、二四七頁、二五三頁以下、他。McDowell 前掲書、p. 158 以下。邦訳、『徳と理性』一四八頁以下。

＊32　ただしブラックバーンは、RP では、マクダウエルの批判に対しては（多少気色ばんで?）価値述語が「記述的性質・反応」の二因子に分解できることを強調し、道徳的性質が認知の対象だというのなら「むかつき」もまた（反応過程に瑕疵がないかぎり）同様に扱える、と応じる（RP, p. 95 以下、他）。

＊33　RP, p. 77.

＊34　Sayer-McCord, G.（ed.）*Essays on Moral Realism*, Cornell U. P., 1988.

＊35　ミラーは、「じつは違うのだが、あたかも」にとどまる立場を「慎ましやかな（modest）準実在論」と呼び、「じつは違う」という側面をも否定する立場を「野心的な準実在論」と呼んで区別している。Miller 前掲書、p. 78。

＊36　いちはやく例えばライトが問題にしたように、これは、「自分が否認の態度をとっていることをするべきではない」といった類の道徳原理との不整合であって、論理的矛盾と同じではない。Wright, C. 'Realism, Anti-realism, Irrealism, Quasi-realism', *Midwest Studies in Philosophy* 12, 1988. この点は、さらにヘイルによって論理的に綿密に考察されている。Heil, B, 'Can There Be a Logic of Attitudes?', Haldane, J. & Wright, C.（eds.）*Realism, Representation, and Projection*, Oxford U. P., 1993. こうした不整合は、命題間の整合性になぞらえるなら、つとにRoojenが指摘したように、「pである、しかし私はpと思っていない」という、いわゆる〝ムーア・パラドキシカル〟な言明に該当しよう。Roojen, M. 'Expressivism and Irrationality', *The Philosophical Review*, vol. 105, No. 3, 1996, p. 332.

＊37　ブラックバーンは 'Attitudes and Contents'（1988）EQR 所収では、特別の記号を用いて違いを強調している。

*38 つとにRoojen前掲論文、Wright前掲論文、p. 33.によって指摘され、その後たとえばHale, B. 'Can Arboreal Knotwork Help Blackburn out of Frege's Abyss?', *Philosophy and Phenomenological Research*, vol. LXV, no. 1, 2002において詳しく批判されている。

*39 直接には、Schueler, G. 'Modus Ponens and Moral Realism', *Ethics*, vol. 98, no. 3, 1988の批判が当たっていることを認め、それに応えて自説を修正するというかたちで論じられている。

*40 これ以降、問題はすべて解決したと彼は匂わせさえする。議論が不要に些末になっていると示唆しさえする。RP, p. 68以下他。

*41 「pでない」と主張することは否定命題の主張になる、ということを拒絶すれば別であるが、そうなると通常の論理に関しても、たとえば直観主義者が二重否定の妥当性を否定したのを遥かに通り越して厄介なことになる。

*42 否定の事例からすでに想像されるように、表出される態度の種類が無際限にふえるという懸念。新たな態度の措定という問題は、あの周到なMillerのサーヴェイにおいてさえ、軽視されがちなので読者も注意されたい。さらに言えば、真理値にもとづく古典的な論理にかんしても、命題への認知的態度を、ものごとへの実践的態度を並立させる「ハイブリッドな表出主義」が注目を集めつつあるようにも見えるが、「演繹的関係」をも命題への態度の整合性に帰着させるのかという問が待ち構えていよう。これらにかんしてはさしあたりSchroeder前掲論文もしくは前掲書を見られたい。

*43 前注38にあげたHale前掲二論文参照。こうした論理学者による倫理学の検討が一顧だにされないのは、この国の倫理学界のガラパゴス化がきわめて深刻である証左であろう。

*44 前注33参照。

*45 Millerのいう「態度問題」も、これと無関係ではない。Miller p. 88以下。

*46 前注24を見られたい。

*47 Harman, G. *The Nature of Morality*, 1977, Oxford U. P., 邦訳、『哲学的倫理学叙説』五一頁。

*48 SW, 219. n. 21。まさにこのゆえに、道徳言語の意味論においても、道徳語の使用は、たんなる感嘆文などとは異なって命題を表すと解する基盤が与えられる、ということにもなる。

*49 倫理学的に不正確な紹介も混じっているが、「共同主観的な沈殿」にかんしては、大庭前掲論文、前掲書を見られたい。

監訳者あとがき

サイモン・ブラックバーン（1944-）は、ブリストル大学で学んだのち、ケンブリッジ大学のトリニティ・カレッジに進み、論理実証主義の大御所A・J・エイヤーと批判的合理主義にたつ科学哲学者マリー・ヘッセのもとで「帰納の問題」という学位論文によって博士号を取得した。これは、いまの私たちからみるとむしろ意外だが、最初の著書が『Reason and Prediction（理由と予言）』（ケンブリッジ大学出版局、1973）であったことからも窺われるように、彼の当初の研究分野は論理・推論の哲学であり、その領域でのヒューム的発想の現代的意義を探るものでもあった。こうした問題意識は、当然のことながら、様相命題・倫理命題といった古典論理に収まりにくい諸領域へと広がり、その最初の、そして彼の名を一挙に知らしめた成果が、哲学的意味論の諸問題を扱った『言葉を塗りつける（Spreading Words）』（オックスフォード大学出版局、1984）である。

この書において彼は、必然性であれ善悪であれ、およそヒューム的に「投影された述語」には、反実在論の立場からみても、何らいかがわしいものは全くない」とする立場を「準実在論」と呼び（p. 171）、さまざまな分野での実在論をめぐる論争に大きな一石を投じた。これをもキッカケにして彼は急速にメタ倫理学へと傾斜し、ウィギンズ、マクダウェル、マッキー、ウィリアムズといった錚々たる面子と組んず解れずの論争を延々と繰り広げることになる。七〇年代後半から世紀末にかけての、この入り組んだ論争は、現代倫理学の深部に食い入ると同時に、論理学や真理論・意味論にまたがる本質的な問題をめぐる議論の応酬ともなった。こうした彼の倫理学の成果は、立て続けに、

『準実在論をめぐる論考（Essays of Quasi-realism）』（オックスフォード大学出版局、1984。本書は、この抄訳でもある）、

『パッションを制御する（Ruling Passions）』（オックスフォード大学出版局、1998）

という二冊として刊行された。

その後、彼は、準実在論を敷衍する論考を公刊しつづけるのと並行して、論理の哲学や意味論において精力的に準実在論を展開するが（Haldane & Wright (eds.), Reality, Representation, Projection 所収他）、それら学術的な著作とならんで一般読書人向けに特色ある啓蒙書・入門書にも精力的に取り組み、

『考える（Think）』（オックスフォード大学出版局、1999）、

『よいということ（Being Good）』（オックスフォード大学出版局、2001）、

『肉欲（Lust）』（オックスフォード大学出版局、2004）、

『真理（Truth）』（ペンギン・ブックス、2005）、

『プラトンの国家篇』（グローヴ・アトランティック、2006）

といった一連の著作を矢継ぎ早に出版している。

この間、彼は、長らくオックスフォード大学ペンブルク・カレッジで後進を指導したのち（1969-1990）、

アメリカにわたってノース・カロライナ大学で教授をつとめ（1990-2000）、その後ケンブリッジ大学の教授職にある（詳しい履歴・業績については、たとえばノース・カロライナ大学のサイトにアップロードされているvitae など〔http://philosophy.unc.edu/files/2013/10/curvitae-blackburn.pdf〕をご覧いただきたい）。

‡

彼の著作は、ウィギンズやマクダウェルといった名うてのオックス・ブリッジ学術英語のようには難解でないが、扱っている問題の拡がりからして、時としては必ずしも読みやすくもない。こうした事情も与って信頼できる訳者を探してお願いするのも、必ずしも簡単ではなかったが、幸いなことに錚々たる若手・中堅が、労多くして報いの少ない仕事を引き受けてくださった。一番早く仕上げて下さった方の第一次原稿をいただいたのは、はや五年も前であり、今日にいたるまで日の目を見なかったことに対しては、まことに申し訳なく思っている。その後順次お届けいただいた訳稿の中には、論題の複雑さもあって、監訳者と分担者とのあいだのキャッチボールが何回も重なるものもあったが、みなさんが快く修正に応じて下さり、心から感謝している。加えて奥田太郎さんには、本シリーズのウィギンズ篇（『ニーズ・価値・真理』、勁草書房、二〇一四年）の場合にもまして、訳稿の改善のためにご尽力をいただき、たいへん有難く思っている。

本書は、情報を手際よく入手するための「入門書」では全くないが、人生いかに生きるべきかという万人にとっての問を、自ら納得いくかたちで考えていくにあたって、最終的な賛否は別としても、限りなく示唆的な議論が繰り広げられている。こうした本書を世に送り出すという栄誉ある任務を託されていながら、なかなか果たせなかったことをお詫びするとともに、延々とお付き合いくださった勁草書房の土井さん、渡邊さんにお礼を申し上げる。本書のこうしたポテンツが、読者の方々の思索において活性化するなら、訳者一同、これにまさる喜びはない。

大庭　健

著者略歴

サイモン・ブラックバーン（Simon Blackburn）

1944 年生まれ．ケンブリッジ大学トリニティカレッジフェロー．2011 年までケンブリッジ大学バートランド・ラッセル哲学教授を務めた．著書は，*Essays in Quasi-Realism*（Oxford University Press, 1993, 本書の第 2 章から第 6 章と補遺はこの本の第 2 部にあたる），*Spreading the Word: Groundings in the Philosophy of Language*（Oxford University Press, 1984）など．

編者・監訳者略歴

大庭健（おおばたけし）

専修大学教授．著書に『善と悪——倫理学への招待』（岩波新書，2006 年），『民を殺す国・日本——足尾鉱毒事件からフクシマへ』（筑摩書房，2015 年）ほか多数．訳書にアマルティア・セン『合理的な愚か者』〔共訳〕（勁草書房，1989 年）ほか．

訳者略歴

小島明彦（こじまあきひこ）

専修大学非常勤講師．論文に「自己知の実質性と二重性」『科学哲学』39(1), 1-14, 2006 年，「物理的外在主義と実在論」『生田哲学』第 16 号，39-68, 2015 年ほか．

福間聡（ふくまさとし）

高崎経済大学准教授．著書に『ロールズのカント的構成主義——理由の倫理学』（勁草書房，2007 年），『「格差の時代」の労働論——ジョン・ロールズ『正義論』を読み直す』（現代書館，2014 年）ほか．

佐藤岳詩（さとうたけし）

熊本大学准教授．著書に『R・M・ヘアの道徳哲学』（勁草書房，2012 年），「私たちの身体と性とエンハンスメント——美容整形をめぐって」『性——自分の身体ってなんだろう？』（ナカニシヤ出版，2016 年）ほか．

児玉聡（こだまさとし）

京都大学准教授．著書に『功利と直観——英米倫理思想史入門』（勁草書房，2010 年），『功利主義入門——はじめての倫理学』（ちくま新書，2012 年）ほか．

林芳紀（はやしよしのり）

立命館大学准教授．著書に「メタ倫理学の現在」『入門・医療倫理 II』（勁草書房，2007 年），論文に「偶発的所見の対処義務の基礎付け問題とその含意」『生命倫理』20(1)，22-29，2010 年ほか．

矢島壮平（やじまそうへい）

東京大学人文社会系研究科研究員．論文に「アダム・スミスと徳の実在性」『倫理学年報』第 58 集（日本倫理学会，2009 年）ほか．訳書にマイケル・ルース『ダーウィンとデザイン——進化に目的はあるのか？』〔共訳〕（共立出版，2008 年）．

人名索引

＊あ行
アームソン　Urmson, J. O. ｜84
アクセルロッド　Axelrod, R. ｜219
アレクサンダー　Alexander, S. ｜132
ウィギンズ　Wiggins, D. ｜158–162, 164, 191, 195, 197, 205
ウィトゲンシュタイン　Wittgenstein, L. ｜6, 12, 14–23, 39–45, 57, 202, 203
ウィリアムズ　Williams, B. ｜29, 206, 248
エヴァンズ　Evans,G. ｜179
エリオット　Eliot, G. ｜151

＊か行
カント　Kant, I. ｜38, 184, 254
キム　Kim, J. ｜107
クリプキ　Kripke, S. ｜48
クワイン　Quine, W. V. ｜126, 148

＊さ行
サール　Searle, J. R. ｜74, 82–83, 86
シファー　schiffer, G. ｜139
ジャクソン　Jackson, F. ｜241, 244
スタージョン　Sturgeon, N. ｜223, 225, 239, 248
スミス　Smith, M. ｜139, 220
ソクラテス　Socrates ｜225, 235

＊た行
ダメット　Dummett, M. ｜53, 55, 218
タルスキ　Tarski, A. ｜48
デイヴィドソン　Davidson, D. ｜120, 243
ドゥウォーキン　Dworkin, R. ｜248
トゥールミン　Toulmin, S. ｜94
トラシュマコス　Thrasymachus ｜225, 227, 235

＊な行
ネーゲル　Nagel, T. ｜162, 164, 179, 206, 248
ノージック　Nozik, R. ｜238

＊は行
パース　Pierce, C. S. ｜38
パーフィット　Parfit, D. ｜248
ハーレイ　Hurley, S. ｜134
パトナム　Putnam, H. ｜162, 180, 219, 228
ヒューム　Hume, D. ｜1–2, 5, 29, 37–38, 40–42, 60, 144, 146, 174, 206, 214–215
フット　Foot, P. ｜75, 206, 248
ブランチ　Branch, G. ｜133
フリッカー　Fricker, E. ｜139
フレーゲ　Frege, G. ｜87, 238
ヘア　Hare, R. M. ｜149, 186, 233, 249
ペティット　Pettit, P. ｜241, 244
ベネット　Bennett, J. ｜48
ボイド　Boyd, R. ｜216
ボストック　Bostock, D. ｜139
ホッブズ　Hobbes, T. ｜174

＊ま行
マクダウェル　McDowell, J. ｜2–9, 11–18, 21–23, 25, 39, 162, 171, 179, 191, 202
マッキー　Mackie, J. ｜48, 141, 144–150, 153, 174–176, 178–179, 206, 248
マッキンタイア　MacIntyre, A. ｜248
ムーア　Moore, G. E. ｜66, 86, 99, 216, 238

事項索引

倫理的反実在論

ブラックバーン倫理学論文集　　双書現代倫理学3

2017年2月20日　第1版第1刷発行

著　者　サイモン・ブラックバーン

編者・
監訳者　大《おお》庭《ば》健《たけし》

発行者　井村寿人

発行所　株式会社　勁草《けいそう》書房

112-0005 東京都文京区水道2-1-1　振替　00150-2-175253
（編集）電話　03-3815-5277／FAX　03-3814-6968
（営業）電話　03-3814-6861／FAX　03-3814-6854

ブックデザイン：寺山祐策　　印刷：日本フィニッシュ
本文組版：プログレス　　製本：松岳社

©OHBA Takeshi　2017

ISBN978-4-326-19969-3　Printed in Japan

JCOPY ＜㈳出版者著作権管理機構 委託出版物＞
本書の無断複写は著作権法上での例外を除き禁じられています。
複写される場合は、そのつど事前に、㈳出版者著作権管理機構
（電話 03-3513-6969、FAX 03-3513-6979、e-mail: info@jcopy.or.jp）
の許諾を得てください。

＊落丁本・乱丁本はお取替いたします。

http://www.keisoshobo.co.jp

双書 現代倫理学

現代英米倫理学の古典を紹介する翻訳シリーズ《全10巻》（四六判・上製、一部仮題）

- ニーズ・価値・真理　ウィギンズ倫理学論文集　D・ウィギンズ／大庭・奥田編・監訳／三七〇〇円
- 徳と理性　マクダウェル倫理学論文集　J・マクダウェル／大庭健編・監訳／三三〇〇円
- 倫理的反実在論　ブラックバーン倫理学論文集　S・ブラックバーン／大庭他編・監訳／三八〇〇円
- 現代倫理学基本論文集Ⅰ　メタ倫理学篇　（スティーブンソン、ヘア、G・ハーマン、セイヤー＝マッコード、レイルトン、ギバード）　大庭健編／島村・古田他訳／（続刊）
- 現代倫理学基本論文集Ⅱ　規範倫理学篇　（コースガード、B・ハーマン、ブラント、ヘア、ゴティエ、スキャンロン、アンスコム、スロート、ハーストハウス）　大庭健編／田原・円増他訳／（続刊）
- 利他主義の可能性　T・ネーゲル／蔵田伸雄監訳／（続刊）
- 功利主義論争　J・J・C・スマート＆B・ウィリアムズ／坂井昭宏・田村圭一訳／（続刊）
- 「正しい」ことと「よい」こと　倫理的直観主義の可能性　W・D・ロス／立花幸司訳／（続刊）
- すっぱい葡萄　合理性の転覆について　J・エルスター／玉手慎太郎訳／（続刊）
- 道徳的な運　哲学論集一九七三～一九八〇　B・ウィリアムズ／伊勢田哲治監訳／（続刊）

＊表示価格は二〇一七年二月現在。消費税は含まれておりません。